AF549929

Sathya Sai Baba

Sādhana

Der Weg nach innen

Sathya Sai Vereinigung e. V.

Titel der englischen Originalausgabe: Sādhana – The Inward Path. Quotations from the Divine Discourses of Bhagawan Sri Sathya Sai Baba. Zusammengestellt von N. Kasturi. Ins Deutsche übersetzt von Hardy und Shanti Fechner, Benita v. Bonin und Vera v. Dietlein

Umschlaggestaltung: Walter Kropp, Alsbach
Designed by Creative_hat/Freepik

Satz: Sathya Sai Vereinigung e. V.

Druck und Bindung: Pustet, Regensburg

Die Deutsche Bibliothek verzeichnet diese Publikation in der Deutschen Nationalbibliografie. Detaillierte bibliografische Daten sind im Internet unter www.dnb.de abrufbar.

ISBN 978-3-96571-000-9

9. überarbeitete und erweiterte Auflage 2019

Sathya Sai Vereinigung e. V., Buchzentrum,
Grenzstraße 43, 63128 Dietzenbach, Deutschland
www.sathyasai-buchzentrum.de

Inhalt

Zur Übersetzung

In diesem Buch wurden die *Sanskrit*-Ausdrücke des englischen Originals größtenteils ins Deutsche übertragen. Da es sich hierbei oft um philosophische Konzepte handelt, für die es im Deutschen nicht immer eindeutige Entsprechungen gibt, werden sie jeweils sinngemäß mit dem Begriff wiedergegeben, welcher der Bedeutung am nächsten kommt. Die *Sanskrit*-Wörter werden im Text meist in Klammern gesetzt. Die in *kursiver* Schrift gedruckten Begriffe sind im Glossar erläutert.

Die *Sanskrit*-Begriffe wurden in einer vereinfachten Umschrift wiedergegeben, wie sie in der Literatur für Nicht-*Sanskrit*-Gelehrte gebräuchlich ist. Dabei werden nur drei zusätzliche Buchstaben eingesetzt: ā, ī und ū. Zugunsten der Lesbarkeit wurde die Schreibweise aller indischen Namen und einiger *Sanskrit*-Begriffe eingedeutscht.

Das englische Wort ‚mind' wurde je nach Sinnentsprechung verschieden übersetzt. Es wird fast immer als Übersetzung des *Sanskrit*-Wortes ‚Manas' benutzt. ‚Manas' bezeichnet den Geist (im relativen Sinn), die Wünsche, Gedanken und Gefühle, das Gemüt, das Denken, die Psyche, den Verstand. Der englische Begriff ‚spirit' wurde als Geist (im absoluten Sinn) übersetzt. ‚Spirit' bezeichnet das innere Selbst, den göttlichen Funken, der im Herzen wohnt.

Zur Aussprache der Sanskrit-Wörter

- Die Vokale ā, ī, ū sowie e und o sind immer lang (wie in Rat, Sieg, Zug, See und Dom).
- c – tsch (klatschen)
- j – dsch (englisch: joy)
- jn – gn (vereinfacht, den genauen Laut gibt es im Deutschen nicht)
- s – ss (Wasser)
- sh – sch (ein Laut zwischen sch und s wie in Stein)
- v – w (Wort)
- y – j (jeder)
- Das h in bh, ch, dh, gh, jh, ph, th ist als ein deutlich hörbarer Hauchlaut zu sprechen (zum Beispiel ‚Budd-hi'‘).
- Die Betonung richtet sich nach der Länge der Vokale; bei längeren Wörtern liegt die Betonung auf der drittletzten Silbe, wenn die vorletzte kurz ist (zum Beispiel ‚Sādhana‘, ‚Vāsana‘, ‚Sāttvika‘). Wenn die vorletzte Silbe lang ist (durch Länge oder mehrere aufeinanderfolgende Konsonanten), trägt sie den Ton (zum Beispiel ‚Ānanda‘, ‚Bhāvaroga‘ und ‚Ahamkāra‘).

Vorwort

Sādhana ist alles im Leben; jede Tat, jeder Gedanke und jedes Wort sind Schritte, die näher zu Gott hin- oder von ihm wegführen. Gott ist nicht irgendwo hoch oben im Himmel; er ist in uns, bei uns, neben uns, hinter uns, vor uns; er ist das Leben in jeder Zelle; er ist die Aktivität eines jeden Atoms. Er ist all dies und noch viel mehr.

Jeder Mensch ist mit Intelligenz ausgestattet, die es ihm ermöglicht zu fragen, zu forschen und die alles entscheidende Wahrheit zu erfahren, dass Gott seine ureigene Wirklichkeit ist. Spirituelle Praxis *(sādhana)* führt auf den Weg nach innen (nivrittimārga). Dem entgegengesetzt ist der Weg, der in die materielle Welt führt (pravrittimārga), auf dem die Sinne den Menschen zu Trugschlüssen kommen lassen und in die Irre leiten. Sai Baba ist in die Welt gekommen, um die Menschen auf den Weg des Glaubens *(shraddhā)* und der Liebe zu Gott *(bhakti)* zurückzuführen, damit sie leicht und sicher zum Glück der Selbsterkenntnis gelangen können.

In diesem Buch wurden wichtige Aspekte der Botschaft Sathya Sai Babas in Form von Auszügen aus seinen Ansprachen zusammengestellt, um sie dem Leser für ein vertieftes Studium, zum Nachdenken und Praktizieren anzubieten.

Seine Richtlinien und sein Rat helfen dem Anfänger wie auch dem Meister, auf seinem Weg weiter und immer mehr nach innen zu gehen, bis die krönende Vollendung erreicht ist. Er ist Führer, Beschützer und Ziel.

Lasst die vorliegenden Seiten zu unserem Handbuch für die Befreiung werden. Er wird unsere Reise segnen, vorausgesetzt, wir treten sie an. Er ist sowohl Licht als auch Liebe.

N. Kasturi
Prasanthi Nilayam
18. August 1976

Was ist Sādhana?

1. Ein uraltes Gebet in den *Upanischaden* lautet: „Von dieser vergänglichen Welt des Verfalls führe mich zur Welt ewiger Glückseligkeit (asato mā sad gamaya); schenke mir das Licht deiner Gnade und erleuchte meine Seele mit Wahrheit (tamaso mā jyotir gamaya); erlöse mich von den Qualen, die Geburt und Tod mit sich bringen, und vernichte in mir Wünsche und Verlangen, welche die Samen der Wiedergeburt in sich tragen (mrityor mā amritam gamaya)."

2. Das Leben des Menschen muss ununterbrochene spirituelle Übung *(sādhana)* sein. Jeder Tag ist günstig, um damit zu beginnen, gleichgültig zu welcher Jahreszeit. Man braucht nicht zu warten, bis die Sonne nordwärts wandert. Monate und Jahreszeiten beziehen sich auf die manifestierte Welt *(prakriti)* und haben deshalb nur relativen Wert.

3. Wohltuend (hita) und bescheiden (mita) – das sind die richtungsweisenden Kriterien. Nichts darf zu protzig, zu schäbig, zu teuer oder zu zerbrechlich sein. Geht den Mittelweg, das bringt den größten Nutzen. Das Verlangen nach Materiellem könnt ihr nicht völlig aufgeben; verwandelt es also in ein Instru-

ment zur Verehrung Gottes, indem ihr ihm all eure Anstrengungen weiht und eure Erfolge und Misserfolge als Beweise seiner Gnade annehmt. Es war sein Wille, dass es so geschah. Verwandelt alle sechs Leidenschaften in Werkzeuge geistigen Wachstums.

4. Sät die Samen guter, mit Demut aufgeladener Gedanken in das Feld eures Herzens, gießt sie mit dem Wasser der Liebe, schützt die wachsenden Früchte mit dem Schädlingsbekämpfungsmittel des Mutes und fördert ihr Wachstum mit dem Dünger der Konzentration. Dann werden die Pflanzen der ‚Liebe zu Gott' *(bhakti)* zur Ernte der ‚höchsten Weisheit' *(jnāna)* heranwachsen, der Weisheit, dass ihr und er eins seid. Wenn diese Offenbarung kommt, werdet ihr zu ihm, denn ihr wart schon immer er, obwohl ihr es bis zu dieser Stunde nicht wusstet.

5. Der Einzelne kann nur im Dienst am Nächsten, nur in seiner Ausdehnung zum Ganzen hin Erfüllung finden. Spirituelles Bemühen *(sādhana)* muss den Gesichtskreis erweitern, die Erfahrung vertiefen und in der individuellen Seele *(jīva)* den Wunsch erwecken, mit der göttlichen Seele *(paramātman)* eins zu werden.

6. Aber die Frage ist: Warum kann man Ihn nicht sehen? Nun, es ist mit Ihm wie mit der Butter in der Milch: sie ist in jedem einzelnen Tropfen. Wenn man sie sehen will, müssen bestimmte Arbeitsgänge ausgeführt werden, wie Abkochen, Quirlen und so weiter. Ebenso kann Er, der im Herzen wohnt, durch bestimmte spirituelle Übungen wie die Wiederholung des Gottesnamens geschaut und als Wirklichkeit erfahren werden.

7. Die Erfahrungen der Heiligen und Weisen lassen uns erkennen, dass die Freuden der materiellen Welt winzigklein sind im Vergleich zur Glückseligkeit, die durch spirituelle Praxis *(sādhana)* gewonnen wird. Um dieses Glücksbewusstsein zu erlangen, ist es notwendig, sich im Freiwerden von Bindungen *(vairāgya)* zu üben. Damit das Wasser aufsteigen kann, wenn es aus der Tiefe der Erde gepumpt wird, muss man verhindern, dass Luft in die Rohre eindringt. Ebenso müsst ihr dafür sorgen, dass ihr euch von Bindungen an Weltliches befreit, damit eure spirituellen Bemühungen nicht unwirksam bleiben. Göttliche Liebe kann nicht hervorquellen, wenn Sinneslust und persönlicher Stolz in euer Denken eingedrungen sind.

8. Es gibt drei Dinge, die ihr euch immer sagen müsst: „Ich will an nichts anderes denken als an Gott; ich will nichts tun ohne die Erlaubnis Gottes und ich will immer im Bewusstsein der Allgegenwart Gottes leben."

9. Ihr beklagt euch, dass euer Nachbar, der sich erst seit zwei Jahren auf dem spirituellen Weg befindet, inneres Glück gefunden hat, während ihr unglücklich seid, obwohl ihr schon seit zwanzig Jahren spirituelle Disziplin praktiziert. Ihr fühlt euch benachteiligt, weil ich, obwohl ihr schon seit vielen Jahren zu mir kommt, andere, die erst vor Kurzem gekommen sind, zu mir rufe. Eure Reaktion führt dazu, mir Ungerechtigkeit und Bevorzugung vorzuwerfen. Die Antwort darauf liegt in der Vergangenheit, die euch nicht bewusst ist. Zwanzig Hammerschläge haben den Felsblock getroffen, aber er brach nicht auseinander. Ein anderer kommt des Wegs, und schon mit seinem zweiten Schlag spaltet er den Block. Der Mann mit den zwanzig Schlägen ist ent-

täuscht, und der, welcher ihn mit zwei Schlägen gespalten hat, ist hoch erfreut. Der Felsblock aber brach erst entzwei, nachdem er im Ganzen zweiundzwanzig Schläge erhalten hatte. So hat auch euer Nachbar schon in seiner vorigen Inkarnation zwanzig Jahre spirituelle Anstrengungen *(sādhana)* zu seinen Gunsten in seinem Kausalkörper gespeichert, die ihm in seinem jetzigen Erdenleben zugutekommen. Euer Wesen und eure Neigungen wurden durch die Art und Weise geformt, in der ihr während vieler Erdenleben geliebt und gearbeitet, gedient und gekämpft habt.

10. Die Vorschriften, welche die Verhaltensweisen für die verschiedenen Lebensstadien *(āshrama)* und Kasten (varna) festlegen, ersetzen in keiner Weise das Ausrichten des Denkens auf Gott, das Läutern des Geistes (mind) und das Dienen Gottes durch alle Taten, Worte und Gedanken. Unterschiede zwischen Geschlecht, Kaste, sozialer Stellung und Lebensstadium beeinflussen nur jene, die im Bewusstsein leben, der Körper sei die Wirklichkeit, und so handeln, als ob die Welt absolut und unvergänglich sei.

11. Die Zugehörigkeit zu einer Kaste ohne die entsprechenden Charaktereigenschaften ist sinnlos. Sie ist nur ein nichtssagendes Etikett. Spirituelle Disziplin *(sādhana)* ohne entsprechende Charaktereigenschaften ist wie die Reise eines Blinden. Moral, Tugend und guter Charakter sind unbedingt notwendig. Wenn die spirituelle Praxis diese Werte zur Grundlage hat und in Übereinstimmung mit den Vorschriften, die für den gewählten Weg gelten, ausgeübt wird, führt sie gewiss zum Ziel. Aber ihr müsst dabei eine wichtige Warnung beherzigen: Werdet nicht faul, weil ihr glaubt, die Kaste (jāti) sei ohne Bedeutung. Moralische Maßstäbe und Prinzipien (nīti) erwachsen auch daraus, in wel-

che Kaste man hineingeboren wurde. Um diese zu fördern, ist das Bewusstsein der sozialen Stellung durch die Geburt hilfreich und wichtig. Wer sich allerdings in vorhergehenden Existenzen schon einen Schatz an Güte und Tugend verdient hat, braucht diesem Leben nicht zu viel Bedeutung beizumessen. Nur jene, die sich während ihrer früheren Erdenleben um die Vereinigung mit Gott *(yoga)* bemüht haben, aber ihren Weg nicht vollenden konnten, werden eine solche Vortrefflichkeit besitzen. Das Wichtigste ist, den für die Kaste (jāti) geltenden moralischen Standard (nīti) zu erreichen, den Status der Geburt durch moralische Prinzipien zu fördern und sein Bestes zu tun, um einen höheren Rang zu erreichen. Für eine gewisse Strecke auf dem Weg spiritueller Entwicklung sind soziale Stellung und moralische Prinzipien hilfreich. Durch beide werden die Grundeigenschaften *(guna),* die auf den Menschen einwirken, verfeinert.

12. In bestimmten *Vishnu*-Tempeln wird eine besondere Tür, die ‚Vaikunthadvāra' genannt wird, geöffnet, und die Menschen dürfen zum Allerheiligsten hindurchgehen. ‚Vaikunthadvāra' bedeutet ‚Himmelspforte' oder ‚Tor zur Selbsterkenntnis'. Die Himmelspforte findet man nicht nur dort. Sie öffnet sich direkt vor euch, wo ihr auch seid. Klopft an, und sie wird aufgetan. *‚Vishnu'* bedeutet ‚Er, der überall ist'. *Vaikuntha,* der Himmel, ist seine Residenz und muss folglich auch überall sein. Ihr müsst nur mit dem richtigen Losungswort auf den Lippen anklopfen, dann werdet ihr eingelassen. Euer Herz kann der Himmel werden, wenn ihr es läutert und Gott erlaubt, sich darin zu manifestieren. *‚Vaikuntha'* bedeutet auch ‚der Ort, an dem es nicht die geringste Spur von Kummer gibt'. Wenn sich Gott in eurem Herzen manifestiert, seid ihr vollkommen erfüllt und frei.

13. Spirituelle Disziplin *(sādhana),* intensive Rezitation der Gottesnamen *(japa),* Meditation *(dhyāna),* Dienst am Nächsten *(sevā)* und das gemeinschaftliche Singen zum Lobpreis Gottes (samkīrtana) führen zum selben Ziel und verhindern, dass die menschliche Gesellschaft im Morast tierischer Triebhaftigkeit versinkt.

14. Stillzuhalten und das Schicksal für alles verantwortlich zu machen, bedeutet einen Mangel an eigenem Bemühen. Mit eigener Anstrengung und Gebet kann man sein Schicksal neu gestalten. Ohne eigene Anstrengung und Gebet verbessert man weder sein Schicksal noch kann man die Gnade Gottes gewinnen. Strengt euch an!

15. Wenn die Saat der höchsten Weisheit, die ich aussäe, sich nicht zu starken Pflanzen entwickelt und keine gute Ernte einbringt, trifft das auch mich. Wenn andererseits alles gut wächst und die Ernte der Glückseligkeit *(ānanda)* eingebracht werden kann, macht mich das sehr glücklich. Das ist meine Nahrung. Das ist der Dienst *(sevā),* den ihr mir erweisen solltet. Es gibt nichts Höheres als dies.

16. Große Dichtung befasst sich mit dem ewigen Durst des Menschen nach Gott. Sie ist reich an Nektar, der diesen Durst löscht. Sie befriedigt und macht stark, sodass man über die Wechselfälle des Lebens lachen kann. Ohne spirituelle Praxis jedoch, ohne Ausdehnung des Bewusstseins, Ausweitung des Mitgefühls, Schärfung der inneren Sicht, Vertiefung des Kontaktes zu den Quellen der Weisheit in uns und in anderen ist Dichtung nur ein fader, fruchtloser Zeitvertreib.

17. Die Menschen zögern, das Feld spiritueller Arbeit *(sādhana)* zu betreten, obwohl sie die Ernte genießen wollen, die aus Freude besteht. Sie sind nicht gewillt, auch nur einen Finger zu rühren, und scheuen die geringste Anstrengung. Aber sie wollen, dass die Erlösung *(moksha)* ihnen vom Himmel in den Schoß fällt. Am liebsten wäre es ihnen, wenn die Schau Gottes schmerz- und mühelos in ihren Kopf hineingedrückt würde. Als Yagnavalkya Haus und Hof verließ, um als Mönch zu leben, übergab er seiner Frau Maitreyi ein großes Vermögen an Gold und Vieh. Sie fragte ihn, ob ihr dieser Reichtum bei ihrer geistigen Entfaltung nützen werde. Yagnavalkya antwortete, all dies sei vergänglich und wertlos, verglichen mit dem Reichtum der spirituellen Erfahrung. Daraufhin verwarf sie allen Reichtum und begab sich auf die Suche nach dem kostbaren Schatz der spirituellen Disziplin und des Glaubens. So erlangte sie ewige Freude.

18. Das Studium heiliger Schriften und religiöser Texte ist unbekömmlich, wenn man sich nicht bemüht, das Gelesene in die Praxis umzusetzen. Wer nicht praktiziert, wozu er sich bekennt, verliert die Selbstachtung und beginnt, sich seiner selbst zu schämen. Also lernt und praktiziert, esst und verdaut. Das ist der Rat, den ich euch gebe.

19. Ihr müsst nur fest entschlossen sein, diese Gelegenheit voll und ganz zu nutzen. Jetzt seid ihr hier und mir nah. Diejenigen, welche fern von hier sind, sind es nur in Bezug auf die räumliche Entfernung, nicht jedoch in Bezug auf meine Liebe. Ihr müsst Ungemach, Prüfungen und Leiden willkommen heißen, um zur Gotterkenntnis zu gelangen. Haltet beständig und vertrauensvoll am Namen und an der Gestalt

Gottes fest. Ihr müsst alle minderwertigen Anlässe für Freude ausschalten.

20. Seid fest davon überzeugt, dass ihr von dem Augenblick an geheilt sein werdet, in dem ihr euch ganz auf Seine Gnade verlasst. Übertragt euren Glauben an Medikamente lieber auf Gott. Vertraut nicht auf Medizin, sondern auf Gott (mādhava). Ich bin erstaunt über die große Anzahl von Menschen, die zu Tabletten und Tropfen Zuflucht nehmen. Wendet euch dem Gebet und spirituellen Übungen *(sādhana)* zu. Ruft den Namen Gottes an und meditiert. Das sind die Vitamine, die ihr braucht und die euch heilen werden. Keine Tablette ist so wirksam wie der Name Gottes. Ich werde euch *Vibhuti* geben. Sie wird euch heilen. Jetzt seid ihr in Gedanken noch hin- und hergerissen wie der Mann, der seine Schuhe außerhalb des Tempels liegen lassen musste. Er stand mit gefalteten Händen vor dem Altar und murmelte ein Gebet, aber in Gedanken war er draußen bei seinen Schuhen, denn er fürchtete, sie könnten gestohlen werden. Das Krankenhaus ist für jene da, die an Ärzte und Arzneimittel glauben. Aber was können Ärzte und Arzneien ohne die Gnade Gottes ausrichten? Mit Sicherheit wird der Tag kommen, an dem Krankenhäuser überflüssig geworden sind, weil alle Menschen gesund und frei von Krankheiten sind, da sie den Weg der spirituellen Praxis, den Weg der Glückseligkeit eingeschlagen haben, der zu innerem Frieden und Glück führt.

21. Bedenkt, wie viel Konzentration für die einfache Tätigkeit des Einfädelns einer Nadel erforderlich ist. Die Finger dürfen nicht zittern, der Blick muss fest und klar sein, das Fadenende muss zu einer Spitze gezwirbelt sein und das Nadel-

öhr muss absolut still gehalten werden. Dieselbe Sorgfalt muss bei jeder Tätigkeit aufgebracht werden, wenn sie erfolgreich sein soll. Der Name Gottes ist der Bogen, den ihr hebt, wenn ihr eure Stimme zum Lobpreis Gottes *(bhajana)* erhebt. Euer Geist (mind) ist der Pfeil, den ihr auflegt. Zielt mit eurem Auge auf das höchste Selbst, das die Zielscheibe ist, spannt den Bogen in unverwandter Konzentration und schießt! So kann das Ziel erreicht werden.

22. Wenn ihr denkt, dass ihr euch erst selbst überzeugen müsstet, bevor ihr glauben könntet – gut, dann kommt und macht eure eigenen Erfahrungen. Es hat keinen Zweck, für einen Tag herzukommen, am nächsten wieder wegzufahren und dann zu sagen: „Ich habe Sathya Sai Baba gesehen. Er trägt ein schönes, langes Gewand und hat fabelhaftes Haar." Wie könnt ihr etwas verstehen, wenn ihr eure Zeit damit verbringt, hier in Hotelhallen herumzusitzen, Karten zu spielen oder euch Geschichten anzuhören? Entschließt euch, tief einzutauchen, zu entdecken und zu lernen, dann werdet ihr verstehen. Tausende sind heute und in den vergangenen Jahren hierhergekommen. Viele haben gar nicht das Verlangen nach Erkenntnis; viele haben das Verlangen, sind sich aber der Tatsache nicht bewusst, dass sie den wirklichen inneren Erfahrungen mehr Beachtung schenken müssen als den Eindrücken, die durch die Sinne vermittelt werden. Eure Augen mögen auf etwas starren, aber wenn eure Gedanken nicht bei der Sache sind, könnt ihr es nicht erkennen. Wenn euer Körper hier im Auditorium sitzt, aber eure Ohren noch in der Hotelhalle sind und eure Augen im Gelände umherschweifen, wie könnt ihr da etwas lernen und verstehen? Nur Liebe *(prema)* kann Liebe verstehen.

23. Wenn der Geist des Menschen – unabhängig von den Höhen und Tiefen des Lebens – in der Lage ist, unter allen Umständen Gleichmut zu bewahren, dann ist ihm auch körperliche Gesundheit sicher. Das mentale Firmament muss wie der Himmel sein, an dem keine Spuren zu sehen sind, obwohl Vögel, Flugzeuge und Wolken durch ihn ziehen. Krankheiten werden eher durch falsche Ernährung des Geistes als des Körpers verursacht. Die Ärzte sprechen von Vitaminmangel; ich nenne es Mangel an Vitamin G und empfehle die Wiederholung des Gottesnamens und die Kontemplation seiner Herrlichkeit und Gnade. Das ist Vitamin G. Das ist das Heilmittel. Disziplin und geregelte Lebensgewohnheiten machen zwei Drittel, Medizin nur ein Drittel der Behandlung aus.

24. Sich ganz in Gottes Willen ergeben kann man erst, wenn einhergehend mit der Unterscheidung zwischen Wirklichem und Unwirklichem jede Abhängigkeit von der Befriedigung der Sinne überwunden ist. Die Flecken von ‚ich' und ‚mein' müssen durch strenge spirituelle Disziplin *(sādhana)* entfernt werden. Das wichtigste Mittel dafür ist die ständige Wiederholung des Namens Gottes *(nāmasmarana)*. Wenn ihr euch in den Namen des Herrn vertieft, werden sich seine Majestät, Gnade, Macht und Allgegenwart in eurem Bewusstsein festsetzen, und eure eigenen Fähigkeiten und Fertigkeiten werden in den Schatten des Göttlichen gestellt. Auf diese Weise vergrößert sich eure Demut und es fällt euch ganz leicht, euch Gott hinzugeben. Gott zu schauen und in seine Herrlichkeit einzugehen ist der eigentliche Sinn und Zweck der menschlichen Existenz. Alle anderen Siege sind nutzlos. Die *Veden* verkünden dies als das letztliche Ziel des Menschen, die *Upanischaden* erklären den Weg,

und die *Bhagavadgita* beleuchtet ihn. Die Heiligen und Weisen verkünden seine Erhabenheit. *Avatare* kommen, wenn die Menschen von diesem Weg abgewichen sind und sich in Wildnis und Wüste verlaufen haben.

25. Wenn ihr niedergeschlagen seid, weil euch scheinbar ein Verlust oder großes Unglück widerfahren ist, übt euch im Rezitieren der heiligen Namen Gottes *(nāmasmarana)*. Das wird euch trösten, Mut machen und alles in der richtigen Perspektive sehen lassen. Denkt an die Heiligen, die Not und Unglück freudig begrüßten, und bleibt in jedem Sturm ruhig und gelassen. Die Heiligen wurden ausgelacht und für verrückt erklärt, aber sie wussten, dass sie im Gnadenhospital Gottes waren und nicht im Irrenhaus der Menschen. Sie glaubten fest an ihre Bestimmung und vertrauten Gott vollkommen. Sie lachten, wenn Unheil ihren Eifer dämpfen wollte, denn sie kannten die in ihnen schlummernde Stärke – die Stärke des göttlichen Selbst *(ātman)*.

26. Ebenso wie der wilde Elefant, der als Anführer seiner Herde den Wald durchstreift, gefangen und abgerichtet wird, damit er lernt im Zirkus auf dem Schemel zu sitzen, müssen auch die Gedanken und Gefühle des Menschen durch einen systematischen Prozess der Disziplinierung – Beherrschung der Sinne, Geduld, Wunschlosigkeit, Gleichmut in Freud und Leid, Glauben und Gelassenheit – trainiert werden, damit sie dem besten Interesse des Menschen dienen können. Man muss ein Anwaltsexamen ablegen, um als Verteidiger vor Gericht auftreten zu können, und wer einem Kranken Medikamente verschreiben will, muss das medizinische Staatsexamen bestanden haben. Man muss eine Lizenz erhalten und seinen Namen in das Register der

praktizierenden Ärzte eintragen lassen. Überall werden für jeden Beruf und jede Stellung bestimmte Qualifikationen verlangt. Wie viel wichtiger ist es, im spirituellen Bereich die richtigen Qualifikationen erworben zu haben, um die Gnade Gottes zu gewinnen! Ihr habt ein hohes Ziel, aber ihr strengt euch nicht an, diese Höhe zu erreichen.

In spirituellen Angelegenheiten ist der Glaube das Wichtigste. Zweifel rütteln an den Fundamenten des spirituellen Weges und müssen deshalb vermieden werden. Vertraut der Weisheit der Alten. Seid nicht so vermessen, mit eurem winzig kleinen Verstand gegen die intuitiven Kräfte der Heiligen und ihre Entdeckungen antreten zu wollen.

27. Wenn ihr in einem Laden nach Stoff sucht, um euch Hosen und Hemden daraus nähen zu lassen, wählt ihr eine dunkle Farbe. Der Grund, weshalb ihr etwas Dunkles bevorzugt und weiß und helle Farben ablehnt, ist, dass der Schmutz auf dunklen Stoffen nicht zu sehen ist. Ihr seid nicht bestrebt, den Schmutz zu entfernen, sondern wollt ihn vor den Blicken der anderen verbergen. Das ist zu einer allgemeinen Schwäche geworden. Man schämt sich seines Schmutzes, versucht aber nicht, sich zu läutern. Das kann nur durch Liebe *(prema)* und Wahrhaftigkeit *(satya),* durch die Wiederholung des von einem *Guru* gegebenen *Mantras* und durch spirituelle Disziplin *(sādhana)* geschehen, die regelmäßig und beständig praktiziert und von Glauben getragen wird.

28. Die Augen müssen darin geübt werden, die Fußspuren Gottes zu entdecken. In diesem Prozess muss man lernen, den Geist (mind) zu beherrschen. Der Geist ist Dreh- und

Angelpunkt der Gedanken und Gefühle. Er ist der denkende Aspekt des absoluten Bewusstseins *(brahman)*. Das absolute Selbst, das sich in imaginativen Aktivitäten manifestiert, ist Geist (mind). Anstatt sich jedoch dem Absoluten zuzuwenden, richtet der Geist sich nach außen und beginnt, die Sinne als seine Werkzeuge zu benutzen, und so vergisst er seinen Ursprung, die göttliche Seele *(ātman)*. Wie und warum dies geschehen kann, ist unerklärlich. Wir wissen nur, dass es geschieht und dass es vermieden und verhindert werden kann. Der Intellekt kann das Geheimnis, das man ‚*Māyā*' nennt, nicht begreifen, weil er selbst davon gefesselt ist. Man muss über den Intellekt hinausgehen, wenn man es verstehen will. Das ist eine Tatsache, und dieser Tatsache muss man ins Auge sehen. Der Geist formt die Welt. Wenn Gedanken und Ideen vernünftig, gesund, gewaltfrei, liebevoll, moralisch und harmonisch sind, ist der Friede nah, und das göttliche absolute Bewusstsein kann erreicht werden. Darum muss man eine strenge spirituelle Disziplin *(sādhana)* einhalten, um den Geist nach innen, auf Gott, seinen Ursprung, auszurichten.

29. Es ist ratsam, eine gewisse Zeit mit Meditation, Gebet oder der stillen Wiederholung des Namens Gottes zu verbringen, denn Friede und Freude können nicht in der Außenwelt gefunden werden. Sie sind Schätze, die im Inneren des Menschen verborgen liegen. Hat man sie erst einmal ausfindig gemacht, kann man nie wieder traurig oder aufgeregt sein. Nutzt also die heilige Atmosphäre hier, diese wunderbare Chance, nutzt diese kostbaren Tage so gut ihr könnt. Denkt bei jedem Einatmen den Namen Gottes, denkt ihn bei jedem Ausatmen. Lebt in Gott, für ihn, mit ihm.

30. Ihr müsst den spirituellen Weg, den Weg nach innen, gehen und euch so verhalten, wie es dem Göttlichen entspricht, um es erreichen und verstehen zu können.

Erkenntnis, Weisheit, Unterscheidungsvermögen

1. Keine andere menschliche Gemeinschaft hat sich so wie die *Hindus* in die Fragestellungen vertieft, die sich mit Geburt und Tod, den Gedanken und der Kontinuität der Konsequenzen von Gedanken, Worten und Taten nach dem Tod befassen. Die Lösungen, die sie entdeckten und für wahr befanden, sind so allgemeingültig, überzeugend und segensreich für den Einzelnen und die Gesellschaft, dass sie jahrhundertelang den kritischen Prüfungen der Gelehrten und Weisen aller Länder standhielten. Ein lobenswertes Merkmal dieser Forschung ist, dass die Vernunft dabei niemals an zweiter Stelle stand. Bei jedem Schritt muss das spirituelle Bemühen von der Vernunft unterstützt werden. Spirituelle Praxis ist die Therapie. Die Krankheit ‚Unwissenheit' wird durch die Tablette ‚höheres Wissen' geheilt. Mit anderen Worten: Die schädlichen Folgen der Unwissenheit werden durch das höhere Wissen beseitigt.

2. Man stellt heutzutage oft die Frage: „Wo ist Gott?" *Prahlada,* der unaufhörlich den Gottesnamen rezitierte, wusste, dass Gott überall ist. Es ist nicht richtig zu behaupten, er sei nur hier, oder, er sei nicht dort. Zur Erkenntnis dieser Wahr-

heit kann man nur durch intensive spirituelle Praxis *(sādhana)* gelangen.

3. Heute ist der Grundsatz menschlichen Verhaltens im Allgemeinen: Jeder für sich. Das kommt daher, dass die Tatsache der Einheit in Gott nicht bewusst ist und erkannt wird. Dieses Wissen ist eine Folge der spirituellen Praxis. Es wächst nur langsam, aber es muss erworben werden.

4. Gottes Gnade ist wie Regen und Sonnenschein. Ihr müsst spirituelle Übungen praktizieren, um ihrer teilhaftig zu werden, nämlich die Übung, einen Topf aufzustellen, damit sich das Regenwasser darin sammeln kann; die Übung, die Tür eures Herzens zu öffnen, damit die Sonne hineinscheinen kann. Gnade ist überall ebenso wie die Musik, die von einem Sender ausgestrahlt wird; aber ihr müsst euren Empfänger einschalten und auf die richtige Wellenlänge einstellen, damit ihr sie hören und euch an ihr erfreuen könnt. Bittet um Gnade, aber praktiziert wenigstens ein bisschen *Sādhana*. Gnade macht alles gut. Ihr wichtigstes Resultat ist die Erkenntnis des göttlichen Selbst (ātmasākshātkāra), aber sie bringt noch andere zusätzliche Wohltaten mit sich, zum Beispiel ein glückliches, zufriedenes Leben hier auf Erden und eine gelassene, mutige Wesensart, die in unerschütterlichem Gleichmut, das heißt fest in innerem Frieden, verankert ist. Der wichtigste Nutzen eines schönen Schmuckstücks ist die persönliche Freude. Wenn man aber bis auf die letzte Münze im Portemonnaie verarmt ist, kann man es verkaufen und mit dem Erlös ein neues Leben beginnen. Das ist sein zusätzlicher Vorteil. Die Bananenstaude gibt uns als Hauptgeschenk ihre Früchte. Aber die Blätter, das weiche Herz des Stammes und die

Blütenknospen können ebenfalls genutzt werden. Dies ist auch die Wesensart der Gnade. Sie befriedigt vielerlei Bedürfnisse.

5. Wo ihr auch seid und welche Arbeit ihr auch verrichtet, tut sie als einen Akt der Anbetung, Hingabe und Verherrlichung Gottes, denn er ist es, der euch inspiriert, er ist der Zeuge, der Meister. Teilt euer Handeln nicht ein in „Dies tue ich für mich" und „Das tue ich für Gott". Teilt man Null durch Null, ergibt sich Null. Wenn ihr eine Arbeit verrichtet, sollte nichts unerledigt bleiben, es darf kein Rest übrig bleiben. Betrachtet jede Arbeit als eine Einheit. Die *Shāstras* lehren, dass man in diesem Zyklus von Geburt und Tod keinen Rest und keine Unausgeglichenheit in Bezug auf Schulden, Krankheiten und Vergeltung gegenüber Feinden übrig lassen sollte. Alles muss bis zum Letzten getilgt werden. Nichts davon sollte sich wiederholen müssen. Wenn ihr alles, was ihr tut, ohne jede Spur egoistischen Anhaftens Gott zu Füßen legt, werden die Folgen eurer Handlungen euch nicht binden. Ihr seid frei, ihr seid erlöst, ihr habt Befreiung *(moksha)* erlangt.

6. Der leichteste Weg zur Selbsterkenntnis ist das Aufgeben des Ego *(sharanāgati). Arjuna* hatte sein Ego aufgegeben, und so wurde der Krieg, den er führen musste, in ein Opfer, ein spirituelles Exerzitium, verwandelt. Daksha vollzog eine rituelle Opferhandlung *(yajna),* aber er gab sich nicht hin, sondern war so voller Egoismus, dass er Gott beleidigte! Darum verwandelte sich sein Opfer in einen hasserfüllten Krieg. Spielt euer winziges Ego nicht gegen den Allmächtigen aus. Überlasst alles seinem Willen, dann werdet ihr andauernden Frieden haben.

7. Betrachtet euren ganzen Besitz und euer Vermögen als Leihgabe, die euch von Gott zu treuen Händen übergeben wurde. Auch eure Familie müsst ihr wie ein heiliges Lehen betrachten, als Menschen, die der Herr euch anvertraute, damit ihr sie liebt, für sie sorgt und sie anleitet. Ihr müsst deshalb eure Bindung an die Familie zum Gottesdienst erheben und zum Instrument eures spirituellen Fortschritts werden lassen.

8. Liebt alle, achtet alle; helft allen nach besten Kräften. Bemüht euch, so nützlich, zartfühlend und sanft wie möglich zu sein. Dann wird der Ort, an dem ihr euch befindet, ebenso heilig sein wie der Wallfahrtsort Kashi, und eure Worte werden denen der heiligen Schriften gleichen. Diese spirituelle Übung *(sādhana)* wird euch zur Erkenntnis des göttlichen Selbst führen.

9. Gott ist euch am allernächsten. Reißt die angelehnte Tür der Täuschung auf; zerteilt den Vorhang der Unwissenheit; öffnet die Augen! Er ist hier, direkt vor euch! Der Nebel der Sinnesfreuden verbirgt ihn vor euch. Schaltet das Licht an, dann verschwindet die Dunkelheit, und er wird sichtbar.

10. Jede Handlung *(karman),* die als Opfergabe dargebracht wird und deren Folgen man dem Willen Gottes überlässt, läutert den Geist (mind). Reue rettet selbst den Sünder vor Verderbnis. Keine Sühnehandlung ist so wirksam wie echte Reue.

11. Die Lichter müssen im Inneren des Menschen (antahkarana) eingeschaltet werden. Das ist wichtiger, als es im Haus zu tun, wo man das Bildnis Gottes aufgestellt hat und anbetet.

12. „Erwacht, erhebt euch und ruht nicht, bis das Ziel erreicht ist (uththishta, jagratha, prapyavarāniibodhatha).“ Aber man braucht nicht auf dieses Ziel hin zu marschieren. Es ist nicht irgendein Ort, zu dem man gehen müsste. Es geht nur um das Öffnen der Augen, die Beseitigung des Übels, das Erwachen aus dem Traum und das Einschalten des Lichts der Weisheit.

13. Wenn man sich streng an den von der göttlichen Ordnung *(dharma)* vorgeschriebenen Weg hält und seiner innersten Sehnsucht folgt, kann man ein Gotterkennender werden, auch wenn man zunächst noch ein Anfänger oder gar Ungläubiger ist!

14. Lasst euch gesagt sein, dass ein Eheleben und der Stand des Haushälters *(grihastha)* euch nicht daran hindern wird, Selbsterkenntnis zu erreichen. Betrachtet Frau und Kinder als heiliges, euch anvertrautes Gut und dient ihnen in diesem Geist (spirit). Stellt euch darauf ein, ab dem fünfzigsten Lebensjahr enthaltsam und in spiritueller Disziplin zu leben. Wenn fünf Jahrzehnte eures Lebens vorüber sind, müsst ihr Kontrolle über eure fünf Sinne erlangt haben. Mit sechzig Jahren solltet ihr die sechs Feinde des Menschen – Lust, Ärger, Gier, Anhaftung, Stolz und Hass – überwunden haben. Mit siebzig Jahren müsst ihr bereit sein, mit den sieben Weisen, den sieben Meeren und den sieben Farben des Sonnenstrahls zu verschmelzen. Das heißt, ihr müsst weit, weit über weltlichen Wünschen und Idealen stehen und durch eure spirituelle Praxis *(sādhana)* dem Ziel des Einswerdens so nah wie möglich gekommen sein. Mit achtzig Jahren steht ihr dann auf der gleichen Stufe wie die himmlischen Schirmherren, die mit mehr oder weniger göttlichen Eigenschaften und Merkmalen über die acht Kardinalpunkte präsidieren.

Das neunzigste Jahr wird euch, oder besser, sollte euch in das Reich der neun Planeten bringen, in das Reich des Überirdischen. Ein Mensch, der zehn Dekaden lang lebt und hundert Jahre alt wird, muss alle zehn Sinne, nämlich die fünf Wahrnehmungssinne und die fünf Handlungsorgane beherrschen. Er muss die Weisheit in Person sein, frei von jeglicher Spur weltlichen Handelns, von Konsequenzen des Handelns oder dem Verlangen nach dem Handeln. Dann sind er und das Absolute eins und unteilbar!

15. Ohne Körperbeherrschung könnt ihr die Wahrheit nicht erkennen. Ohne Hunger und Durst überwunden zu haben, werdet ihr nicht zur höchsten Wirklichkeit vordringen, und wenn ihr nicht erkennt, wer ihr selbst seid, könnt ihr nicht als Mensch bezeichnet werden.

16. Was genau sind Ziel und Zweck aller heiligen Schriften, des *Bhagavatam,* der *Puranas,* dieser Ansprachen, der Aufführungen göttlicher Taten? Versucht einmal, diese Frage zu beantworten. Sie sind dazu da, dem Menschen die Wahrheit über sich selbst zu zeigen. Es handelt sich nicht um eine Verschwörung, um euch in die Irre zu führen. Das war nicht die Absicht der Weisen, die diese historischen Berichte und ihre eigenen Erfahrungen niedergeschrieben haben. Ihr kennt nur die Gegenwart, das, was vor euren Augen geschieht. Ihr wisst nicht, dass die Gegenwart mit der Vergangenheit verknüpft ist und den Verlauf der Zukunft bestimmt. Es ist wie bei den Überschriften und Titeln von Filmen auf der Leinwand: So wie die Worte eines nach dem anderen aufleuchten, lest ihr ein jedes und geht weiter zum nächsten, das vor euren Augen auftaucht. Jedes neue Wort löscht das vorher gese-

hene aus, geradeso wie jede Geburt die Erinnerung an die vorher gelebte Existenz auslöscht.

17. Der Mensch muss immer nach Stärke (bala) streben. Er sollte nicht zu Unwahrheit, Bosheit und Gaunerei greifen – diese weisen allesamt auf einen fundamentalen, verhängnisvollen Zug der Feigheit (balahīna) hin. Feigheit entsteht, wenn ihr eine Vorstellung von euch selbst habt, die minderwertiger ist als ihr wirklich seid und wofür die Tatsachen bürgen. Ihr glaubt, dass ihr die Schale wäret, aber in Wirklichkeit seid ihr der Kern. Das ist euer Hauptirrtum. Jede spirituelle Praxis *(sādhana)* muss darauf abzielen, die Schale zu entfernen und den Kern zum Vorschein zu bringen. Solange ihr sagt: „Ich bin ich", wird mit Sicherheit auch Furcht da sein. Aber wenn ihr einmal sagen und fühlen könnt: *„Aham* Brahmāsmi" – „Ich bin Gott", bekommt ihr unbesiegbare Stärke.

18. Nur wenn ihr aufhört, euch für den Körper zu halten, werdet ihr wirklich den Drang und die Inspiration verspüren, anderen zu helfen. Wenn jemand starke Magenschmerzen hat, treten ihm Tränen in die Augen. Warum? Weil die verschiedenen Organe – Augen, Magen und so weiter – alle zu demselben Körper gehören. Ebenso muss euer Auge Tränen vergießen, wenn ihr das Leid eines anderen seht, und ihr müsst euch dazu aufgerufen fühlen, es zu lindern. Dies wird geschehen, wenn ihr erkennt, dass er und ihr Glieder desselben göttlichen Körpers seid. Der Zustand der Isolation (bhedabhāva) entsteht aufgrund des Nichtwissens um die Wahrheit. Wenn jemand vor Ärger mit den Zähnen knirscht, wird er sich vorsehen, sich nicht auf die Zunge zu beißen, denn die Zunge gehört zu ihm. Sollte er sich aus Versehen

doch auf die Zunge beißen, wird er sich deshalb nicht die Zähne ausschlagen, denn die Zähne gehören zu ihm. Ebenso sind der Kranke, der Arme, der Analphabet und der Böse alle Glieder desselben Körpers, von dem auch ihr ein Teil seid. Derselbe Strom pulsiert in allen. Das zu erkennen und in diese Einheit einzugehen, ist der Zweck des menschlichen Lebens.

Um zur Vollkommenheit zu gelangen, müssen die Keime der Anhaftung an Wünsche und Sinnesobjekte sorgsam entfernt werden. Ein Feld mag dürr und trocken aussehen, aber beim ersten Regenschauer verwandelt es sich in einen grünen Teppich. Die Grassamen keimen bei der Berührung mit Feuchtigkeit. Ebenso können beim ersten Kontakt mit der Versuchung wieder Anhaftungen und Abhängigkeiten im Menschen aufkeimen und den Erfolg der spirituellen Praxis verhindern.

19. Habt Vertrauen in euer Selbst, in eure Fähigkeit, einen Zeitplan spiritueller Übungen *(sādhana)* streng einzuhalten und das Ziel der Selbsterkenntnis zu erreichen. Wenn ihr nicht an die Welle glaubt, wie könnt ihr dann an den Ozean glauben? Eine geringe Menge Metall kann mit Hilfe von Intelligenz und handwerklichem Können in eine schöne, gut funktionierende Uhr verwandelt werden. Sollte der Mensch dann nicht zu einem Weisen werden können, wenn er die höchste Wirklichkeit mit Hilfe seines Unterscheidungsvermögens *(viveka)* und durch das Aufgeben aller Wünsche *(vairāgya)* erkannt hat? Die heiligen Bücher aller Religionen helfen dem Menschen, seine ewige Wohnstätte des inneren Friedens zu erreichen. Sie alle sind Rasthäuser, die gebaut wurden, um dem Pilger auf seinem Weg zum Ziel die Möglichkeit zur Einkehr zu geben. Er bleibt eine Weile dort, wird über die nächste Etappe der Reise

unterrichtet und geht dann durch die Rast erfrischt weiter.

Die Pilger auf dem spirituellen Weg begegnen den Hindernissen, die sich ihnen entgegenstellen, oft mit einem gewissen Unwillen. Aber diese Prüfungen müssen als Sicherheitsmaßnahmen betrachtet werden. Ihr schlagt einen Nagel in die Wand, um ein Bild daran aufzuhängen. Aber bevor ihr es aufhängt, rüttelt ihr kräftig am Nagel, um sicher zu sein, dass er fest genug sitzt. Erst wenn ihr euch davon überzeugt habt, dass er nicht wackelt, selbst wenn ihr mit aller Macht an ihm rüttelt, werdet ihr es wagen, das Bild daran zu hängen. Prüfungen müssen willkommen geheißen werden, denn sie geben euch Selbstvertrauen und sichern euren Fortschritt.

Hört nicht auf das, was andere sagen. Verlasst euch auf eure eigene Erfahrung. Habt Vertrauen in das, was euch inneren Frieden und Freude (ātmānanda) gibt. Das ist die wirkliche Grundlage des Glaubens. Warum solltet ihr herumgehen und jeden fragen, ob eine Substanz Salz oder Zucker sei? Ist es nicht töricht, herumzulaufen und andere dazu um Rat zu bitten? Streut etwas davon auf die Zunge, dann habt ihr die Antwort. Im Augenblick lehnt ihr das als Salz ab, was nach eurer eigenen Erfahrung Zucker ist, nur weil jemand, der es nicht so wie ihr gekostet hat, behauptet, es sei Salz, oder weil einer, der Fieber hat, sagt, es schmecke bitter.

20. Als Ergebnis eurer Pilgerfahrt muss sich euer Verhalten bessern, der Blick nach außen weiten und der Blick nach innen vertiefen und stetiger werden. Ihr müsst euch der Allgegenwart Gottes und der Einheit der Menschheit bewusst werden. Übt euch in Toleranz, Geduld, Wohltätigkeit und im Dienst am Nächsten. Wenn ihr von eurer Pilgerfahrt nach Hause zurückgekehrt seid und über eure Erfahrungen nachsinnt, müsst ihr

beschließen, die höhere, reichere und wirklichere Erfahrung der Gotterkenntnis zu suchen. Ich segne euch, damit ihr diese Entscheidung treffen und danach streben möget, das Ziel Schritt für Schritt zu erreichen.

21. Die beiden Vorbedingungen zum Erreichen des Ideals sind: ein Intellekt, der nur an Wahrheit interessiert ist, und ein Bewusstsein, das die Unreinheiten des Lasters und der Gemeinheit nicht duldet. Das ist der Besitz *(āsti),* der den Menschen zu einem Gläubigen (āstika) werden lässt. Der Intellekt muss so weit wie möglich Nachforschungen über die grundsätzlichen Fragen anstellen, zum Beispiel: „Warum wurde ich geboren? Woher bin ich gekommen? Wohin werde ich gehen? Welche Auswirkungen haben meine Handlungen auf dieses und künftige Leben?“ Das Bewusstsein muss tief in das Göttliche eintauchen, das ihm zugrundeliegt.

22. Ihr müsst einen Schritt nach dem anderen tun, um dieses große Endziel zu erreichen. Gute Gewohnheiten – Teilnahme am Gottesdienst, Rezitation der Namen Gottes, Meditation, das Einhalten von Gelübden und so weiter – sind solche Schritte. Auch gute Gedanken und Gebete um höheres Unterscheidungsvermögen und mehr Gelegenheiten, anderen zu dienen, helfen dabei. Langsam, aber sicher werdet ihr auf diese Weise euren Geist läutern, den Verstand schärfen, die Sinne beherrschen und Gottes Gnade gewinnen.

23. Das Leben ist eine Fata Morgana. Sie entsteht aus einem unsichtbaren Regen, der in ein nicht vorhandenes Meer fällt. Es war einmal ein Mann, der auf dem Sterbebett von einem

Schwarm Verwandter bedrängt wurde. Seine Eltern, Frau, Kinder, Brüder und Schwestern umringten in seinen letzten Minuten sein Bett, jammerten und fragten: „Was wird jetzt aus uns?" Der Sterbende hob seinen Kopf ein wenig und stellte die Gegenfrage: „Was wird aus mir? Das interessiert mich jetzt mehr als die Sorge, was aus euch wird." Nun, es ist besser, wenn ihr euch diese Frage beizeiten stellt und die Antwort darauf findet, anstatt zu warten, bis es zu spät ist. „Was erwartet mich? Was muss ich tun?" Das sind die Fragen, denen ihr nachgehen und auf die ihr Antworten finden müsst.

24. Alles, was ihr tut, sollte wie eine Opfergabe sein, die ihr Gott darbietet. Unterscheidet nicht zwischen „Das ist meine Sache" und „Das ist Gottes Sache". Alles ist sein Werk. Er inspiriert, er hilft, er führt aus, er genießt, er freut sich daran, er hat gesät, er lässt reifen und er erntet. Er allein existiert, denn alle Vielfalt ist nur er, gesehen im Spiegel der Natur. Alles dient der Vereinigung mit dem Höchsten, alles sollte für diesen erhabenen Zweck genutzt werden. Nichts sollte um seiner selbst willen, als ein Ding an sich, benutzt werden. Das ist für Sai-*Devotees* die einzig angemessene Lebensweise. Kein Ding (pādartha) ist nur zum Selbstzweck da; alles dient einem höchsten Gut (parārtha), und das höchste Gut ist die Erkenntnis der Wirklichkeit, und das ist das Göttliche in euch, der *Atman*.

25. Das Einzige, was die Menschen heute wirklich drückt, sind Magenschmerzen von übermäßigem Essen und Mangel an Bewegung. Wie kann Gott sich einem Suchenden offenbaren, der sich im komfortablen Auto in seine Gegenwart begibt und seine Bequemlichkeiten nicht aufgeben will? Sehnt euch danach,

ihn zu schauen, der im Tempel eures Körpers wohnt, und seid nicht nur darauf bedacht, das Wohl eures Körpers zu sichern, ihn zu pflegen, zu verhätscheln und mit kostspieligem Luxus zu umgeben. Es gibt supermoderne sogenannte „Suchende“, die nicht gewillt sind, ihre Türschwelle zu überschreiten, auch nur eine *Paisa* auszugeben oder einen Finger zu rühren und doch erwarten, dass ein *Guru* oder Gott, den der *Guru* dazu überreden müsste, ihnen die Selbsterkenntnis einfach in den Schoß fallen lässt. Es gibt tatsächlich *Gurus,* die sich darauf einlassen, weil sie damit einen Haufen Geld einnehmen!

26. Wenn der Magnet die Nadel nicht anzieht, liegt das daran, dass die Nadel verrostet ist. Wenn Gott sich dem Gläubigen nicht nähert, dann liegt es daran, dass dessen Herz nicht rein genug ist.

27. *Puttaparthi* ist nur sechzehn Meilen von Penukonda entfernt, und doch bin ich erst zweimal hierhergekommen. Einmal war es Krishnarao, der mich holte, um die Schirmherrschaft über die Jugendwettkämpfe zu übernehmen, und jetzt ist es Krishnadevaraya, der mich hergebracht hat. Es ist mir eine Freude, mein Glück *(ānanda)* mit allen zu teilen; deshalb braucht ihr mich nur einzuladen, und ich werde kommen. Ich weiß, dass ihr mich noch nicht verstanden habt; ihr seht mich nur aus der Entfernung. Ihr seht mich nur durch die Tausenden von Menschen, die durch euren Ort fahren, um zu mir zu kommen. Wenn ihr nur ein wenig von ihrem Glauben und ihrer Freude aufnehmen könntet, würdet ihr reichlich belohnt werden. Ich bin besorgt – wenn man dieses Gefühl Sorge nennen kann –, dass Tausende von Menschen aus den entferntesten Gegenden Indiens und selbst aus

dem Ausland von mir profitieren, während die Leute von Penukonda sich die günstige Gelegenheit, meine Glückseligkeit mit mir zu teilen, versagen. Penukonda, das nach einem Berg benannt wurde, ist zu lange schon ein Steinhaufen, wenngleich ein riesiger Haufen. Eure Herzen müssen ‚Kondas' – gewaltige Berggipfel – werden, und auf deren Spitze muss wie auf dem Berg Aruna das Licht der Weisheit wie ein Leuchtfeuer brennen. Lernt, sammelt Erfahrung und seid glücklich. Beherrscht eure Sinne, kontrolliert eure Gedanken und sichert euch das Glück. Es spielt gar keine Rolle, ob ihr nicht an mich oder an Gott glaubt. Glaubt an euch selbst, das ist genug. Denn wer seid ihr wirklich? Jeder von euch ist göttlich, ob ihr es wisst oder nicht.

28. Die Ältesten haben einen königlichen Weg aufgezeigt, den inspirierten Geist (spirit) zu kultivieren und als Werkzeug einzusetzen, um die Wahrheit zu erkennen. Warum irrt ihr dann in dornigen Wüsten oder auf schlammigen Seitenpfaden umher? Praktiziert die spirituellen Übungen der Namenswiederholung und der Meditation, wie sie vorgeschrieben sind. Lasst euch von *Pandits* und anderen, die darin erfahren sind, alles erklären. Haltet Andachten mit Blumen, nehmt den Rosenkranz zur Namenswiederholung zur Hand und so weiter, aber nur bis ihr reif seid für höhere Ebenen der spirituellen Praxis. Ihr müsst die Pflanze opfern, nicht die Blüten, welche die Pflanze hervorbringt, denn das würde die Pflanze belohnen – nicht euch! Der Herr will, dass ihr die Lotosblumen opfert, die auf dem See eures Herzens blühen, und die Früchte, die am Baum eurer irdischen Laufbahn reifen – nicht die Lotosblüten und Früchte, die man auf dem Markt kaufen kann. Ihr fragt vielleicht: „Wo können wir Gott finden?" Nun, er hat euch seine Adresse in Kapitel acht-

zehn, Vers einundsechzig der *Bhagavadgita* gegeben. Schlagt nach und notiert es: „O *Arjuna,* der Herr wohnt in den Herzen aller Wesen.“ Nachdem ihr das nun wisst, wie könntet ihr jemals wieder auf andere Lebewesen verächtlich herabschauen, wie könntet ihr sie hassen oder euch die Zeit damit vertreiben, euch über sie lustig zu machen? Jeder Einzelne ist von der Gegenwart Gottes durchdrungen und wird von göttlichen Eigenschaften bewegt. Liebe, Ehre und Freundlichkeit – das sind die Dinge, die jedes Wesen verdientermaßen von euch bekommen muss. Gebt sie in Fülle!

Die Gnade Gottes kann nicht gewonnen werden, indem man vorgibt, ein bisschen Losgelöstheit zu üben und ein Körnchen Unterscheidungsvermögen zu besitzen. Wisset, und handelt danach! Erkennt, und macht Erfahrungen! Das ist der schwer zu gehende Weg. Ergebt euch Seinem Willen.

29. Das Göttliche, das Selbst *(ātman),* ist allgegenwärtig. Glaubt nicht, dass es nur in den Angehörigen einer bestimmten Kaste, Hautfarbe oder Religion zu finden sei, oder dass es groß sei in den Dicken und von funkelndem Wesen in den Reichen. Es ist in jedem stets dasselbe *Sat-Cit-Ānanda* – Sein-Bewusstsein-Glückseligkeit. Es ist ein weiter Weg, durch spirituelle Praxis zu dieser Erkenntnis zu gelangen.

30. Ihr müsst mit jedem Tag wachsen, nicht nur in körperlicher, sondern auch in spiritueller Hinsicht. Wie lange wollt ihr noch in der Grundschule bleiben und lernen, die Buchstaben des Alphabets zu schreiben? Schreitet voran, fordert eine Prüfung, besteht sie und rückt in eine höhere Klasse auf!

31. Das größte Hindernis auf dem Weg zur völligen Hingabe an Gott *(sharanāgati)* ist die Selbstsucht, das Gefühl von ‚ich' und ‚mein'. Dieses haftet eurer Persönlichkeit seit Ewigkeiten an und lässt seine Tentakeln mit jeder Erfahrung eines weiteren Lebens tiefer in euer Wesen eindringen. Es kann nur durch die Zwillingsreinigungsmittel Unterscheidungsvermögen *(viveka)* und Loslassen *(vairāgya)* ausgemerzt werden.

32. Es gibt vier Fragen, für die sich jeder Mensch interessieren muss: Wer bin ich? Woher komme ich? Wohin werde ich gehen? Wie lange werde ich hier bleiben? Die vier *Vedas* geben die Antworten auf diese Fragen. Jedes spirituelle Forschen beginnt mit diesen Fragen und den Versuchen, Antworten darauf zu finden. Nehmt einmal an, ihr habt einen Brief ohne Adresse und Absender in den Briefkasten geworfen. Er wird nirgendwo ankommen. Es war Zeitvergeudung, ihn zu schreiben. Ebenso ist es eine nutzlose Vergeudung des Lebens, sich in dieser Welt aufzuhalten, wenn man nicht weiß, woher man kommt und wohin man geht. Der Brief wird als „unzustellbar" abgelegt. Die individuelle Seele verbleibt im Kreislauf von Geburt und Tod und kann sich niemals selbst erkennen. Für die geistige Vertiefung, die zur Selbsterfahrung führt (ātmavicāra), und für das Finden der richtigen Antworten ist spirituelle Praxis *(sādhana)* unerlässlich. Die Antworten müssen Teil eurer Erfahrung werden.

33. Wenn der Mensch soweit ist, dass er das Göttliche in jedem Wesen erkennt, wenn alle Erkenntnissinne nur das Göttliche wahrnehmen, wenn er nur Es überall sieht, hört, schmeckt, riecht und fühlt, dann wird er zweifellos zu einem Teil Gottes und lebt in ihm und mit ihm. Wenn ihr auf diese Weise

eure Pflicht dem eigenen Fortschritt gegenüber erfüllt, werdet ihr bereits beim ersten Schritt eine neue Kraft, eine neue, freudigere und reinere Erregung verspüren, ihr werdet die Fülle des Glücksbewusstseins kosten und von einer neuen Heiligkeit erfrischt sein.

34. Manchmal haben spirituell Strebende mitten in ihrer spirituellen Praxis die Anwandlung, sich einzubilden, Gott sei weniger groß und herrlich, als er in Wirklichkeit ist. Sie denken, der Herr mache Unterschiede zwischen Sündern und Heiligen, Guten und Bösen, Wissenden und Unwissenden. Das sind ungesunde, irrige Schlussfolgerungen. Gott unterteilt die Menschen nicht nach solchen Gesichtspunkten. Wenn er das täte, würde kein Sünder auf Erden seinen Zorn auch nur eine Minute überleben Alle leben auf dieser Erde, weil Gott keine solchen Unterschiede macht. Diese Wahrheit ist nur dem Weisen bekannt. Alle anderen sind sich ihrer nicht bewusst. Sie leiden unter dem verkehrten Glauben, Gott sei irgendwo weit, weit weg von ihnen.

35. Selbsterkenntnis ist entweder das Wissen „Mein Selbst ist meine Wirklichkeit“ oder „Ich habe mein Selbst erkannt“ oder „Alle sind das eine Göttliche“ oder „Ich habe die Erfahrung gemacht, dass ich und das Universum nicht voneinander getrennt sind.“ Das ist es, was jeder Mensch selbst entdecken muss. Ohne das ist Askese reine Energie- und Zeitverschwendung. Der Mensch ist nicht bloß ein Tier. Er hat den göttlichen Funken in sich und sollte es nicht zulassen, dass er ausgelöscht wird.

36. Was ist die Ursache von Unwissenheit? Ich werde es euch sagen: Es ist die Identifikation mit dem Körper, die falsche Annahme, dass ihr der Körper wäret. Dieser Irrtum

kann nur durch den Erwerb des richtigen Wissens beseitigt werden. Man braucht Licht, um Dunkelheit zu vertreiben. Ihr könnt sie weder fortjagen noch wird sie auf eure Gebete, Bitten oder Proteste hin weichen. Ohne dass ein Licht brennt, wird die Dunkelheit nicht verschwinden, wie sehr ihr euch auch anstrengt. So wird auch die Unwissenheit nicht verschwinden, nur weil ihr es wünscht. Habt ihr erst einmal das Wesen und die Auswirkungen dieser Unwissenheit erkannt, wird die Wahrheit offenbar, und das Leid vergeht.

37. Der Weise *(jnānin)* ist frei von Illusion *(māyā).* Er ist unbeeinflusst von den Grundeigenschaften *(guna)* Trägheit *(tamas),* Aktivität *(rajas)* und sogar Ausgeglichenheit *(sattva).* Der Suchende nach Weisheit (jijnāsu) dagegen ist anders. Er verbringt seine Zeit in ununterbrochener Kontemplation Gottes, tut fromme Werke und pflegt heilige Gedanken. Die beiden anderen, der nach spirituellem Reichtum Strebende (arthārthin) und der Leidende (arthin), sammeln erhebende Erfahrungen, denken über das Wirkliche und das Unwirkliche nach und entwickeln sich nach und nach zu Wahrheitssuchenden (jijnāsu). Später werden sie dann Weise *(jnānin)* und sind gerettet. So kommt ihr dem Ziel Schritt für Schritt näher. Ihr könnt es nicht mit einem Sprung erreichen.

38. Meerwasser ist salzig, wenn es direkt dem Meer entnommen wird – es kann mit Buchwissen verglichen werden. Flusswasser hat einen anderen Geschmack – es ist süß. Dieses Wasser kann man mit Weisheit vergleichen, die durch Erfahrung gewonnen wurde. Die Weisheit, die durch Erfahrung euer Eigen wird, ist höher zu bewerten als Buchwissen. Ihr könnt das Wissen,

das ihr euch aus heiligen Büchern angeeignet habt, im täglichen Leben in die Praxis umsetzen und es dadurch in die durch eigene Erfahrung gewonnene Weisheit verwandeln.

39. Wir unterziehen uns bestimmter Praktiken und spiritueller Übungen, was der äußerlichen Anwendung von Medikamenten gleicht. Wir müssen aber auch die tiefere Bedeutung dieser Praktiken und Übungen kennen. Die Bewusstmachung der tieferen Bedeutung entspricht der Medizin, die eingenommen wird. Die *Bhagavadgita,* die in Wirklichkeit die Essenz aller *Upanischaden* ist, lehrt euch, wie euer inneres Leben aussehen soll. Im zweiunddreißigsten Vers des sechsten Kapitels der *Gita* wird gesagt, auf welche Weise diese innere Reinigung und Klärung herbeigeführt werden sollte. (Wer stets erkennt, dass alles eins mit dem eigenen Selbst ist, ob in Freude oder Schmerz, der gilt als der höchste *Yogi,* o *Arjuna;* Anmerkung des Übersetzers). Durch gute Eigenschaften wie Freundlichkeit, Mitgefühl, selbstlose Liebe und Opferbereitschaft verdient der Mensch es sich, ein Gottgläubiger, Weiser *(jnānin)* und Unabhängiger (vairāgin) von der äußeren Welt genannt zu werden.

40. Verschiedene heilige Schriften ermahnen uns, die Einheit in der Vielfalt und die Vielfalt in der Einheit zu erkennen. Dies wird zwar gepredigt, aber es gibt niemanden, der unserem Herzen diese Wahrheit kraft seines Tuns einflößen könnte. Wenn wir die Einheit in der Vielfalt erkennen wollen, müssen wir zuerst die Bedeutung dieser Worte kennen. Wir sagen leichthin, die Beseitigung von Leid und das Erlangen von Freude sei der einfache Weg zu spiritueller Erleuchtung. Aber selbst hier müssen wir erst wissen, was Leid im Wesentlichen ist, bevor wir es ausschalten

oder beseitigen können. Manchmal empfindet man ein Erlebnis als traurig, aber nach einiger Zeit erweist es sich als etwas, über das man froh ist. Ebenso kann sich eine freudige Erfahrung später als große Sorge oder Not entpuppen.

41. Heute bezeichnen sich alle möglichen Menschen als *‚Jnānin'*. Sie wissen wahrscheinlich nicht, dass sich ein *‚Jnānin'* durch bestimmte Eigenschaften auszeichnet. Der Beweis, dass er diesen Namen zu Recht trägt, ist seine auf eigener Erfahrung beruhende Verkündung: „Alles ist Gott!" Die ständige Umsetzung dieser Erfahrung im Leben zeichnet einen wahren *‚Jnānin'* aus. Nur wer Gott in allen Wesen wahrnimmt, verdient es, so genannt zu werden. Alle anderen, die sich so bezeichnen, sind es nur dem Namen nach. Sie haben *Jnāna* nicht wirklich erfahren. Was ist eigentlich *‚Jnāna'?* Es ist jenes Wissen, das alles andere Wissen einschließt und euch somit erlaubt, auf das Wissen um andere Dinge zu verzichten.

42. Ihr müsst euer Handeln *(karman)* genau überprüfen und bewusst und mit Unterscheidungsvermögen über eure Aktivitäten entscheiden (karmajijnāsā). Dann müsst ihr die göttliche Ordnung *(dharma)* erforschen (dharmajijnāsā) und nach den ewigen Gesetzen des göttlichen Geistes (spirit) suchen, welche die Wellen des Bewusstseins modellieren und formen. Schließlich dringt ihr in die Frage nach der Erlösung durch die Erkenntnis des Göttlich-Absoluten *(brahman)* ein (brahmajijnāsā). Das ist die spirituelle Praxis *(sādhana),* die euch von der Wirklichkeit des Einen und der Unwirklichkeit der Vielfalt überzeugt, der Vielfalt der Erscheinungswelt, die auf dem Wirklichen *(brahman)* beruht.

43. Die Weisheit, die wirklicher Erfahrung entspringt, ist wie Regenwasser, verglichen mit dem salzigen Meerwasser, das nicht trinkbar ist. Durch den Einfluss der Sonnenstrahlen bleibt das Salz zurück, und das Wasser, das zum Himmel aufsteigt, wird süß und bekömmlich. Spirituelle Übungen *(sādhana),* die das Physische ins Metaphysische verwandeln, sind die solare Aktivität, die das Wasser trinkbar macht.

44. Es könnten Zweifel aufkommen, ob jemand, der sich an Gott wendet, um sein Leid zu lindern (ārtabhakta), als Gottliebender *(bhakta)* bezeichnet werden kann. Es gibt keinen einzigen Menschen auf Erden, der nicht das eine oder andere Bedürfnis hat. Jeder ist von dem einen oder anderen abhängig, der seine Bedürfnisse stillt, ist es nicht so? Nun, solche Wünsche zu haben, Wünsche, die sich auf Dinge beziehen, ist schon an sich nicht richtig, aber sich für ihre Erfüllung auf einen anderen, der auch nur ein Mensch ist, zu verlassen, ist ein noch größerer Fehler. Jener, der seine Wünsche in sein Gebet einschließt, wendet sich nicht an Menschen, sondern an Gott, dem er vertraut und den er verehrt. Er bittet nur ihn um die Erfüllung seiner Wünsche. Obwohl es falsch ist, Wünsche zu hegen, vermeidet er doch den noch größeren Fehler, auf geringere Helfer zu vertrauen. Er ist also vielen anderen überlegen, nicht wahr? Die Überlegenheit dieser Einstellung wird klar, wenn man weiß, dass nicht das, was man haben will, wichtig ist, sondern von wem man es erbittet. Das Ziel ist Gott, er ist der Geber. Nur durch seine Gnade können Wünsche erfüllt werden. Ihr könnt sicher sein, dass auch der um Linderung seines Leids betende Ārtabhakta ein wahrhaft würdiger Gottliebender ist, wenn sein Glaube sich gefestigt hat.

Die drei ersten Arten von Gottliebenden *(bhakta),* die in der

Gita erwähnt werden, – der Leidende (ārta), der Arme (arthārthin) und der Wahrheitssuchende (jijnāsu) – beten allesamt Gott in einer impliziten Gestalt (paroksha) an. Sie wenden sich an den Herrn, weil sie in ihm das Mittel zur Erfüllung ihrer Wünsche und zum Erreichen ihrer Ziele sehen. Natürlich sind sie stets in einer andächtigen und gottesfürchtigen Stimmung und denken unentwegt an ihn.

Der Weise *(jnānin)* ist die vierte Art der Gottliebenden, von denen die *Bhagavadgita* spricht. Seine Hingabe richtet sich auf ein Ziel (ekabhakti), während die Hingabe der anderen noch nicht auf ein einziges Ziel ausgerichtet ist. Sie sind den Dingen oder Zuständen, die sie begehren, verhaftet und um derenwillen auch an Gott gebunden. Sie lieben nicht nur Gott, sondern auch die materielle Welt. Der Weise wird seine Augen zu nichts anderem als zu Gott erheben. Selbst wenn er etwas anderes anschaut, wird er in allem, auf das sein Blick fällt, Gott sehen. Aus diesem Grund hat der Herr erklärt, dass ihm der Weise, der *Jnānin,* der Liebste ist. Natürlich sind vor Gott alle gleich. Aber diejenigen, die seine Gegenwart erreicht haben und ständig dort leben, erfahren seine göttliche Liebe *(prema)* ganz eindeutig, unmittelbar und direkt erkennbar. Daraus kann gefolgert werden, dass diese Weisen Gott am nächsten und somit am liebsten sind.

45. Alle fünf Sinne stellen Ausgänge dar, welche die Energie des Menschen nach außen strömen lassen, wodurch er sich an die objektive Welt fesselt. Der Verstand (mind) veranlasst die Sinne dazu, sich nach außen zu richten und an materielle Dinge zu heften. Der Mensch muss seinen Verstand (mind) der analytisch unterscheidenden Intelligenz *(viveka)* unterwerfen. Dann werden sie ihm nicht schaden, sondern helfen.

Der Körper des Menschen ist der Tempel Gottes; er wohnt im Herzen. Die höhere Intelligenz *(buddhi)* ist das Licht, das auf dem Altar entzündet wird. Jeder Windstoß, der durch die Fenster der Sinne weht, bringt die Flamme zum Flackern, schwächt ihren Schein und droht sie auszulöschen. Schließt also die Fenster, damit ihr nicht der direkten Anziehungskraft der Dinge ausgesetzt seid. Schärft eure Intelligenz *(buddhi),* sodass sie den Verstand (mind) wie einen Diamanten schleifen und von einem glanzlosen Kieselstein in einen funkelnden Brillanten und ein Feuerwerk des Lichts verwandeln kann.

Unterscheidung zwischen dem Veränderlichen und dem Unveränderlichen (nitya-anitya-viveka) ist ein sehr wichtiges Instrument für den spirituellen Fortschritt. Der Verstand muss dazu benutzt werden, zwischen dem Begrenzten und dem Unbegrenzten, zwischen dem Zeitlichen und dem Ewigen zu unterscheiden. Dies ist seine eigentliche Aufgabe. *Shankara* nannte sein Werk über die Prinzipien des Nondualismus *(advaita)* ‚Viveka-Chudamani'. Er wollte damit die Bedeutung des Urteilsvermögens für die Erkenntnis der Vergänglichkeit des Lebens und der Einheit des Universums hervorheben.

46. Das Geheimnis ist dies: Man muss die Quelle ewiger Freude im eigenen Inneren entdecken, die nie versiegt und immer kühl und erfrischend in Fülle aus den göttlichen Tiefen sprudelt. Was ist der Körper? Er ist nichts anderes als der göttliche Funke *(ātman),* der von fünf Hüllen *(kosha)* umgeben ist. Die Hülle des grobstofflichen Körpers *(annamaya)* wird durch Nahrung erhalten. Dann kommen die feinstoffliche Vitalhülle *(prānamaya),* die Hülle der Gedanken *(manomaya),* die Hülle der Intelligenz *(vijnānamaya)* und schließlich die Hülle des Glücks-

bewusstseins *(ānandamaya)*. Durch ständige Kontemplation dieser fünf Hüllen *(kosha)* wird der Suchende zum notwendigen Unterscheidungsvermögen gelangen, sich vom Äußeren in das Innere und Wirklichere zurückzuziehen. So wird er Schritt für Schritt eine Hülle nach der anderen abstreifen. Wenn er sie alle hinter sich gelassen hat, wird er seine Einheit mit dem Unendlich-Absoluten *(brahman)* erkennen.

47. Der Mensch muss sich bei jedem Schritt darin üben, frei von Anhaftung zu sein, sonst überwältigen Geiz und Gier seine höhere Natur. Diese höhere Natur ist göttlich, denn ihre eigentliche Substanz ist Göttlichkeit, die im Menschen nur Name und Gestalt annimmt. Um diese göttliche Natur zu erkennen, muss man bestimmte Vorbedingungen *(sādhana*-catushtaya) erfüllen: Man muss Unterscheidungsvermögen entwickeln, das heißt lernen, zwischen dem Veränderlichen und Unveränderlichen, dem Vergänglichen und Ewigen zu unterscheiden, und man muss wissen, dass das Universum *(jagat)* einem ständigem Wandel unterworfen ist, während allein das Absolute *(brahman)* unveränderlich ist. Man muss selbst die Hoffnung auf die Freuden des Himmels aufgeben, wenn man die Überzeugung gewonnen hat, dass sie flüchtiger Natur sind und Kummer nach sich ziehen. Man muss die sechs wünschenswerten Eigenschaften erworben haben: Beherrschung der äußeren und inneren Sinne und der sinnlichen Impulse, Gleichmut und Seelenstärke inmitten von Trauer und Schmerz, Freude und Sieg. Ferner ist es notwendig, sich jeder Tätigkeit zu enthalten, die bindende Folgen hat (uparati), und man muss festes Vertrauen *(shraddhā)* in den Lehrer und die heiligen Schriften haben, die er auslegt, sowie beständige Versenkung (samādhāna) in das allem zugrunde liegende Absolute *(brahman)*

üben, ohne sich durch andere Gedanken ablenken zu lassen. Obwohl die Milch sich im ganzen Körper der Kuh bildet, könnt ihr sie nur aus den vier Zitzen des Euters bekommen. Ebenso muss man diese vier spirituellen Vorbedingungen erfüllen, wenn man höchste Weisheit *(jnāna)* erlangen will.

48. Allein durch spirituelle Übungen *(sādhana)* können die Geheimnisse von Materie und Geist erkannt, begriffen und zum eigenen Wohl genutzt werden. *Shankara* sagt in seinem Werk über den Nondualismus, dem Viveka-Chudamani: „Wenn die im Inneren der Erde verborgenen Schätze ans Licht gebracht werden sollen, hilft es nicht, sie nur beim Namen zu rufen. Ihr müsst euch von Sachverständigen die genaue Stelle angeben lassen; ihr müsst die Erde dort ausheben. Felsen, Gestein und Sand müssen aus dem Weg geschafft werden; dann müsst ihr sie schürfen und an die Oberfläche befördern." Ebenso müssen wir erst von denen, die Gott erkannt haben, über das Wesen unseres wirklichen Selbst unterrichtet werden, und dann muss man den Prozess von Reflexion, Kontemplation und Vertiefung durch Meditation durchlaufen.

49. Frieden und Freude, die der Mensch in dieser Welt genießt, sind vorübergehender Natur. In einem Moment sind sie da, im nächsten schon vorbei. Schmerz beendet Freude; Freude besteht aus Abwesenheit von Schmerz. Warum muss der Mensch viele Jahre leben, wo er doch bei so großen Mengen Reis und Weizen, die er Jahr für Jahr verschlingt ohne sich selbst und anderen je Frieden und Freude als Gegenleistung zu bringen, eine Bürde für die Erde ist? Eine Petromaxlampe leuchtet nur hell, wenn ihr kräftig Luft pumpt. Das heißt: Erhellt euren Geist durch

spirituelle Praxis *(sādhana),* sodass ihr leuchtet und euer Licht auf alle fällt, die in eure Nähe kommen.

50. Wenn sich nur jedermann diese Fragen stellte: „Was sind meine Eigenschaften? Was ist meine Stellung?“ Dann würden alle sehr schnell ihre Unzulänglichkeit erkennen. Würde ein Tiger, selbst wenn er sehr hungrig ist, Popcorn oder Erdnüsse essen? Geht auf das Ziel zu, auf das ihr eurer Abstammung nach ein Anrecht habt. Wie kann ein Papagei die Süße der Mango kosten, wenn er an der Frucht eines Baumwollstrauches pickt? Bringt eure Bemühungen mit der Würde des Zieles in Einklang. Lasst niemals in eurer Anstrengung nach, gleichgültig, welche Hindernisse auftreten mögen und wie lange die Reise auch dauert.

51. Der Körper ist das Gefährt, das ihr benutzen müsst, um das Stadium des Glücksbewusstseins zu erreichen. Für diesen hohen Zweck muss er gesund und kräftig erhalten werden. Er ist ein Werkzeug für die spirituelle Praxis *(sādhana),* und ihr habt ihn euch durch gute Taten in früheren Erdenleben verdient. Jeder Augenblick bringt ihn seiner Auflösung näher, und deshalb solltet ihr keine Zeit mit nichtigen Beschäftigungen vergeuden. Es ist fast besser, den Körper geringzuschätzen, als ihn auf ein Podest zu heben und als das Ein und Alles im Leben zu betrachten. Behandelt ihn wie eine Wunde, die ausgewaschen (gebt ihm zu trinken), mit Medizin versorgt (gebt ihm zu essen) und verbunden werden muss (kleidet ihn). Das ist die einzige Methode, mit der ihr diese übermäßige Abhängigkeit loswerden könnt.

52. Ein Mann borgte sich Geld von einem anderen und versprach, es am nächsten Morgen vor Sonnenaufgang zu-

rückzugeben. Der andere Mann sagte: „Aber weißt du denn, ob die Sonne morgen aufgehen wird?“ Darauf erwiderte der Schuldner: „Kannst du denn sicher sein, dass ich morgen noch lebe, um das Geld zurückzuzahlen, oder ob du noch leben wirst, um es in Empfang zu nehmen?“ Alles im Leben ist ungewiss. Geht also von diesem Augenblick an voran, macht wenigstens ein paar Schritte auf das Ziel zu, solange ihr dazu in der Lage seid. Schon euer Versuch mag Gott dazu bewegen, euren Aufenthalt auf Erden zu verlängern, bis ihr das Ziel erreicht habt.

53. Das Glücksgefühl, das ihr verspürt, wenn ihr gut seid und Gutes tut, sollte genug Inspiration und Belohnung sein. Widersteht allen Versuchungen, in schlechte Gesellschaft zu geraten. Das wird euch Selbstrespekt verleihen. Ihr werdet in eurer eigenen Wertschätzung steigen und braucht euer Haupt vor niemandem zu beugen. Wenn ihr so lebt, ist das die beste Art von Pilgerreise (pracāra) zu mir. Wenn Falschheit und Bosheit um euch herum wie verrückt toben, nehmt sie als Prüfung für euer Unterscheidungsvermögen und Gleichmut.

54. Der Verstand (mind) wird verschwinden, sobald ihr beginnt ihn zu untersuchen. Er ist wie ein Stück Stoff, der aus Kette und Schuss besteht. Jeder Faden ist ein Verlangen, ein Wunsch, eine Anhaftung. Entfernt die Fäden, und der Stoff löst sich auf. Illusion ist die Baumwolle, Wünsche sind die Fäden und der Verstand der Stoff. Durch Entsagung *(vairāgya)* können Kette und Schuss herausgezogen werden. Der nach Selbsterkenntnis Suchende *(sādhaka)* muss Unterscheidungsvermögen *(viveka)* und Entsagung als Leibwächter haben, dann kann er sich unbeschadet in dieser Welt bewegen.

55. Ihr müsst die geistigen Werkzeuge reinigen und ein tugendhaftes Leben führen, um Gott erkennen zu können. Haltet eure Intelligenz frei von weltlichen Problemen. Intelligenz sollte nicht als Werkzeug dienen, um körperlichen und mentalen Besessenheiten zu dienen. Vielmehr sollte sie zur Enthüllung des wirklichen Selbst *(ātman)* benutzt werden. Sie darf nur Zeuge sein und muss unbeeinflusst von äußeren Eindrücken bleiben, dann befindet sie sich im Zustand der Hinwendung nach innen (nivritti). In diesem Zusammenhang sollte gesagt werden, dass das Opfern der Arbeit nicht als Umkehr (nivritti) bezeichnet werden kann. Nur das Opfern der eigenen Wünsche kann sich auf die Hinwendung nach innen – Nivritti – beziehen.

56. Gebt die Idee eures Getrenntseins auf; seht in allen Wesen euch selbst und erkennt euch selbst in allen Wesen. Die höchste Form der Entsagung ist das Aufgeben des Egobewusstseins, das euch an dieser zeitlichen Wohnstätte, an diesem Bündel aus Fleisch und Knochen, dieser Hülle mit Namen und Gestalt festhalten lässt. Spirituelle Übung besteht aus zwei Dingen: der Versenkung in Gott und der Entdeckung der eigenen inneren Wirklichkeit.

57. Vermindert eure Ansprüche, führt ein einfaches Leben, das ist der Weg zum Glück. Abhängigkeiten bringen Kummer. Wenn schließlich der Tod verlangt, dass ihr alles und jeden zurücklasst, werdet ihr von Schmerz überwältigt! Seid wie die Lotosblume: Schwimmt auf dem Wasser, aber geht nicht unter. Die Lotosblume braucht Wasser zum Wachsen, aber sie erlaubt es keinem Tropfen, sie nass zu machen.

58. Ebenso wie ihr für euren Körper sorgt und ihm dreimal täglich Nahrung zuführt, damit er in guter Verfassung bleibt, müsst ihr euch auch regelmäßig um euer inneres Bewusstsein kümmern. Verbringt eine Stunde am Morgen, eine weitere am Abend und eine dritte in den frühen Stunden vor Sonnenaufgang *(brahmamuhūrta)* mit Gebet, Namenswiederholung und Meditation. Wenn ihr diese spirituelle Disziplin *(sādhana)* einhaltet und darin fortschreitet, wird sich tiefer Friede auf euch herabsenken und in eurem Inneren werden sich neue Kraftquellen auftun. Nach einiger Zeit wird der Name Gottes immer in euren Gedanken sein, welcher Beschäftigung ihr auch nachgeht und wo ihr auch seid, und dann werden Friede und Freude eure unzertrennlichen Weggefährten sein.

59. Das wirkliche Glück liegt in unserem eigenen Verstand (mind) und unseren eigenen Gedanken. Wenn ihr jedoch eure Intelligenz nicht richtig gebraucht, euch nicht freimacht von der Bindung an den Körper und nicht an das Göttliche glaubt, werdet ihr dieses Glück nicht finden. Selbst wenn ihr immer wieder um Gottes Segen bittet, wird er euch nicht zuteilwerden, solange ihr eure Gedanken nicht läutert, sondern an sinnlichen Vergnügen festhaltet.

60. Der Mensch möchte Frieden, Glück und Seligkeit für sich haben. Er kann das alles bekommen, wenn er dafür Steuern in Form von Meditation für den Frieden, Gebeten für Glück und Seligkeit und von verschiedenen anderen spirituellen Übungen *(sādhana)* bezahlt. Ihr müsst den Preis bezahlen, um zu erhalten, was ihr haben wollt. Wer halbtags arbeitet, erhält halben Lohn. Heutzutage haben die Menschen nur Teilzeitliebe zu

Gott, wollen aber vollen Lohn dafür. Wie soll das gehen? Wenn ihr nur einen Teil eures Geistes (mind) hingebt und um die volle Gegengabe in Form der Gnade Gottes bittet, so ist das, als würdet ihr volle Bezahlung für Halbtagsarbeit verlangen. Sobald ihr in der Tiefe eures Herzens erkennt, dass alles, was ihr tut, durch die Gnade Gottes geschieht, wird Gott euch mit Gewissheit in den vollen Genuss seiner Gnade kommen lassen. Versucht es, und ihr werdet es erleben.

61. Schlaft unter einem Moskitonetz, und die Insekten werden euch nicht stechen. Während ihr in der Welt seid, schützt euch mit dem Moskitonetz spiritueller Übungen *(sādhana)* vor den Stechmücken ‚Zorn' und ‚Begierde'. Seid in der Welt, aber lasst die Welt nicht in euch hinein. Das ist ein Zeichen von Unterscheidungsvermögen *(viveka)*.

62. Lebt nur einmal; lebt so, dass ihr nicht wiedergeboren werden müsst. Verliebt euch nicht so sehr in die Welt, dass diese Verzauberung euch wieder und wieder in diesen trügerischen Schmelztiegel von Freud und Leid zurückbringt. Wenn ihr keinen Abstand von den Verstrickungen mit der Welt haltet und euch nicht darüber im Klaren seid, dass alles ein Theaterspiel unter der Regie Gottes ist, dann seid ihr in Gefahr, zu eng darin verwickelt zu werden. Seht in der Welt ein Übungsfeld für Opferbereitschaft, Dienst am Nächsten, Öffnung des Herzens und Läuterung der Emotionen. Das ist der einzige Wert, den sie hat.

Hingabe, Handeln und Erkenntnis

1. Hingebungsvolle Liebe zu Gott *(bhakti)* darf nicht mit der Zahl von Rosenkränzen und Kerzen gemessen oder nach den Zeichen auf der Stirn, verfilztem Haar und den Glöckchen um das Fußgelenk beurteilt werden. Wichtig ist die Reinheit der Motive und Absichten, damit die selbstlose, bedingungslose Liebe *(prema),* die der wichtigste Bestandteil der Gottesliebe *(bhakti)* ist, im Herzen bewahrt bleibt und sich nicht wieder daraus verflüchtigt. Die echten drei Merkmale der Liebe zu Gott *(bhakti)* sind: Glaube, Demut und Furcht vor der Sünde – fester Glaube, dass Wahrheit und Liebe am Ende siegen werden; Demut gegenüber den Ältesten und Weisen; Vorsicht angesichts des Bösen; Furcht, in schlechte Gesellschaft zu geraten, Versuchungen nachzugeben oder der Stimme des Gewissens zuwiderzuhandeln.

Liebende Hingabe an Gott *(bhakti)* kann man einem Menschen nicht von außen einflößen. Sie muss innerlich wachsen und durch die Bemühungen, das Herz zu reinigen, durch das Wissen um Wesen und Ursprung von Mensch und Universum und durch das Erkennen der Beziehung des Menschen zu den materiellen Dingen, die ihn jetzt so faszinieren und täuschen, kultiviert werden.

2. Hingabe *(bhakti)* muss als die Disziplin verstanden werden, die Egoismus und die Begrenzungen von ‚ich'

und ‚mein' auslöscht. Deshalb wird der Gottliebende *(bhakta)* von denen, die darum wissen, als ‚Avibhakta' – als einer, der von Gott unzertrennlich ist – bezeichnet. Euer Handeln, Denken und Fühlen muss immer und unter allen Umständen auf Gott ausgerichtet sein. Wenn ihr jedoch von Kummer, Angst und Trauer überwältigt zu Gott betet: „O Gott, beschütze mich, errette mich!", euch aber, sobald alles vorüber ist, wieder von weltlichen Angelegenheiten und Zielen vereinnahmen lasst, dann ist das ein tadelnswertes Verhalten.

3. Wenn ihr Samen auf die Oberfläche der Erde streut, wird er nicht keimen. Ihr müsst ihn mit Erde bedecken. Ebenso werden Lehren, die an der Oberfläche bleiben, nicht keimen, sich nicht zum Baum des Wissens und zu Früchten der Weisheit entwickeln. Sät den Samen in euer Herz, gießt die Pflanze mit selbstloser Liebe *(prema)*, düngt sie mit Glauben und Mut, bekämpft Schädlinge mit Liedern zur Ehre Gottes *(bhajana)* und durch die Gemeinschaft mit guten Menschen *(satsanga)*. Das wird euch am Ende Nutzen bringen. Ihr habt den spirituellen Weg noch nicht einmal betreten, und schon verlangt ihr Gnade und inneren Frieden *(shānti)*. Wie sollte das möglich sein? Fangt an! Dann wird euch alles gegeben!

4. Schritt für Schritt werdet ihr eurem Ziel näherkommen. Eine gute Tat nach der anderen führt zu guten Gewohnheiten. Durch Zuhören werdet ihr zum Handeln angespornt. Entscheidet euch, das Richtige zu tun, euch nur in guter Gesellschaft aufzuhalten, nur erhebende Bücher zu lesen und es euch zur Gewohnheit zu machen, den Namen Gottes zu wiederholen – dann wird die Unwissenheit ganz von selbst verschwinden. Das

Glücksbewusstsein, das sich eurer bemächtigt, wenn ihr euch in die Verkörperung der Glückseligkeit (ānandasvarūpa) versenkt, wird jeden Kummer und alle Sorgen vertreiben.

5. Die Nähe Gottes wird nur durch hingebungsvolle Liebe *(bhakti)* erfahren, die aber nur beständig bleibt, wenn ihr ‚ich' und ‚mein' abgelegt habt. Wenn ein Gefangener von einem Ort zum anderen gebracht wird, begleiten ihn zwei Polizisten, nicht wahr? Wenn der Mensch, der ein Gefangener dieser Welt ist, sich von einem Ort zum anderen begibt, wird auch er begleitet, und zwar von Egoismus und Abhängigkeit. Wenn er sich ohne diese beiden bewegt, könnt ihr sicher sein, dass er aus dem Gefängnis entlassen wurde und ein freier Mensch ist.

6. Viele Menschen wenden sich nur an Gott, wenn sie von Kummer und Leid heimgesucht werden. Das ist natürlich gut und jedenfalls besser, als bei denen Hilfe zu suchen, die selbst dem Leid ausgesetzt sind. Aber unendlich viel besser ist es, in traurigen und in glücklichen Zeiten, in Frieden und im Streit, bei jedem Wetter an Gott zu denken. Der Beweis für den Regen ist die Nässe des Bodens. Der Beweis für die Liebe zu Gott *(bhakti)* ist der Frieden, den der Suchende gefunden hat; die innere Gelassenheit, die ihn vor den Stürmen des Lebens, in Erfolg und Misserfolg, Ruhm und Schande, Gewinn und Verlust beschützt.

Im Zusammenfluss der drei heiligen Flüsse ist die Liebe zu Gott *(bhakti)* der Ganges, Entsagung *(vairāgya)* die Yamuna und Weisheit *(jnāna)* die Sarasvati. Das Streben nach Weisheit *(jnāna)* ist der Durchgangszug – ihr braucht nur einzusteigen, dann bringt er euch direkt ans Ziel. Die hingebungsvolle Gottesliebe *(bhakti)* ist der Kurswagen. Wenn ihr auf eurem Platz sitzen bleibt, braucht ihr euch nicht zu sorgen. Er wird euch ganz sicher ans Ziel bringen, auch wenn euer Waggon von einem Zug ab- und an den anderen angehängt wird. Selbstloses Wirken *(karman)* ist der Personenzug. Wenn ihr mit diesem fahrt, habt ihr allerhand zu tun, bis ihr euer Ziel erreicht. Ihr müsst an vielen Stationen umsteigen und beim Aus- und Einsteigen jedes Mal euer Gepäck mit euch herumschleppen.

Die Liebe zu Gott *(bhakti)* allein genügt, um sogar Weisheit *(jnāna)* zu erlangen. Sie endet in der Erkenntnis der Einheit allen Seins und zerstört den Egoismus. Weisheit führt euch zu der gleichen Erfahrung. Der weise *Narada* erbot sich einst, die ungebildeten Kuhhirtinnen *(gopī)* in *Brindavan* in den Grundsätzen der Philosophie zu unterweisen. *Krishna* gab seine Einwilligung dazu. Die *Gopis* jedoch wollten nichts davon wissen und sagten: „Wir brauchen deine Gelehrsamkeit und Vorträge nicht. Wir haben kein Ego mehr, weil wir *Krishna* überall und in allem sehen. Wir glauben, dass das für uns genügt.“ *Narada* erkannte die Richtigkeit dieser Worte und ging unverrichteter Dinge fort.

7. Jedes einzelne Wesen aller lebenden Gattungen empfindet verschiedene Arten von Liebe: für seine Nachkommen, Eltern und Beschützer, für Bequemlichkeit, Essen und Trinken, Freude und Spiel. Jede dieser Arten von Liebe oder Anhänglichkeit hat einen bestimmten Namen, je nachdem, auf wen oder was sie sich bezieht. Man empfindet Zuneigung für seine Nachkommen und hat Mitleid mit den weniger Glücklichen. Die Liebe, die Gleichgestellte miteinander verbindet, bezeichnet man als Kameradschaft. Wenn sie Wertgegenstände oder Wohnhäuser betrifft, ist sie Besitzerstolz. In einigen Fällen wird sie zu Faszination, in anderen zu Freundschaft. Die Liebe zu den Ältesten, zu Eltern und

Lehrern drückt sich in Verehrung, Demut und so weiter aus.

Mit dem Wort *‚Bhakti‘* jedoch bezeichnet man die Liebe, die ausschließlich auf Gott gerichtet ist. Wenn diese Liebe in verschiedene Ströme aufgeteilt wird und in mehrere Richtungen und zu vielen verschiedenen Punkten hinfließt, bringt das nur Kummer, denn so wird sie an sterblichen, zeitlich begrenzten Dingen festgemacht.

Lasst eure Liebe stattdessen zielgerichtet dem Meer der Gnade des Herrn zufließen – diese spirituelle Übung wird Liebe zu Gott *(bhakti)* genannt.

8. Hingebungsvolle Gottesliebe *(bhakti)* ist die vollkommene Identifikation der eigenen mentalen Aktivitäten mit denen des Ideals, auf das sich eure Liebe konzentriert.

9. Die beste spirituelle Übung *(sādhana)* ist, eure göttliche Wirklichkeit zu entdecken und die Verwandtschaft zu erkennen, die euch in Göttlichkeit mit allen anderen verbindet. Bis das erreicht ist, muss der Körper in guter Verfassung bleiben, denn er dient nur diesem Zweck. Haltet ihn rein und leicht. Er ist ein Boot, mit dem ihr das Meer der täuschenden Vielfalt überqueren könnt. Überladet es nicht durch Anhaftungen an Menschen und Dinge, denn dann besteht die Gefahr, dass es während der Überfahrt sinkt.

Die Rezitation der Gottesnamen *(nāmasmarana)* ist die wirksamste spirituelle Übung. Erinnert euch bei jedem Namen an die Herrlichkeit, für die er steht. Befreit euch aus den Klauen des Ärgers, des Hasses, der Eifersucht, der Bosheit und Gier. Trachtet nicht danach, Fehler bei anderen zu entdecken, und freut euch nicht, wenn ihr welche gefunden habt. Seid dankbar, wenn andere euch auf eure Fehler hinweisen, oder schweigt, wie Buddha es tat.

10. Wenn ihr Licht in eurem Haus haben wollt, müssen in bestimmten Abständen Maste für Kabel errichtet werden, damit der Strom vom Elektrizitätswerk zu eurem Haus geleitet werden kann. Ebenso könnt ihr die Gnade Gottes gewinnen, wenn ihr zu bestimmten Zeiten spirituelle Übungen durchführt und euch durch das Kabel des ständigen Gewahrseins *(smarana)* mit Gott in Verbindung setzt.

11. Erkennt euer wirkliches Selbst *(ātman),* das eure wahre Natur ist. Wisset, dass es dieselbe innere Macht ist, die das Universum regiert. Benutzt eure Intelligenz, um zur Wahrheit vorzudringen. Erforscht euer Selbst und entdeckt die verschiedenen Schichten des göttlichen Bewusstseins: die physische, sinnliche, nervliche, mentale und intellektuelle Ebene. Erreicht auch den innersten Kern der letzten Schicht, des Glücksbewusstseins. Alle fünf Hüllen *(kosha)* müsst ihr hinter euch lassen, damit ihr eure Wirklichkeit erlangt, die Gott, der *Atman,* ist.

Das wahre Selbst, der *Atman,* kann nur mit einem geschärften Intellekt und reinen Herzen erkannt werden. Wie könnt ihr den Verstand (mind) reinigen? Indem ihr ihm die ungesunde Nahrung, nach der es ihn gelüstet, nämlich die weltlichen Vergnügen, vorenthaltet und ihn mit gesunder Kost, das heißt mit Gedanken an Gott, nährt. Der Verstand wird geschärft, wenn er sich darin übt, zwischen Vergänglichem und Unvergänglichem zu unterscheiden. Konzentriert eure Gedanken auf Gott, auf seinen Namen und seine Gestalt; dann werdet ihr sehen, dass ihr immer in der Sphäre des Reinen und Ewigen seid; daraus bezieht ihr reines und ewiges Glücksbewusstsein. Aus diesem Grund messe ich der Rezitation des Gottesnamens als spiritueller Übung *(sādhana)* so große Bedeutung bei.

12. Erwählt einen Namen und eine Gestalt für eure Namenswiederholung und die Kontemplation Gottes, aber sprecht niemals abfällig über andere Namen und Gestalten. Benehmt euch wie die Frau, die in eine Großfamilie eingeheiratet hat: Sie respektiert die Schwiegereltern und anderen Familienmitglieder und sorgt für sie, aber ihr Herz gehört ihrem Ehemann, den sie in besonderer Weise liebt und verehrt.

13. Die Gebetskette (japamālā) lehrt euch die Einheit, obwohl sie einhundertundacht Perlen hat. Wenn sie aus Glasperlen besteht, könnt ihr die Schnur sehen, die durch jede Perle läuft und die innere Wirklichkeit darstellt, auf die all dies aufgefädelt ist! Wenn die Perlen undurchsichtig sind, weiß man trotzdem, dass die Schnur durch sie hindurchläuft, sie zusammenhält und die Grundlage für die Existenz der Kette ist. Warum gerade einhundertundacht Perlen? Einhundertundacht erhält man, wenn Zwölf mit Neun multipliziert wird. Zwölf ist die Zahl der Ādityas, der Gestirne, welche die gegenständliche Welt sichtbar machen, und darum ist die Zwölf das Symbol der Gestalt gewordenen Schöpfung (sākāra), der Welt der Formen und Namen, der Vielfalt, der scheinbaren Mannigfaltigkeit und der flüchtigen Bilder. Die Neun ist die Leinwand, auf der die Bilder erscheinen, die Basis, der Strick, den ihr in der Dämmerung für eine Schlange haltet, der Namenlose, Formlose, Ewige und Absolute *(brahman)*. Die Neun ist die Zahl Gottes *(brahman),* denn sie bleibt immer Neun, wie oft ihr sie auch multipliziert! Sie ist

unveränderlich, denn die Quersumme des Ergebnisses ist immer Neun. Wenn ihr also die Perlen durch die Finger gleiten lasst, denkt an die Tatsache, dass es in der Welt sowohl die Wahrheit und als auch ein Zerrbild der Wahrheit gibt. Es ist das Zerrbild, das euch betrügt, indem es euch anzieht, ablenkt, erfreut und auf Abwege führt. Die Wahrheit macht euch frei!

Lasst die Gebetskette über den Mittelfinger gleiten und haltet Mittel-, Ring- und kleinen Finger eng zusammen. Diese stellen die drei Grundeigenschaften *(guna)* der Schöpfung dar. Die tiefere Bedeutung ist, dass ihr nun die Welt der Merkmale und Eigenschaften, die Welt von Name, Gestalt und Vielfalt, welche die Folge all dieser Transformation ist, hinter euch lasst und auf das Wissen um die Einheit zugeht. Der Zeigefinger, der das Individuum *(jīvin)* repräsentiert, führt langsam jede Perle zum Daumen, der Gott *(brahman)* versinnbildlicht; er berührt jedes Mal dessen Spitze und betont mit jeder Perle und jedem Atemzug das Einswerden mit ihm. Während die Finger die Lektion lernen und lehren, wiederholt auch die Zunge das *Mantra* oder den Namen Gottes zusammen mit dem *OM*. Die Gebetskette ist sehr nützlich für Anfänger auf dem spirituellen Weg, aber wenn ihr fortschreitet, muss die Wiederholung des Gottesnamens zu eurem Lebensatem werden, und so wird das Kreisen der Perlen zu einem überflüssigen und lästigen Unterfangen, an dem ihr nicht mehr interessiert seid. „Überall, zu jeder Zeit, unter allen Umständen wird über Gott meditiert (sarvadā-sarva kāleshu sarvatra)." Das ist das Stadium, zu dem die Gebetskette euch führen sollte. Ihr braucht sie nicht für immer zu benutzen, denn sie ist nur ein Hilfsmittel. Wenn ihr Schwimmen gelernt habt, legt ihr den Schwimmgürtel ab; wenn ihr gehen könnt, werft ihr die Krücken weg.

14. Die meisten Menschen glauben an Gott, wenn ihre Wünsche erfüllt werden, und beginnen zu zweifeln, wenn das Leben nicht so verläuft, wie sie es sich wünschen. Solche Überlegungen haben überhaupt nichts mit der Wirklichkeit Gottes zu tun. Üble Neigungen entwickeln sich zu schlechten Angewohnheiten. Die Krankheit solcher Gewohnheiten kann nicht durch mechanische spirituelle Übungen geheilt werden. Das veranschaulicht eine kleine Geschichte: Ein Mann litt an einer Magenverstimmung. Er nahm verschiedene Medikamente ein, die ihm aber nicht halfen, da sein Leiden chronisch geworden war. Das Glück wollte es, dass ein Heiliger, der Rat wusste, in die Gegend kam. Er schlug dem Mann vor, den ganzen Tag Salzbrocken zu lutschen. Als dieser das eine Zeitlang getan hatte, fühlte er sich viel wohler. Der Mann hatte die Gewohnheit, an Festtagen Bonbons an Kinder zu verteilen. An einem solchen Tag ging er in einen Laden, um für die Kinder einzukaufen; als er aber von den Bonbons kostete, fand er, dass sie alle bitter schmeckten. Der Grund dafür war, dass er ständig Salz gelutscht hatte. Der Ladeninhaber, der davon wusste, riet ihm, vor dem Kosten der Bonbons den Mund tüchtig auszuspülen. Der Mann befolgte den Rat und fand dann, dass die Bonbons süß schmeckten. Ebenso kann es euch ergehen, wenn ihr an euren schlechten Gewohnheiten festhaltet; ihr werdet dann nicht in den Genuss des süßen und heilenden Duftes kommen, den das heilige Zusammensein mit göttlichen Menschen vermittelt. Von der guten Gesellschaft könnt ihr nur profitieren, wenn ihr den Verstand (mind) gereinigt habt. Dann könnt ihr euch an der Glückseligkeit eures göttlichen Selbst *(ātman)* erfreuen.

15. Ihr solltet versuchen, euch einer Vereinigung spiritueller Menschen *(satsanga)* anzuschließen und so viel wie

möglich vom Zusammensein mit ihnen profitieren. Gute Gesellschaft führt zum Freiwerden von Abhängigkeiten, und kraft eurer Unabhängigkeit werdet ihr Selbsterkenntnis erfahren.

16. Gebt euch niemals der Verzweiflung hin. Ertragt Verlust und Ungemach frohen Mutes; sie tragen zur Stärkung eurer Persönlichkeit bei. Der Diamant wird inmitten von Gestein gefunden, und um an das Gold zu kommen, muss die Ader gesprengt werden. Folgt strikt den Anordnungen des Arztes, damit die Medizin die bestmögliche Wirkung hat. Wenn ihr *Puttaparthi* oder andere heilige Orte besucht, wird die Batterie eures „Autos“ aufgeladen. Jedenfalls sollte dies das Ziel einer Pilgerfahrt sein. Ladet die Batterie eurer spirituellen Disziplin *(sādhana)* auf, und wenn ihr dann nach Hause kommt, lasst das Auto nicht unbenutzt stehen, denn wenn ihr es nicht benutzt, wird die Batterie schwächer und schwächer. Fahrt mit dem Auto herum, dann lädt sie sich von selbst wieder auf. Alles Aufladen hier wird vergeblich sein, wenn ihr nicht auch zu Hause an spirituellen Versammlungen *(satsanga)* teilnehmt, Gutes tut, Lieder zur Ehre Gottes *(bhajana)* singt und ständig den Namen des Herrn rezitiert *(nāmasmarana)*.

17. Heute ist der vierzehnte Tag der dunklen Hälfte des Monats, an dem der Mond fast unsichtbar ist. Nur ein winziger Bruchteil bleibt für das Auge sichtbar. Der Mond ist die beherrschende Gottheit des menschlichen Verstandes, der die Quelle aller verworrenen Wünsche und Gefühle ist. Am heutigen Tag sind die mentalen Kräfte nahezu machtlos. Wer diese Nacht wachend und betend in der Gegenwart Gottes verbringt, kann seinen Verstand völlig besiegen und seine Freiheit erkennen. Deshalb sollte man am vierzehnte Tag der dunklen Hälfte eines jeden Monats

seine spirituellen Übungen *(sādhana)* intensivieren. Einmal im Jahr begehen wir Mahāshivarātri, die große Nacht *Shivas,* welche die große Vollendung bringt. Die Wachheit soll in dieser Nacht durch spirituelle Praktiken erreicht werden, zum Beispiel durch das Singen zur Ehre Gottes *(bhajana),* das Lesen heiliger Texte oder das Hören von Lesungen; nicht aber indem man ins Kino geht, an Glücksspielen teilnimmt oder Karten spielt. Seht, hört, sprecht und tut nur Gutes; das ist das Programm für die heutige Nachtwache. Macht es auch zum Programm eures ganzen Lebens.

18. Hingabe an Gott *(bhakti)* ist die geistige Verfassung, in der man keine von Gott isolierte Existenz besitzt. Der Gottliebende *(bhakta)* atmet Gott, handelt durch und für Gott, denkt Gottes Gedanken und seine Worte kommen von Gott und sprechen von Gott. Wie der Fisch nur im Wasser leben kann, so kann der Mensch nur in Gott glücklich und in Frieden leben. In anderen Lebenselementen ist er nur der Furcht, dem verzweifelten Ringen und Versagen ausgesetzt. Der Stier *Nandi* repräsentiert die niedere Natur des Menschen. Wenn sie als das Reittier Gottes genutzt wird, erhält sie einen Platz vor dem Allerheiligsten und hat Teil an der Verehrung, die Gott dargebracht wird. Nur die Verbindung mit dem Göttlichen kann Wert und Bedeutung verleihen.

19. Sorgt dafür, dass ihr immer von Menschen umgeben seid, die sich dem höheren Leben widmen, von Menschen, die euch ermutigen, auf dem Weg zum Ziel voranzuschreiten. Auf diese Weise könnt ihr die Läuterung eures Denkens erreichen, sodass die Wahrheit sich unverzerrt darin spiegelt. Das Zusammen-

sein mit spirituellen Menschen *(satsanga)* führt allmählich zum Rückzug von verstrickenden Aktivitäten. Wenn man ein kleines Stück Kohle in die Glut legt und das Feuer anfacht, beginnt auch das Stück Kohle zu glühen. Das Feuer der Weisheit (jnānāgni) hat eine ähnliche Wirkung.

20. Jeder ist ein guter Mensch (sādhu), denn er ist die Verkörperung der göttlichen Liebe (premasvarūpa), des Friedens (shāntisvarūpa) und der Unsterblichkeit (amritasvarūpa). Aber wenn man es zulässt, dass die Kruste des Ego dick und fest wird, ist die wahre Natur nicht mehr erkennbar. Durch die Gesellschaft mit auf Gott ausgerichteten Menschen *(satsanga)* und durch systematisches Achten auf Selbstbeherrschung und Selbstvervollkommnung kann man die Illusion überwinden, die dafür verantwortlich ist, dass man sich mit dem Körper und seinen Bedürfnissen und Begierden identifiziert.

21. Beim Zusammensein mit spirituellen Menschen *(satsanga)* trifft man verwandte Seelen und schafft den Kontakt, der das innere Feuer entfacht.

Satsanga bedeutet Begegnung mit *Sat,* dem Sein, von dem man spricht, wenn man Gott als ‚Sein-Bewusstsein-Glückseligkeit' *(sat-cit-ānanda)* bezeichnet. Das Sein *(sat)* ist das Existenzprinzip, die Grundlage und Wirklichkeit des Universums. Bringt euer Leben mit dem Sein in euch in Übereinstimmung – mit der Wirklichkeit *(satya),* auf die der menschliche Geist (mind), der das Licht nicht sieht, die Unwirklichkeit *(mithyā)* projiziert. Wenn ihr in diesem Sein ruht, wird die Flamme entzündet, leuchtet das Licht, flieht die Dunkelheit und geht die Sonne der Erkenntnis auf.

22. Auch wenn jemand als Unwissender zur Welt gekommen ist, kann er sich durch bestimmte Verhaltensweisen selbst läutern. Dies kann geschehen, indem er sich mit guten Menschen trifft, guten Menschen zuhört, mit guten Menschen spricht und deren Rat befolgt. Das kann ihn von einem Unwissenden in einen Gott erkennenden Wissenden verwandeln.

23. Ohne Handeln *(karman)* ist es sehr schwierig Fortschritte zu machen. Selbst die Weisen müssen handeln. Sie sind jedoch wie Schwäne, die ihr Gefieder und ihre Flügel ausschütteln, wenn sie aus dem Wasser kommen, und dann so trocken sind wie zuvor. Ihr Tun bleibt ohne Folgen für sie. Sie arbeiten ohne Ego, ohne Verlangen. Es ist ihre Natur, der ganzen Welt Gutes zu wünschen und für das Wohl der Welt zu arbeiten.

24. Spirituelle Praktiken sind wichtig, denn die Folgen des Handelns *(karman)* können nur durch weiteres Handeln aufgehoben werden, ebenso wie man einen Dorn nur mit einem anderen Dorn entfernen kann. Man kann ihn nicht mit einem Messer, Hammer oder gar Schwert herausziehen.

25. Die köstlichste Speise wird ungenießbar, wenn sie mit einem Tropfen Petroleum in Berührung kommt. Ebenso kann eine schlechte Tat die spirituellen Bemühungen *(sādhana)* unwirksam werden lassen.

26. Zu jedem Erfolg gehört unweigerlich Disziplin. Wenn wir in dieser Welt Erfolg haben wollen, müssen wir auch Selbstvertrauen und dann die Bereitschaft zur Selbstaufopferung besitzen. Ohne diese drei wird euer Leben sinnlos. Um den Lauf

eines ungestümen Flusses zu leiten, baut man einen Damm, lenkt den Flusslauf um und lässt das Wasser nützliche Arbeit verrichten, bevor es ins Meer fließt. Ebenso müssen eure Gedanken, die ungebändigt und ziellos ihrer eigenen Wege gehen, durch die Konstruktion des Dammes der Disziplin kanalisiert werden. Sie sollten dazu gebracht werden, die Form des Opfers anzunehmen und in das Meer des Glaubens an das Selbst (ātmavishvāsa) einzumünden. Wir müssen es als absolut lebensnotwendig betrachten, diese drei Eigenschaften zu erlangen: Opferbereitschaft, Selbstvertrauen und Disziplin.

27. Ihr dürft euch keinesfalls angewöhnen, euren Wünschen nachzugeben. Wenn einer eurer Sinne nach etwas Verlangen hat, prüft zuerst, ob es gut oder schlecht ist. Wenn es nicht gut ist, lasst es außer Acht. Erfüllt euch den Wunsch nur, wenn er gut ist. Ein Diabetiker liebt süße Speisen. Er sollte nichts Süßes essen, hat aber starkes Verlangen danach. Wenn er diesem Verlangen nachgibt, leidet seine Gesundheit darunter. Nur wenn eine Handlung wünschenswert ist, solltet ihr sie ausführen. Andernfalls versucht gar nicht erst, es zu tun.

28. Es gibt drei Arten von spirituellen Übungen, die zu einem steten, zielgerichteten Geist verhelfen. Die erste ist ‚Mīna-*Sādhana*' (‚mīna' bedeutet Fisch). Die zweite ist ‚Mriga-*Sādhana*' (‚mriga' bedeutet Landtier). Die dritte ist ‚Kūrma-*Sādhana*' (‚kūrma' bedeutet Schildkröte). ‚Mīna-*Sādhana*' kann man am Beispiel des Fisches erklären, der nur im Wasser leben kann. Nimmt man ihn aus dem Wasser heraus, stirbt er. ‚Mīna-*Sādhana*' bedeutet, dass man seine spirituelle Praxis nur in der Einsamkeit ausführen kann. Ist man in Gesellschaft, wird

man dabei nicht erfolgreich sein, weil man sich nicht konzentrieren kann, wenn andere Menschen dabei sind. Sich nur in der Einsamkeit konzentrieren zu können, wird also ‚Mīna-*Sādhana*' genannt. ‚Mriga-*Sādhana*' ist die Praxis, bei der man sich nur auf der Erde konzentrieren kann. Man kann dazu nicht woanders hingehen, zum Beispiel ins Wasser. Wie es hier der Fall ist, gibt es Menschen, die sich nur in der Gesellschaft anderer konzentrieren können und nicht, wenn sie allein sind, weil sie dann beginnen, an ihre Familienprobleme zu denken. Schildkröten dagegen leben sowohl im Wasser als auch auf der Erde. Wenn wir also von jemandem sagen, seine spirituelle Praxis sei ‚Kūrma-*Sādhana*', oder er könne sich wie eine Schildkröte konzentrieren, dann wollen wir damit sagen, dass diese Person in der Lage ist, sich überall zu konzentrieren, gleichgültig ob sie allein ist oder sich in Gesellschaft anderer befindet. Das ist also mit ‚Kūrma-*Sādhana*' gemeint.

29. Es gibt vier verschiedene Typen von Menschen, die mich suchen. Der erste Typ ist immer am Ende seiner Kraft wegen der Beschwerden, die den Körper betreffen; dies ist der Leidende (ārta). Ein anderer ist stets in Sorge und müht sich ständig um Wohlstand, Macht, Ego, Besitz, Nachkommenschaft und so weiter. Dies ist der Arme (arthārthin). Der Dritte sehnt sich nach der Erkenntnis des wirklichen Selbst *(ātman)*, liest die heiligen Schriften und Bücher, pflegt den Umgang mit anderen Gottsuchenden, richtet sich nach den guten Lehren der Weisen und bemüht sich immer, dem Herrn näher zu kommen. Er ist der Suchende (jijnāsu). Der Vierte ist der Weise *(jnānin)*. Dieser ist ganz eingetaucht in Gott, in die formlose, namenlose Wirklichkeit.

Der Erste, der Leidende, betet nur zu mir, wenn er in Schwierigkeiten ist und unter Schmerzen und Kummer leidet. Wenn er betet, erhöre ich ihn nur bezüglich dieses bestimmten Problems, nur bezüglich dieses bestimmten Kummers oder Schmerzes. Gleichermaßen erhöre ich auch den Zweiten, den Armen, wenn er um Reichtum, eine Position, Macht oder einen höheren Status bittet. Ich gewähre ihm aber nur die eine bestimmte Sache, um die er mich anfleht. Der Dritte, der Suchende, wird mit Gelegenheiten gesegnet, im Geiste der Entsagung zu handeln *(nishkāmakarman),* er wird mit einem richtigen spirituellen Lehrer als seinem Führer gesegnet und einem Intellekt, der scharf genug ist, zwischen dem Selbst *(ātman)* und Nichtselbst (anātman) zu unterscheiden. Auf diese Weise wird ihm geholfen, das Ziel zu erreichen. Ich segne ihn, sodass er von Ablenkungen verschont bleibt und ihm geholfen wird, sich auf das alleinige Ziel, die Befreiung, zu konzentrieren.

30. Die Kunst sich in Aktivitäten zu begeben, ohne sich durch sie gebunden zu fühlen, muss erlernt werden. Aktivitäten *(karman)* müssen ausgeführt werden, weil sie der eigenen Wesensart entsprechen und nicht wegen eines äußeren Zwanges. Die Sonne steht vorbildlich für das Tun in Übereinstimmung mit der ureigenen Natur (sahajakarmacari). Sie zieht das Wasser als Dunst nach oben, sodass es Wolken formt und als Regen wieder niederfällt. Niemand hat sie das gelehrt. Wenn euer Handeln Ausdruck eures eigenen Wesens ist, werdet ihr es nicht als Bürde empfinden. Nur wenn euer Tun eurer Natur widerspricht und ihr etwas Abwegiges tut, fühlt ihr euch elend. Die Arbeit eines Polizisten entspricht nicht seinem wahren Wesen. Er ist deshalb froh, wenn er zu Hause seine Uniform ausziehen und bequeme Kleidung anziehen kann. Wenn das Baby weint, rennen alle zur Wiege, um es zu beruhigen, denn seine wahre Natur ist es zu lächeln und zufrieden

zu sein. Handeln *(karman),* das auf Ergebnis und Gewinn ausgerichtet ist, häuft Folgen an, die den Menschen binden, und wie ein Schneeball werden sie immer größer. Aber die Tätigkeit, die man ohne jeden Gedanken an die daraus resultierenden Früchte verrichtet, wird immer kleiner und man bleibt frei von allen Folgen.

31. Wenn die Hindernisse auf dem Weg der Wahrheit niedrig sind, kann man Befreiung *(moksha)* erlangen. Befreiung ist also etwas, das ihr hier und jetzt erreichen könnt. Ihr braucht nicht zu warten, bis sich der physische Körper aufgelöst hat. Eure Tätigkeit *(karman)* braucht nicht als Bürde empfunden zu werden. Wenn ihr sie dennoch als solche empfindet, ist das ein sicheres Zeichen, dass sie eurem inneren Wesen widerstrebt. Keine Tätigkeit, die euch bei der Weiterentwicklung hilft, wird euch eine schwere Last sein. Nur wenn ihr gegen eure innerste Natur angeht, empfindet ihr sie als Bürde. Es wird eine Zeit kommen, in der ihr auf eure Errungenschaften zurückblickt und angesichts ihrer Vergeblichkeit seufzt. Vertraut eure Wünsche und Gedanken Gott an, bevor es zu spät ist, und überlasst es ihm, sie zu formen, wie es ihm gefällt.

Stellt eurem Geist die Aufgabe, Gott zu dienen. Das wird ihn zähmen. Ihr gebt dem Goldschmied kein schönes, intaktes Schmuckstück zur Reparatur oder Umarbeitung, sondern Schmuckstücke, die eurer Ansicht nach zerbrochen, verbogen oder altmodisch geworden sind. Ebenso sollt ihr Gott euer Gemüt (mind) übergeben, das mit Sicherheit der Reparatur, wenn nicht sogar der vollkommenen Umarbeitung, bedarf.

32. Der Mensch sollte sich Aufgaben widmen, die ihm inneren Frieden und dauerhaftes Glück bringen. Er muss selbst die Vor- und Nachteile verschiedener Tätigkeiten prüfen

und darf nur wählen, was ihm Segen bringt. Der Mensch sehnt sich nach innerem Frieden, lässt aber in seinem Inneren Angst und Sorgen anwachsen. Er pflanzt einen Zitronenbaum und erhofft sich Mangos davon. Das ist pure Unwissenheit, selbst gewählte Blindheit oder das Ergebnis von Irreführung.

33. Der direkte Weg zu spirituellem Erfolg ist das Handeln ohne Erwartung von Belohnung und ohne Bindung an das Ergebnis *(nishkāmakarma)* – Arbeit als Pflicht, Arbeit als Hingabe, Arbeit als Gottesdienst. Arbeit und ihre Früchte sind jedoch nicht zwei voneinander unabhängige Dinge; die Frucht ist die Tat selbst in ihrem letzten Stadium, ihr Höhepunkt, ihr Abschluss. Die Blüte ist die Frucht; die Frucht ist die Blüte. Das eine ist der Anfang, das andere das gesetzmäßig sich ergebende Ende. Die Blüte wird zur Frucht; die Tat wird zu ihrer Konsequenz. Es ist eure Pflicht zu handeln. Handelt recht, handelt in Gottesfurcht, handelt innerhalb der Grenzen der Moral, handelt mit Liebe; fahrt fort mit eurem Tun. So wie die Frucht sich aus der Blüte entwickelt, werden sich die Folgen eures Handelns ganz natürlich einstellen. Man braucht sich weder zu sorgen noch zu frohlocken. Handelt mit Begeisterung und Glauben – der Erfolg ist euer. *Arjuna* handelte in diesem Sinne. Er ließ niemals den Mut sinken, nachdem ihn die *Gita* gelehrt worden war. Er richtete jene wieder auf, die den Mut verloren hatten. Er kämpfte so hingebungsvoll in der Schlacht, als sei sie ein heiliges Opfer. Aber *Karna,* sein großer Widersacher, hatte einen Wagenlenker namens Salya. Während *Krishna,* der Wagenlenker *Arjunas,* diesen mit höchster Weisheit und tiefstem Frieden erfüllte, wurde *Karna* durch Salya von Zweifeln geplagt und in Verzweiflung gestürzt. ‚Salya' bedeutet ‚Speerspitze, Pfeil'. Dieser Wagenlenker wurde für *Karna* zu einer

Speerspitze an seiner Seite, die ihn tödlich verwundete. Habt Gott als euren Wagenlenker – dann werdet ihr siegreich sein. Wählt niemals einen Salya als Führer oder Lehrer.

34. Der Tod wird manchmal als eine Angst und Schrecken verbreitende Gottheit dargestellt, die auf einem monstergleichen Büffel reitet, sich auf euch stürzt und mit einer Schlinge einfängt. Die Schlinge ist eure eigene Erfindung. Er stürzt sich nicht plötzlich auf euch, sondern kündigt sein Kommen an, bevor er euch holt. Die Ankündigung kommt in Form von kleinen Winken – ergrautes Haar, ausfallende Zähne, nachlassendes Seh- und Hörvermögen, runzelige Haut und so weiter. Er reitet nicht auf einem Tier. Tod ist nur ein anderer Name für Zeit. Die Zeit ist es, die stetig auf euch zukriecht und den Lebensfaden kürzt. Nutzt eure Fähigkeit zum Handeln, mit der ihr ausgestattet wurdet, um euch aus den Klauen der Zeit zu befreien. Das Gesetz von Ursache und Wirkung *(karman)* ist eure Hoffnung; wie die Handlungsweise, so die Folgen. Bindet euch nicht noch mehr an die Welt, indem ihr nach den Früchten eures Tuns verlangt. Opfert euer Tun und legt es Gott zu Füßen; lasst es seiner Verherrlichung dienen; lasst es seinen Glanz noch strahlender machen. Kümmert euch nicht um Erfolg oder Misslingen eurer Bemühungen, dann hat auch der Tod keine Schlinge, mit der er euch binden könnte. Er wird als Erlöser und nicht als Kerkermeister kommen.

35. Beschäftigt euch mit einer Arbeit, die euch aus der Enge des Ego in herrliche Weiten führt. Widmet euch einer Aufgabe, deren Früchte ihr Gott zueignet; einer Aufgabe, bei der ihr eure Zeit und Energie darauf verwendet, eure Freude, euer Können und Wissen mit anderen zu teilen.

36. Bemüht euch nicht, ein Diener Gottes zu werden, der für Lohn arbeitet. Ihr erniedrigt euch selbst zu einem Lohnempfänger, wenn ihr dafür, dass ihr Gott preist und Opfer darbringt, als Gegenleistung dieses oder jenes von ihm erbittet. Selbst wenn ihr nicht um etwas bittet, hat eure innere Einstellung etwas Berechnendes, was sich daran zeigt, dass ihr enttäuscht seid, dass Gott euch nicht die gewünschten Dinge als Belohnung für all die Mühe schenkte, die ihr euch gegeben habt, um ihm zu gefallen. Seid nicht auf Gewinn aus! Rechnet nicht mit Gegengaben; plant nicht mit dem, was dabei herauskommen kann; tut es, weil ihr es tun müsst, weil es eure Pflicht ist. Das ist der richtige Gottesdienst *(puja)*. Widmet ihm die Tat sowie ihre Folgen. Dann werdet ihr sein Eigen, statt zu einem Kuli, der Lohn verlangt. Das ist die höchste Stufe, die ein Gottesverehrer durch spirituelles Bemühen *(sādhana)* erreichen kann. Aus diesem Grund wird das Handeln ohne jegliche Erwartung eines möglichen Vorteils *(nishkāmakarma)* von *Krishna* in der *Gita* so hoch gepriesen.

37. Befasst euch mit Tätigkeiten *(karman),* die euren Intellekt und Verstand (mind) auf göttliche und erhabene Dinge ausrichten. Gewinnt durch euer Tun die Gnade Gottes. Wenn das Licht nicht brennt, beweist das nur, dass ihr es nicht angezündet habt. Gott ist weder gut noch böse. Euer Fortschritt spiegelt sich als Gnade wider, euer Rückschritt als Mangel an Gnade. Der Spiegel reflektiert nur; er kennt weder Parteilichkeit noch Voreingenommenheit.

38. Wenn ihr jemandem aus Liebe Luft zufächelt, könnt ihr jederzeit damit aufhören, falls ihr andere Dinge zu tun habt; aber jemand, der Lohn dafür annimmt, muss weitermachen,

ob er will oder nicht. Gebt den Wunsch nach Entlohnung auf, dann seid ihr frei; wenn ihr sie annehmt oder darum bittet, seid ihr gebunden. Das ist das Geheimnis des Verzichts auf alle Früchte des Handelns.

39. Der Zufriedene ist frei; er ist unabhängig von anderen; er kennt nicht die Qual innerer Zerrissenheit. Er ist mit allem zufrieden, was ihm widerfährt, sei es Gutes oder Schlechtes, denn er ist davon überzeugt, dass der Wille Gottes geschehen muss. Sein Gemüt ist ruhig und unerschütterlich, er ist immer fröhlich. Unzufriedenheit ist ein Zeichen von Unwissenheit. Wie kann man Menschen als glücklich und zufrieden, komme, was wolle, bezeichnen, wenn sie das Streben nach den wahren Zielen des Menschen *(purushārtha)* aus Trägheit aufgegeben haben? Zufriedenheit ist der Schatz, den der Weise gewonnen hat. Der Unwissende kann ihn nicht erwerben, denn er hat einen Wunsch nach dem anderen, schmiedet einen Plan nach dem anderen, hat ständig Sehnsucht nach irgendetwas, macht sich Sorgen und lässt sein Herz vor Gier brennen.

40. Man spricht von verschiedenen Formen von Opferhandlungen, die Dravyayajna, Tapoyajna, Yogayajna und so weiter genannt werden. Wenn eine Grube ausgehoben wird, entsteht daneben ein Erdhügel. Es gibt keine Grube ohne Hügel; wenn sich an einem Ort Reichtümer anhäufen, muss immer entsprechende Wohltätigkeit damit verbunden sein. Der rechte Gebrauch des eigenen Reichtums ist Dravyayajna. Worin besteht der rechte Gebrauch? Schenkungen von Kühen und Land, das Verschenken des eigenen Könnens – all das fällt unter Dravyayajna. Tapoyajna ist eine andere Form des Opfers und besteht darin, mit allem, was

man tut, denkt und sagt, eine spirituelle Aufgabe *(sādhana)* zu erfüllen. Wie kann man von Askese *(tapas)* sprechen, wenn jemand sich vor Schwäche hinlegen muss, weil er eine Mahlzeit ausgelassen hat? Wer seine Arbeit *(karman)* tut, ohne Lohn dafür zu erwarten, praktiziert Yogayajna.

Eine weitere Form von Opferhandlung ist Svadhyayayajna. Darunter versteht man demütiges, ehrfürchtiges Studium der heiligen Schriften, die zur Erlösung *(moksha)* führen. Dieses Studium ist das Mittel, um die Schuld gegenüber den Weisen zu begleichen, welche die Schriften für uns zusammengestellt haben. Die nächste Form von Opfer ist Jnānayajna. Damit ist nicht das Wissen um das Sichtbare und Wahrnehmbare gemeint, sondern das höhere Wissen um das Unsichtbare, nicht Wahrnehmbare. Hört zu, wenn Texte, die sich mit dieser Weisheit befassen, vorgelesen werden; studiert sie, denkt darüber nach, wägt ab, was dafür spricht und was dagegen: Darin besteht Jnānayajna. Hierzu gehört auch das eifrige Streben nach Gotterkenntnis, indem man die Älteren und spirituell Erfahrenen befragt.

41. Es gibt Menschen, die im Land umherreisen und vorgeben, weit fortgeschrittene Experten in spirituellen Praktiken wie Namensrezitation und Meditation zu sein, und die dadurch eine große Zuhörerschaft um sich versammeln. Spirituelle Vervollkommnung meidet die Bekanntheit. Geistige Übungen müssen in der Stille durchgeführt werden, abseits vom öffentlichen Aufsehen. Einige dieser Menschen behaupten vielleicht, sie seien anderen überlegen, aber obwohl sie sich zu gewissen geistigen Höhen aufgeschwungen haben, streifen ihre Augen umher wie die der Geier, die auf dem Feld nach Nahrung suchen; ihre Gedanken sind von niederer Art. Rettet euch durch eigenes Bemühen, lernt

zwischen Wirklichkeit und Illusion zu unterscheiden und erkennt die Wahrheit.

Einige werden von verschiedenen Systemen und Methoden angezogen, die angeblich helfen sollen das Selbst zu erkennen, zum Beispiel *Hathayoga*, *Kriyāyoga* und *Rājayoga*. Keine dieser Methoden kann euch zur Gotterkenntnis verhelfen. Die einzige Übung, die euch zu Gott führen kann, ist der *Yoga* der selbstlosen Liebe *(prema)*. Andere *Yogas* mögen zeitweilig den rastlosen Geist beruhigen, die Gesundheit verbessern und das Leben um ein paar Jahre verlängern, aber das ist auch alles, was sie bewirken können.

42. Die Menschen nehmen viele Lebewesen als Nahrung zu sich, zum Beispiel Pflanzen, Eier, Fische, Rinder, Schafe und so weiter. Aufgrund dieses Aktes der Einverleibung werden diese Lebewesen als Menschen geboren. Doch da sie nicht die Erziehung bekommen haben, die ihnen den innewohnenden Gott offenbaren kann, bleiben sie auf der tierischen Ebene oder vegetieren dahin, ohne passende Eintrittskarten oder Reisepässe, die ihnen dazu verhelfen könnten, über den menschlichen Status hinaus zu gelangen, in den sie in der Eile hineingepresst wurden. Wie die meisten Menschen wälzen sie sich von der Wiege bis zur Bahre, Leibeigene ihrer Sinne und all der Übel, die sich unweigerlich als Folge dieser Versklavung einstellen. Gebt euch nicht mit eurer Versklavung zufrieden; sehnt euch danach, die Sonne der Herrlichkeit, die Quelle der vollkommenen Weisheit zu erreichen. Die Seher und Weisen Indiens legten besonderen Wert auf die spirituellen Disziplinen und die vorgeschriebenen Maßnahmen, durch die das Ziel erreicht werden kann. Die Inder von heute kennen diese Disziplinen und deren Wert nicht mehr. Zyniker und kurzsichtige Kritiker brin-

gen ihre alte Kultur in Misskredit und weisen mit Verachtung auf das hin, was sie als Absurditäten und Widersprüchlichkeiten bezeichnen. Schließt euch solchen Leuten auf ihrem Feldzug der Verunglimpfung nicht an. Versucht stattdessen, unsere Kultur in euch aufzunehmen, und sehnt euch nach der Erfahrung der Glückseligkeit, die sie verheißt. Es sind die halbfertigen Gelehrten und Studenten, die in die Fallen tappen, die von den Voreingenommenen und Geistesverwirrten aufgestellt wurden. Ihr könnt Gott aus Unwissenheit oder Eigensinn verneinen oder ablehnen; aber der Tag wird kommen, an dem ihr um sein Erbarmen bitten müsst.

Gott ist feiner als der Äther und füllt den kleinsten Raum mit seiner Majestät und Herrlichkeit. Ihr müsst über Statuen und Bilder hinauswachsen; sie sind Kindergartenmaterial in der Schule des Geistes. Begebt euch auf die Suche nach der göttlichen Energie, die nicht mit Name und Gestalt befrachtet ist. Erhebt euch in die himmlischen lichten Höhen des reinen, eigenschaftslosen, transzendenten Einen.

43. Ihr fragt vielleicht: „Wer ist Gott?" Stellt erst eine andere Frage und erhaltet die Antwort darauf: „Wer bin ich?" Diese Chance, die ihr durch eine Lebensspanne körperlichen und geistigen Wirkens bekommen habt, ist wie ein Brief, der in einem Umschlag steckt, welchen ihr in den Briefkasten, genannt ‚Schöpfung', werfen müsst. Ihr müsst eure richtige Anschrift und den Bestimmungsort, den dieses Leben erreichen soll, darauf geschrieben haben. Die zwei grundlegenden Fragen über das Leben sind: Woher? Wohin? Für beide habt ihr die Antwort nicht entdeckt, seid jedoch sehr schnell mit tausend anderen unwichtigen Fragen bei der Hand.

Gott, der Ursprung und das Ziel, kann nur durch das reine Bewusstsein erkannt werden, nachdem die Läuterung des Geistes geschehen ist. Es gibt charakterschwache Menschen, die sich schämen, ein Bild anzubeten. Aber wir betrachten das Bild als Gott, nicht aber Gott als ein Bild. Betet den Stein als Gott an, aber seht Gott nicht als einen Stein an!

Diese Kritiker glauben nur, was sie sehen. Würden sie jedoch die Existenz der Sonne verneinen, wenn sie hinter den Wolken verborgen ist? Es sind die Wolken falscher Vorstellungen, *Māyā,* der Vorhang der Verwirrung, der Gott vor dem Bewusstsein des Menschen verbirgt. Die Form der Anbetung, welche die Gnade Gottes in reichem Ausmaß bewirkt, besteht darin, seine Gebote zu befolgen. Entwickelt enge Verbundenheit und nahe Verwandtschaft mit Gott; gewinnt ihn durch Gehorsam, Treue, Demut und Reinheit.

44. *Prakriti* ist Dharā – die Erde. Wenn ihr euch schmerzlich nach Dharā, Dharā, Dharā sehnt, merkt ihr, dass ihr euch nach *Radha, Radha* sehnt. *Radha* ist das Werden, *Krishna* das Sein. Das Verlangen des Seins, zu werden, und das Sehnen der Werdenden, zu sein – das ist die *Radha-Krishna*-Beziehung, viel besungen von Sehern und Poeten; verleumdet und karikiert von unwissenden Kritikern; gewürdigt und begriffen von denen, die Gott suchen; analysiert und erkannt von jenen, die um die göttliche Liebe wissen.

Ihr seid das Abbild eures wirklichen Selbst *(ātman),* das Abbild, das sich im Körper widerspiegelt, der ein Teil der Schöpfung *(prakriti)* ist. Der ursprüngliche göttliche Geist, der individualisierte Geist, der dessen Ebenbild ist, und die gegenständliche Welt, von welcher der Körper ein Teil ist – das sind die drei Wesenheiten, die man Gott *(ishvara),* individuelle Seele *(jīva)* und Schöpfung *(prakriti)* nennt. Wenn ihr in der Lage seid, entweder die sichtbare Welt als Illusion zu betrachten oder zu erkennen, dass sie nichts anderes als der Geist (spirit) Gottes ist, dann ist euer spirituelles Streben *(sādhana)* von Erfolg gekrönt. Wenn der Spiegel, die Schöpfung *(prakriti),* nicht mehr da ist, verschwindet auch das Spiegelbild *(jīva).* Wenn der Spiegel weggenommen wird, verschwinden zwei der drei Wesenheiten – der Spiegel und das, was er widerspiegelt – und ihr seid eins mit Gott.

45. Erlösung kommt durch intellektuelles Bewusstwerden der Einheit, die der Vielfalt zugrunde liegt. Bei dem Beispiel der drei großen Flüsse ist der Ganges das Handeln *(karman),* die Yamuna die hingebungsvolle Liebe *(bhakti);* bei Prayag fließt die Sarasvati hinein, die Weisheit *(jnāna)* symbolisiert, und gemeinsam fließen sie zum Meer.

Damit elektrischer Strom Licht erzeugt, braucht man einen positiven und einen negativen Pol. Der positive Pol ist Gnade, göttliche Majestät, Wandeln in seiner Herrlichkeit. Der negative Pol ist das Bewusstsein: „Nicht ich, nicht meins"; es ist die Verneinung der illusorischen Erfahrungen der Wach-, Traum- und Tiefschlafzustände, die Auflösung von Kette und Schuss des Verstandes (mind), der Vorgang des Unkrautjätens und Reinigens.

Der Eine hat viele Namen und wird in vielen Gestalten dargestellt. Es gibt nur eine Wahrheit. Die Menschen können jeweils nur einen Teil davon wahrnehmen; ihre Sicht ist zu begrenzt, um das Ganze zu sehen.

Seid ernsthaft in eurer Suche und eurem spirituellen Streben *(sādhana).* Formelle Gelehrsamkeit und äußerliche Anpassung sind ein armseliger Ersatz für wirkliche, echte Gottesliebe. Betet zu Gott und füllt euer Herz mit göttlichen Gedanken an. Das ist die richtige Art und Weise, sein Leben zu verbringen; vergeudet es nicht, als ob es ein Maskenball wäre.

46. Gefangen in den Schlingen des Erschaffenen, ist der Mensch blind für die Tatsache, dass er selbst ein Teil des göttlichen Schöpfers ist, und hält sich für die physische Hülle, in der er gefangen ist. Er ist blind für die Einheit allen Seins im einen universellen Absoluten. Die Menschen schwelgen in dialektischen Kontroversen und Diskussionen über die unzähligen Schriften, die sich mit dem spirituellen Weg befassen. Wer aber nur ein oder zwei Seiten dieser dicken Bücher in die Praxis umgesetzt hat, wird still und hat kein Verlangen mehr nach Erfolg und Ruhm. Er hat das Glück in der Tiefe seines Seins gefunden. Das ist die Botschaft der *Rishis* dieses Landes.

47. Jeder Mensch muss drei Irrtümer berichtigen: die grundlegende Unwissenheit (mala), die daraus resultierenden unrichtigen Erklärungen (vikshepa) und die Suche in der Ferne nach dem, was ganz nah ist (avarna). Mala ist die grundlegende Unwissenheit, die den zehnten Mann vergessen lässt, sich selbst mitzuzählen, wenn er erklärt, dass nur neun Männer anwesend seien und der Zehnte fehle. Diese Unwissenheit ist das Miasma, das die Erklärung verursacht. Vikshepa ist die Auswirkung der Unwissenheit, die alle zehn Männer im Fluss nach dem verloren geglaubten zehnten Mann suchen lässt. Unwissenheit ist die Folge der Taten *(karman)* in diesem und früheren Erdenleben. Dieses *Karma* kann nur durch ein Handeln beseitigt werden, das nicht von der Erwartung des daraus entstehenden Gewinns oder Verlustes beeinflusst ist *(nishkāmakarma)*. Die Auswirkung der unrichti-

gen Erklärungen (avarna) kann nur durch die Kultivierung von tolerantem Gleichmut und des Gefühls der Zusammengehörigkeit überwunden werden. Wenn die zehn Personen durch ein Gefühl geistiger Solidarität verbunden gewesen wären, hätte keiner von ihnen als vermisst gelten können! Auch Vikshepa, die Auswirkung der Unwissenheit, kann durch Liebe überwunden werden. In Liebe hätten sie sich gegenseitig wahrgenommen und gewusst, dass niemand fehlte. So müsst ihr euch mit Freude *(ānanda)* wappnen, mit Liebe, Hingabe und Dienst am Nächsten.

Die Wahrheit ist das große Reinigungsmittel. In den Schriften heißt es: „Der Geist wird durch Wahrheit geläutert." Sie duldet weder Schmutz noch Sünde, Falschheit und Betrug.

48. Worte, die vom Glauben an Gott und von der Demut, die der Gaube bewirkt, geprägt sind, reinigen die Atmosphäre, während solche, die mit Eitelkeit heraustrompetet und von Nihilismus und Atheismus gleich Exkrementen ausgeschieden werden, die Atmosphäre verseuchen. Gebraucht nur Laute, welche die Luft reinigen. Preist Gott und seine Herrlichkeit; das ist die Pflicht, die ihr euch selbst und anderen schuldet. Dies ist auch der tiefere Sinn der vedischen Opferhandlungen. Jeder Laut der *Veden* ist ein Lobpreis Gottes. Wenn die *Veden* rezitiert werden, erfährt die Atmosphäre eine bemerkenswerte Umwandlung, und die Menschen, die sie einatmen, werden danach etwas weniger schlecht sein. Glaube an Gott lässt den Glauben an sich selbst und an andere wachsen, und dadurch wird die Welt glücklicher.

Wenn die inneren Reaktionen und Bewegungen eines Menschen in göttliche umgewandelt worden sind, werden alle Erfahrungen, die man durch die Sinne, den Verstand und den Intellekt macht, den göttlichen Glanz annehmen und ihren göttlichen

Kern enthüllen, und der Mensch wird in die Gestalt der Liebe gegossen. Man kann in der Welt leben und doch unberührt von ihr bleiben, vorausgesetzt, dass man diese Sichtweise gewonnen hat. Jede Handlung wird dann für den Allmächtigen, mit seiner Gnade und durch seinen Willen ausgeführt. Indien ist zu einer Bettlernation verkommen, weil seine Kinder diese Ideale aufgegeben und das Ego als einzigen Gott, den es zu verehren gilt, auf den Thron gehoben haben. Indien hat sich immer dadurch hervorgetan, dass es auf Seiten des tugendhaften Charakters stand, der durch Wachsamkeit in tadelloser Form gehalten wurde. Ohne einen solch standhaften starken Charakter sind Errungenschaften wie Gelehrsamkeit, durch *Yoga* erworbene Kräfte (siddhi) oder von *Yoga* vorgeschriebene Körperhaltungen wie Früchte aus Kunststoff – nämlich täuschend echte Nachbildungen, die nicht die Fähigkeit haben, Freude zu bereiten. Wenn man damit beschäftigt ist, die Herrlichkeit Gottes zu besingen, wird man nicht in die Versuchung geraten, sich auf die wilde Autobahn verrückter Wünsche zu begeben.

49. Heutzutage hat der Mensch die Angewohnheit, zu tun und zu sagen, was ihm seine Laune gerade eingibt. Er besitzt keine Selbstbeherrschung, folgt weder seinem Gewissen noch zeigt er in seinem Verhalten einen Sinn für Moral oder gute Manieren. Einem Geistesgestörten, der entschlossen ist, seinem Verhängnis entgegenzugehen, braucht man keinen Rat zu geben. Medizin ist für die Kranken, nicht aber für die völlig Gesunden oder völlig Toten. Rat brauchen jene, die unter Zweifeln, Ängsten und innerem Aufruhr leiden, und sie finden ihn in den Lehrbriefen und heiligen Schriften. Man kann einen Brief wegwerfen, wenn man ihn gelesen, seinen Inhalt erfasst und die Botschaft

verstanden hat. Ebenso können diese heiligen Schriften beiseitegelegt werden, wenn man sie gelesen und verstanden hat und sie befolgt. Es hat keinen Sinn, sie immer wieder zu lesen.

Die Texte der heiligen Schriften erklären, dass ihr in Wirklichkeit das göttliche Selbst *(ātman)* seid – dasselbe, das die ganze Schöpfung beseelt. Der Körper des Menschen ist ein Tempel, in dem Gott zu Hause ist. Selbstbeherrschung *(dama)* und Gelassenheit *(sama)* sind die Tempelwächter. Wenn sie unfähig oder faul sind, werden Lust und Gier, Ärger und Eifersucht, Hass und Stolz sich einschleichen, niederlassen und die Herrschaft im Tempel übernehmen. Der Mensch lässt sich derart täuschen, dass er die Diebe ehrt, als seien sie die Herren des Hauses, in das sie eingedrungen sind. Seid selbst Herr eures Geistes! Erwacht, erhebt euch und stellt euch den Dieben entgegen, bevor sie euren Schatz erbeuten können. Der Schatz ist die Erkenntnis, dass Gott allem innewohnt.

50. Die grundlegende Torheit, die Fehler in Charakter und Verhalten verursacht, ist der Glaube, dass das, was man tut, immer richtig und gerechtfertigt sei. Das ist die subtile Wirkung des Virus ‚Ego'. Alles, was für uns vorteilhaft ist, erscheint uns als richtig. Gewöhnlich schauen wir uns eine Sache nicht vom Standpunkt des anderen aus an. Das führt zu endlosen Schwierigkeiten.

51. Die Weisen haben drei Kategorien aufgestellt, welche die wahrnehmbare Welt einteilen: Gott *(ishvara),* Schöpfung *(prakriti)* und ‚ich' *(jīva).* Wenn Gott durch den Spiegel der Schöpfung gesehen wird, erscheint er als ‚ich'. Entfernt den Spiegel, und es gibt nur Gott. Das Ebenbild verschmilzt mit dem

Original. Der Mensch ist nichts anderes als das Ebenbild Gottes. Selbst die ganze Schöpfung ist nichts anderes als eine Erscheinung Gottes: Er allein ist Wirklichkeit. Das Prinzip der Erscheinung, das die Vielfalt vortäuscht, ist *Māyā*. Es ist nicht etwas, das außerhalb von Gott ist, sondern, ebenso wie alle anderen Kräfte, Teil seines Seins. Wenn die Ichvorstellung als getrennt von Gott gedacht wird, sprechen wir von ‚Dualismus' *(dvaita)*. Wenn das Ich nur als unwirkliche Idee gesehen wird, der jedoch einige Relevanz zugestanden wird, weil sie sich auf das Original bezieht, nennt man das ‚bedingten Nondualismus' *(vishishtādvaita)*. Wenn sowohl Spiegelbild als auch Spiegel als falsche Vorstellung erkannt und als solche abgetan werden, sodass nur das Eine bleibt, spricht man von ‚Nondualismus' *(advaitadarshana),* von der Vision des ‚Einen ohne ein Zweites'. Seit Jahrtausenden ist Indien auf der Suche nach dem ‚Einen ohne ein Zweites'. Das Bestreben ging immer dahin, das Eine zu entdecken – das, wenn es erkannt ist, alles erkennen lässt. Nur das Wissen um die Einheit aller Dinge ist von Wert, nicht das um die Vielfalt. Mannigfaltigkeit gibt Anlass zu Zweifel, Zaudern und Zwietracht. Das Gesehene ist getrennt vom Sehenden. Der Sehende in allen ist derselbe.

Jesus Christus sagte zuerst, er sei der Bote Gottes, dann verkündete er, dass er der Sohn Gottes sei, und später erklärte er, dass zwischen ihm und seinem Vater kein Unterschied bestehe, sondern dass beide eins seien.

52. Es gibt vier Stufen auf dem spirituellen Weg. Die erste bringt euch zu Sālokya. Hier befindet ihr euch im Königreich Gottes, dem ihr euch ohne Vorbehalt ergebt. Die nächste Stufe ist Sāmīpya. Hier seid ihr einer der Diener im Palast des göttlichen Königs. Ihr seid ihm näher und entwickelt göttliche

Eigenschaften. Dann folgt Sārūpya. Auf dieser Stufe nimmt der spirituell Suchende die göttliche Gestalt in sich auf. Er ist wie ein naher Verwandter des Königs und somit berechtigt, königliche Gewänder und Abzeichen zu tragen. Die letzte Stufe ist Sājujya. Der spirituell Suchende folgt als Kronprinz auf den Thron und wird selbst König.

53. Ein fest im Bewusstsein des Einen verankertes Denken ist wie ein Felsen, unberührt von Zweifeln, stabil und sicher. Das göttliche Prinzip, das der Anbetung und Betrachtung zugänglich ist, wird ‚goldenes Ei', ‚goldener Keim' *(hiranyagarbha)* genannt, Ursprung der Schöpfung, das innewohnende Prinzip, das aus eigenem Willen heraus offenbar und vielfältig geworden ist. Was auch immer der Mensch aus Gott macht, Gott bleibt davon unberührt. Er ist das Gold, das in allen Schmuckstücken dasselbe ist. Auch Gott wird von der jeweiligen menschlichen Vorstellung, der Neigung und dem Intellekt zu verschiedenen Gestalten geformt, seien sie großartig oder grotesk, furchterregend oder bezaubernd. Der Mensch errichtet Standbilder und schüttet sein Herz mit seinen Sorgen, Phantasien, Wünschen, Ängsten und Träumen vor ihnen aus. Er ist in euch und er ist es, der euch den Anstoß dazu gab, ihn auf die äußere Welt zu projizieren als dieses oder jenes Bild, das euch anhört und euch inneren Frieden gibt. Ohne diese Inspiration, ohne den Trost und die Freude, die er euch von innen heraus schenkt, würdet ihr wahnsinnig werden wie einer, der seinen Ankerplatz verloren hat und steuerlos in stürmischer See hin- und hergeworfen wird. Bleibt in Verbindung mit ihm, lenkt eure Schritte in die Richtung, die er euch weist, und ihr werdet das Ziel sicher bald erreichen. Das Bildnis, vor dem ihr in Andacht sitzt, die Blume, mit der ihr es schmückt, die Hymnen,

die ihr singt, die Gelübde, die ihr euch auferlegt, die Nachtwachen im Gebet – das alles sind Handlungen, die euch läutern und die Hindernisse auf dem Weg zur Erkenntnis Gottes in eurem Inneren beseitigen. Wenn die faszinierende Identifikation mit dem Körper schwindet, wird das Licht Gottes in euch scheinen und eure Gedanken, Worte und Taten erleuchten.

54. Ein Leben in spiritueller Disziplin bedeutet, alle Aktivitäten Gott zu widmen; in allem, was wir tun, denken und sprechen, eine Opfergabe zu sehen, die wir Gott zu Füßen legen.

Das Denken muss um einen Mittelpunkt kreisen – um Gott. Eure Konzentration muss stark und stetig sein. Warum müsst ihr so darum ringen? Der Grund dafür ist, dass euch die tiefe Sehnsucht, die zärtliche Zuneigung, die echte Liebe zu Gott fehlt. Aber fahrt fort mit euren spirituellen Übungen *(sādhana)*. Durch andauerndes Bemühen ist es möglich, das Ziel zu erreichen.

Die spirituelle Praxis ist eine einzigartig kostbare Aktivität, die ihren Wert verliert, wenn sie öffentlich zur Schau gestellt wird. Fische werden in offenen Läden oder bei helllichtem Tag am Straßenrand verkauft. Diamanten jedoch werden in Juwelierläden verkauft, die nur ernsthaften Käufern Zutritt gewähren, und in sicheren unterirdischen Stahlkammern aufbewahrt. Eure spirituellen Praktiken sind kostbarer als Diamanten. Man darf sie nicht der Öffentlichkeit aussetzen.

55. Der Baum der Schöpfung hängt nach unten, aber er hat seine Wurzeln im Himmel, sonst müsste er aus Mangel an Nahrung verdorren. Man nennt ihn ‚Ashvattha', den Pferdebaum, denn ‚Ashva', das Pferd, ist in Indien das Symbol der

Unruhe, des Wankens, der pausenlosen Bewegung. Die Blätter des Banyanbaums, welcher der Ashvattha ist, zittern beim leichtesten Windhauch. Die tiefere Bedeutung des alten Rituals des Pferdeopfers, Ashvamedha, ist die Vernichtung der den Menschen ständig beunruhigenden Gedanken, Ashva. Die Mutter versucht alles Mögliche, um das Baby abzulenken, während sie es füttert, aber später wird es, dank der Macht der Gewohnheit, die durch tägliche Übung entsteht, allein essen. Richtet eure Gedanken jeden Morgen und Abend für kurze Zeit auf Gott. Er wird euch in seiner Gnade zehn Schritte entgegenkommen, wenn ihr nur einen Schritt in seine Richtung tut.

Nur die Liebe zu Gott kann wahre Liebe sein. Heutzutage lieben Kinder ihre Väter oft nur, solange diese für ihren Unterhalt sorgen. Wenn die Väter alt sind und ein Rentnerdasein führen, wird ihr Rat ignoriert. Auch die Liebe zwischen Eheleuten lässt im Laufe der Zeit nach. Wirkliche Liebe, die unverändert bleibt, ist Liebe zu Gott. Glaubt an euch selbst, dann werdet ihr an Gott glauben.

56. Wenn Gott euch nicht hält, fallt ihr. Was ihr auch tut und wo ihr auch seid, glaubt daran, dass Gott euch um des Werkes willen dorthin gestellt hat. So wird es zu einer Schulung, zu spiritueller Praxis. Jeden Tag müsst ihr mit jeder Handlung, jedem Gedanken und jedem Wort Gott immer näher kommen. Dadurch wird euch wahre Befreiung zuteil.

Euer wirkliches Selbst *(ātman)* ist Gott. Das Einzelne ist das Universelle, nichts weniger. Erkennt darum in jedem Wesen, in jedem Menschen einen Bruder oder eine Schwester, ein Kind Gottes. Lasst alle begrenzenden Gedanken und Vorurteile bezüglich Stellung, Hautfarbe, Klasse, Herkunft und Kaste außer

Acht. Betretet die Welt der Dinge, nachdem ihr euch eures wirklichen Selbst *(ātman)* bewusst geworden seid, denn dann seht ihr die Natur in einem neuen Licht, und euer ganzes Leben wird ein fortwährendes Fest der Liebe. Das Ideal eines hohen Lebensstandards anstelle einer hohen Stufe des Lebens hat der menschlichen Gesellschaft verheerenden Schaden zugefügt. Eine hohe Stufe des Lebens besteht in Moral, Demut, innerer Freiheit und Mitgefühl. Heute ist der Mensch Sklave seiner Wünsche und Begierden. Er ist außerstande, seinen Durst nach Vergnügen und Luxus zu bezwingen. Er ist zu schwach, die Impulse seiner Sinne zu beherrschen, und weiß nicht, wie er das göttliche Bewusstsein, das verborgen in ihm ruht, erwecken kann. Dies kann nur durch spirituelle Übungen *(sādhana)* erreicht werden, denn es geht um eine grundlegende Umwandlung.

Niemand kennt bis jetzt das Geheimnis des elektrischen Stroms; warum er sich so verhält und was das genaue Wesen seines Ursprungs und seines Fließens ist. Er findet jedoch tausendfache Anwendung und wirkt in zahllosen Geräten und Instrumenten. So ist auch Gott überall gegenwärtig, aber wir können nur jenen Teil von ihm verstehen, der sich unserer Erkenntnisfähigkeit offenbart. Unwissende würden schwören, dass die Erde sich überhaupt nicht bewegt. In der Dichtung wird sie als Symbol der Ruhe und Beständigkeit besungen. Sie führt jedoch mit unglaublicher Geschwindigkeit zwei Bewegungen aus: Sie dreht sich um die eigene Achse mit einer Geschwindigkeit, die tausend Meilen pro Stunde übersteigt. Während sie sich dreht, bewegt sie sich auch mit erstaunlicher Geschwindigkeit um die Sonne. Aber bemerken wir das überhaupt? So ist auch Gott eine Wirklichkeit, ewig gegenwärtig in euch und in jedem Wesen; doch wir nehmen ihn ebenso wenig wahr wie die Bewegung der Erde. Wir müssen aus den Beweisen und Zeichen seiner Vorsehung, Gnade, Majestät und Herrlichkeit folgern, dass es Gott gibt, ebenso wie wir durch die Beobachtung des Himmels, der Jahreszeiten und der präzisen Abläufe von Tag und Nacht folgern können, dass die Erde, der Mond und die Sterne sich bewegen. Wir können Gott nicht mit dem Wortschatz beschreiben, den wir auf der Erde gelernt haben. Wir müssen die Glückseligkeit erfahren, die aus der Erkenntnis Gottes als dem innersten Kern unseres Wesens entsteht. Ein wahrer Gottliebender ist unerschütterlich in seinem Glauben und wird Gott nicht um die Erfüllung weltlicher Wünsche bitten, sondern nur um dieses überirdische Glücksbewusstsein. Wenn ihr selbstlos liebt, ist das nur ein Ausdruck Gottes, der in eurem Herzen wohnt.

„Wer *Brahman* erkennt, wird selbst zu *Brahman*", sagen die Weisen. Die vedische Aussage „Alles ist Gott *(brahman)*" ist der Schlüssel zum Verständnis des Universellen Ewigen Prinzips. Das Absolute *(brahman)* ist die Wirklichkeit des Suchenden, des Kosmonauten, der Person, die seine Existenz bestätigt, ebenso wie derjenigen, die sie anzweifelt oder verneint. Wer sagt, dass der Glaube an das Göttliche nur Einbildung sei, betrügt sich um seine eigene innere Wirklichkeit. Das Göttliche ist das, was alle Vielfalt integriert und zu einer einzigen Essenz vereinigt. Man muss den Verstand schärfen und die Vorstellungskraft erweitern, um Gott, *Brahman,* erfassen zu können, denn er ist kleiner als das Kleinste und größer als das Größte. Das Göttliche ist das Drängen, das hinter jedem Sehnen und Streben und auch hinter dem Trachten nach Gotterkenntnis steht. Es ist die Energie in jedem Atom und jeder Zelle ebenso wie in jedem Stern und jeder Galaxie.

57. „Udyogam purusha-lakshanam“. Unter ‚Udyoga‘ versteht man im Allgemeinen die Beschäftigung an einem Arbeitsplatz, etwas, das zu tun sich lohnt. Doch das stimmt nicht. ‚Ud‘ (höher) – *‚Yoga‘* (geistige Übung) bedeutet spirituelle Übung *(sādhana)*, die den gleichen Status wie eine berufliche Tätigkeit eingenommen hat. Jede Arbeit, die ihr verrichtet, ist ‚Udyoga‘, eine spirituelle Disziplin, die das charakteristische Merkmal (lakshana) des göttlichen Menschen *(purusha)* ist. Sie wird zu dem höchsten Ziel (paramapurushartha), denn sie ist auf die höchsten (para), ewigen Werte ausgerichtet. Euer alltägliches Dasein muss sich in gelebtes Gebet und gelebte spirituelle Praxis verwandeln. Von den vielen Milliarden Lebewesen hat nur der Mensch das Vorrecht, die Wahrheit des Universums ergründen und in das Glücksbewusstsein ihrer Erkenntnis eintauchen zu können.

58. Hingebungsvolle Liebe zu Gott, *Bhakti,* führt zu Weisheit *(jnāna). Bhakti* ist ebenso notwendig und unvermeidlich wie die Kindheit. Liebe zu Gott fördert die höchste Sittlichkeit. Die Jahre, die ohne das Licht der Gottesliebe verbracht werden, sind Jahre des Niedergangs, der Krankheit und Nichtigkeit. Man könnte ebenso gut tot sein und für immer verwesen. Göttliche Liebe *(prema)* übersteigt das Ego. Sie ist rein und süß, sie ist heilig und heilsam. Die Liebe zu Gott, die euer Herz durchströmt, muss zu allen hinfließen, denn alle sind Verkörperungen desselben Gottes. Das Böse in euch wird sich in Form von Hindernissen auf eurem Weg zu innerem Frieden manifestieren. Sie entstehen durch eure eigenen Gefühle und Impulse.

Der Eine leuchtet in und durch die Vielfalt; der Eine ist die Vielfalt. In den Brāhmanas heißt es: „Der Eine beschloss, sich zu vervielfältigen und sich seiner eigenen Vielfalt zu erfreuen (eko 'ham bahuh syām).“ Der Eine erscheint als all diese Mannigfaltigkeit. Das ist die Wahrheit. Das Besondere des indischen Gedankengutes ist das Bestehen auf der grundsätzlichen Einheit der ganzen Schöpfung. Gebt euch nicht mit dürftigen Überbleibseln von Information zufrieden. Sucht den Kenner hinter dem Prozess der Erkenntnis. Das ist der wirkliche Sieg.

59. Alles, was der Mensch tut, dient letzten Endes der eigenen Zufriedenheit. Er baut ein Haus, schreibt ein Buch, beginnt eine berufliche Tätigkeit, führt einen Plan aus – alles, weil es ihm Freude macht. Die verschiedenen Disziplinen, denen sich Gottsuchende, Mönche, Asketen und jene, die auf dem Weg der Selbsterkenntnis sind, unterziehen, werden ausgeübt und beibehalten, weil sie Freude bereiten und ein inneres Bedürfnis befriedigen.

Die Welt ist ein Spielplatz von Mensch *(nara)* und Gott *(nārāyana)*. Der Mensch wird Gott und Gott wird Mensch, und beide spielen ihre Rollen in völliger Übereinstimmung. Gott ist in menschlicher Gestalt gekommen, um die göttliche Ordnung *(dharma)* in der Welt wiedereinzusetzen, die Wurzeln des Glaubens zu nähren und den Menschen Gott verständlicher zu machen. Für den Menschen ist es nur natürlich, durch spirituelle Praxis, Sublimierung seiner Moral, tätige Nächstenliebe und andere Mittel zu Gott zu werden. Aber er ist sich seiner hohen Bestimmung nicht bewusst und sinkt auf die Stufe eines Ungeheuers oder Affen herab. Liebe zu Gott muss fortdauern und aufblühen, unabhängig von Zeit, Ort und Umständen.

60. Eine Frucht, ein Tontopf und ein Schmuckstück sind Wirkungen; ohne Ursachen kann es keine Wirkungen

geben. Ein Samen, Tonerde und Goldklumpen sind die materiellen Ursachen; der Gärtner, der Töpfer und der Goldschmied sind die instrumentellen Ursachen. Wenn es sich um den Schöpfer der Vielgestaltigkeit des Universums handelt, sprechen wir von Gott. Als der Kosmos sich durch den Willen Gottes manifestierte, entstand er allein aus dem Absoluten, denn es gab nur den Einen. Auch heute gibt es nur den Einen, trotz der scheinbaren Vielfalt. Wir haben über den Einen die Illusion der Vielfalt gelegt. Sobald die Bilder des Films sichtbar werden, sieht man die Leinwand nicht mehr; sobald man die Leinwand sieht, werden die Bilder unsichtbar. Doch ohne Leinwand, das absolute Eine *(brahman),* haben die Bilder keinen Sinn und kein Leben. Sie bringen keine Botschaft, sie schenken keine Glückseligkeit.

Gott ist deshalb die materielle ebenso wie die instrumentelle Ursache; er ist das Gold und der Goldschmied, die Tonerde und der Töpfer, der Samen und der Gärtner, ebenso wie der Baum und alle Wesen. Die Natur ist sein Körper, der Kosmos sein Wille, die *Veden* sein Atem. Die Denker der Sānkhya-Schule erklären, dass die Welt aus der Anhäufung und Verbindung von Atomen entstand. Sie erklären aber nicht, was die Atome veranlasste, mit Gleichgearteten bestimmte Muster und Gruppen zu formen. Wie ist der Drang dazu entstanden? Derartige Fragen werden umgangen. Die meisten Philosophen, besonders in der westlichen Welt, versuchen nicht, die Ursachen, deren Auswirkung wir in jedem Augenblick um uns herum wahrnehmen, zu erklären. Gott wollte und wurde all dies aufgrund des göttlichen Verlangens, des primären Triebs zum Werden. Daher ist er sowohl das innere wirkliche Selbst (antarātman) als auch der innere Lenker und Motivator (antaryāmin). Die *Veden* erklären: „All dies ist Gott." Es gibt hier nicht die geringste Spur von Vielheit, es gibt nur „das Eine ohne ein Zweites“. Die Erkenntnis und Erfahrung dieser grundlegenden Wahrheit, das glückselige Gewahrwerden der eigenen ursprünglichen Göttlichkeit sind Zeichen des Sieges, den die Prasanthi-Flagge symbolisiert.

61. Die indische Kultur betont vier Entwicklungsstufen im Leben des Menschen *(āshrama),* um allen die Schulung zu gewährleisten, die sie für das Erkennen des Selbst brauchen. Für das Erforschen der Natur des Selbst (ātmavicāra) sind die Verhaltensregeln für jede Lebensstufe (āshramadharma) notwendig. Durch das Befolgen der Regeln und Verhaltensvorschriften sowie durch das Studium, das jeder Stufe vorgegeben ist, werden Wissen und Weisheit mit Leichtigkeit und wie von selbst erworben. Weisheit kann nur erlangt werden, indem Arbeit als Gottesdienst betrachtet und ausgeführt wird. Die Regeln der jeweiligen Lebensstufe bringen den Menschen dahin, jede Tätigkeit zu einem Gottesdienst werden zu lassen. Ebenso wie wir vier Altersstufen unterscheiden – Kindheit, Jugend, die mittleren Jahre und das Alter –, gibt es die damit korrespondierenden Lebensstufen *(āshrama):* Die Zeit des Lernens *(brahmacārya),* des Lebens in der Pflichterfüllung gegenüber der Gesellschaft *(grihastha),* des ausschließlich spirituellen Strebens *(vānaprastha)* und der vollkommenen Loslösung von der Welt *(samnyāsa).* Die *Shāstras* sind die heiligen Schriften, welche die Richtung vorschreiben, in der Gedanken und Taten sich bewegen sollen. Nur das strenge Beachten dieser Gesetze und Begrenzungen garantiert das Erlangen von Weisheit *(jnāna).* Andernfalls treibt der Mensch ziellos in den Stromschnellen und Strudeln des Lebens umher und beendet es, ohne Kenntnis über das wahre Wesen der Welt und die Herrlichkeit Gottes erworben zu haben. Weil diese Pflich-

ten seit Generationen vernachlässigt wurden, haben die Kräfte des Atheismus nun an Stärke zugenommen. Man kann Schale, Fruchtfleisch und Kern der Tamarinde nicht voneinander trennen, solange sie noch grün ist. Bei der reifen Frucht ist das jedoch leicht möglich. Ebenso wird sich der Mensch, solange er nicht durch Erfahrung gereift und weise geworden ist, immer mit dem Körper, den Sinnen und dem Verstand (mind) identifizieren. Er ist dann nicht in der Lage, zwischen Ego (anātman) und wirklichem Selbst *(ātman),* Körper (kshetra) und Bewohner (kshetrajna), manifester Welt *(prakriti)* und dem Absoluten *(paramātman)*, rettender Weisheit (jnāna trāna) und menschlicher Täuschung zu unterscheiden. Die Geschichte von *Krishnas* Tanz auf dem Haupt der Schlange Kaliya weist darauf hin, dass im See des menschlichen Bewusstseins die giftige Schlange namens ‚Begierde' lauert. Wenn sie vernichtet ist, werden sich alle Schwächen und Frivolitäten, alle Triumphe, Versuchungen und Versagen, Freud und Leid, welche die Begierde mit sich bringt, Gott ergeben. Diese Begierde kann nur ausgerottet werden, wenn wir den festen Glauben haben, dass das göttliche Selbst *(ātman)* der innerste Kern unseres Wesens ist. Der Einzelne ist eng mit der Gesellschaft verbunden, und daher wird seine Rastlosigkeit auch die Gesellschaft beeinflussen. Die vier Lebensstufen *(āshrama)* wurden entworfen und festgelegt, um den Menschen im Zustand des Weisen erwachen zu lassen. Die Gewohnheiten, welche die Menschen heutzutage annehmen, als „modern" und „dem Fortschritt dienend" zu preisen, ist, gelinde gesagt, lächerlich. Unsere Ältesten betonten, dass Nahrungsaufnahme und Freizeitgestaltung ausgewogen und rein *(sattva)* sein müssen, damit sie nicht die Leidenschaften des Menschen erwecken und befeuern oder ihn stumpf und dumm, faul und träge machen.

62. Alle Dinge in der Schöpfung, auch der Mensch, sind dem Gesetz des Wandels unterworfen. Der Mensch sollte dieses Gesetz für seine Weiterentwicklung nutzen, nicht aber um auf dem Stufenweg abzurutschen. Die höhere Intelligenz führt den Menschen immer auf den Weg der Wunschlosigkeit und des Dienens, denn dieser ist der einzige, der zu spirituellem Fortschritt führt. Die höhere Intelligenz erkennt die Einheit der Schöpfung als die heilige Schnur, auf welche die Blüten einer Girlande aufgezogen sind, *Brahmasūtra*. Wenn ihr die Gnade Gottes gewinnt, wird seine Liebe zu euch hinfließen. *Vyāsa* schrieb die achtzehn umfangreichen *Purānas* und fasste alle zu einer einzigen Zeile eines Verses zusammen: „Anderen Gutes zu tun, ist das einzig Verdienstvolle; Böses zu tun, ist die größte Sünde." Wenn ihr glaubt, nichts Gutes tun zu können, tut wenigstens nichts Böses.

63. Wir, die wir das Meer von Geburt und Tod *(samsāra)* überqueren, müssen die Kunst des Schwimmens, nämlich die Kontemplation Gottes, erlernen. Wenn wir sie nicht üben und kultivieren, werden wir ganz sicher ertrinken, ganz gleich wie gebildet wir auch sind. Das Leben ist ein Boot, das uns in den Stand versetzt, das Meer der weltlichen Existenz mithilfe der Versenkung in Gott zu überqueren. Das Lösen von Bindungen *(vairāgya)* bedeutet nicht, dass man auf Familienbande verzichtet und in die Einsamkeit des Dschungels flieht. Es bedeutet, die Vorstellung loszulassen, die Dinge seien von Dauer und in der Lage, höchstes Glück zu schenken.

64. Bewusstes Sein (cit) und unbewusstes Sein (acit) sind Daseinsstufen, die langsam ineinander übergehen, vom weniger intelligenten bis hin zum vollkommen intelligenten.

Tatsächlich gibt es drei und nicht zwei Stufen. (1) Die höchste (suddha-tattva) ist, was Christus als das Reich Gottes bezeichnete. Sie liegt außerhalb der Reichweite des Verstandes; sie ist das Reich absoluten Gleichgewichts. (2) Das Reich der Vermischung (mishra-tattva) ist der weltliche Bereich, wechselnd zwischen Ruhe und Aktivität, Trägheit und Abenteuer, Dumpfheit *(tamas)* und Leidenschaft *(rajas)*. Während die erste die Manifestation der unveränderlichen ewigen Herrlichkeit (nityavibhūti) genannt wird, spricht man von der zweiten als der Manifestation des ewig wechselnden, ewig frischen göttlichen Spiels (līlāvibhūti). (3) Die dritte Stufe, der Bereich der unterbewussten Prägungen (vāsanā tattva) ist gekennzeichnet durch Unwissenheit, Tatenlosigkeit und Starre *(tamoguna)*.

Das Universum ist das Spielfeld Gottes. Seid euch dieser Tatsache bewusst! Das ist alles, was ihr für ein glückliches Leben braucht. *Krishna* hat in der *Gita* gesagt, dass er immer an der Seite der Fröhlichen sei. Es ist nicht gut, sich selbst abzugrenzen und nur sein ichbezogenes Glück zu suchen. Wenn euch engherzige Selbstsucht beherrscht und knechtet, befindet ihr euch auf der Stufe der unterbewussten Impulse *(vāsanā tattva)*. Diese unterbewussten Neigungen sind das Brandmal endloser Zeiten der Versklavung durch die Sinne. Ihr müsst euch ihrem subtilen Einfluss entziehen und euren Willen von ihrem Griff befreien. Pflegt eine Haltung der Unabhängigkeit, des Nichtbeachtens, und umgeht eure Begierden mit Gebet und systematischen spirituellen Übungen. Wenn ihr euch die vedantische Schau zu eigen gemacht habt, wird der Ort, an dem ihr euch befindet, euer Kailash, euer heiliger Wohnsitz Gottes, sein. Die Wellen gehören dem Meer, aber diese können nicht behaupten, das Meer gehöre ihnen. Der Einzelne kann zu Gott sagen: „Ich bin dein“, aber nicht: „Du bist mein.“ Gott ist die Stütze, ihr seid der Gestützte. Das Reich Gottes (nit-ya vibhūti) ist die stützende Basis des göttlichen Spielfeldes (līlā vibhūti); das Meer ist die Grundlage, auf der sich Wellen bilden. Wenn das göttliche Spiel *(līlā)* Gott verlockt, nimmt es acht verschiedene Erscheinungsformen an: reines *Brahman* (shuddha-brahmamayī); Bewegliches und Unbewegliches (carācaramayī); das Leuchtende (jyotirmayī); heilige Rede (vācmayī); ewige Glückseligkeit (nityānandamayī); die höchste die Welt transzendierende Göttin (parātparamayī); göttliche Täuschung, fesselnd durch ihren Zauber (māyāmayī) und die aus Glanz Bestehende (shrīmayī). Das attributlose Absolute nimmt die Form des Geistes, der Intelligenz und des Ego an, und das großartige Spiel beginnt. Das Sein verliert sich im Werden.

65. Gott ist *Mahāshakti* und das Individuum *(jīva)* ist *Māyāshakti*. Gott ist das Echte, Ursprüngliche; die individuelle Seele *(jīva)* ist sein Schatten, eine Erscheinung, eine Illusion *(māyā)*. In dieser vergänglichen, sich ständig verändernden Welt ist die innewohnende Kraft Gottes die einzige beständige und unveränderliche Entität.

66. Während ihr spazieren geht, könnt ihr beobachten, wie euer Schatten auf Sand und Morast, Mulden und Hügel, Dornen und Gras, trockene und feuchte Stellen fällt. Der Schatten und alles, was ihm widerfährt, ist nicht wirklich. Ebenso müsst ihr davon überzeugt sein, dass „ihr" der Schatten des Göttlich-Absoluten *(paramātman)* seid, dass ihr nicht „ihr", sondern das göttliche Selbst seid. Diese Wahrheit ist das Heilmittel gegen Sorgen, Mühsal und Leid. Natürlich werdet ihr erst nach lang andauernden und gewissenhaft durchgeführten spirituellen Übun-

gen *(sādhana)* in dieser Wahrheit gefestigt sein. Bis dahin seid ihr geneigt, euch mit dem Körper zu identifizieren, und ihr vergesst, dass der Körper, der den Schatten wirft, selbst ein Schatten ist.

67. Die göttliche universelle Seele *(paramātman)* zieht die individuelle Seele *(jīva)* an sich. Dass sie diese Nähe zueinander haben, liegt in ihrer Natur, denn sie sind ein und dasselbe. Sie sind wie Eisen und Magnet. Aber wenn das Eisen verrostet und mit Schmutzschichten bedeckt ist, kann der Magnet es nicht an sich ziehen. Entfernt diesen hindernden Belag – das ist alles, was ihr tun müsst. Leuchtet im Glanz eures wahren Wesens, dann wird Gott euch an sein Herz drücken. Prüfungen und Schwierigkeiten helfen, diese Reinigung zu vollziehen.

Ebenso wie man den süßen Saft des Zuckerrohrs nicht gewinnen kann, bevor das Rohr zerstampft ist, und das Sandelholz seinen Duft nicht verströmt, bevor es auf einem Stein zerrieben wurde, kommt das Gute im Menschen erst zum Durchbruch, wenn er Schwierigkeiten und die Erschütterungen der Welt erlebt hat. Ihr gelangt von innerer Unruhe *(ashānti)* zu tiefem Frieden *(prashānti),* vom inneren Frieden zum herrlichsten Glanz (prakānti) und vom herrlichsten Glanz zum Licht des höchsten Bewusstseins *(paramjyotis).* Freud und Leid wechseln einander ab wie Tag und Nacht. Begrüßt Enttäuschungen, denn sie machen euch stark und prüfen eure seelische Kraft. Alles Schwere bringt euch näher zu Gott, denn ihr ruft ihn immer an, wenn ihr in Schwierigkeiten seid.

Liebt Gott, auch wenn Mühsal euer Los sein sollte; liebt ihn, auch wenn man euch ablehnt und tadelt, denn nur im Schmelztiegel der Mühe und Plage kann das Metall von Unreinheiten gereinigt und geläutert werden.

Die Heiligen Jayadeva, Tukaram, Kabir, Gauranga, *Rama-*

krishna und Ramadas mussten durch Leiden und Tragödien gehen, um Gott sehen und mit ihm eins werden zu können. Im Tempel des Menschheitsgedächtnisses haben sie feste Plätze bekommen. Spott und Verachtung muss man mit fröhlicher Unbekümmertheit begegnen. Nicht einmal *Avatare* wurden von solch gemeinen Attacken kleiner Geister verschont.

Wenn Krähen einen Kuckuck sehen, verfolgen sie ihn und versuchen ihm Wunden zuzufügen. Gute Menschen sind ein Ziel für die Bosheit der Kleingeister. Sie werden immer zur Zielscheibe von Neid, Verleumdung, Misshandlung und Beleidigung der Bösen. *Krishna* hatte von seiner Geburt an bis zum Ende seines irdischen Lebens mit Widrigkeiten zu kämpfen. Persönliche Beleidigung, Verleumdung, unbegründete Beschuldigung und Beschimpfung folgten ihm auf Schritt und Tritt. Dämonen, die das Licht und die Liebe, die von ihm ausgingen, nicht ertragen konnten, verschworen sich gegen ihn, um seinen Namen zu beflecken und seine Mission zu verhindern. Sie versuchten, ihm Fesseln anzulegen, seine Pläne zu vereiteln und seine Instrumente zu verstören. Aber die Wahrheit siegte, und die Falschheit wurde entlarvt und entehrt. Die Wahrheit mag zeitweise durch den Nebel der Verleumdung verschleiert sein, aber ihr Sieg ist gewiss. Die Mächte des Hasses werden durch ihre eigenen Gemeinheiten besiegt; sie graben sich ihr eigenes Grab. Ihre Handlungen haben Folgen, durch die sie zerstört werden. In jedem Zeitalter haben Menschen, welche die Herrlichkeit der *Avatare* nicht ertragen konnten, diese in niedrigster Weise bekämpft. Leiht jenen, die Skandal und Lüge verbreiten, nicht euer Ohr und erlaubt ihnen nicht, eure Gedanken zu beeinflussen. Erkennt die Wahrheit, die von all den Geschichten und Legenden überdeckt ist, die den heiligen Namen besudeln.

Dem Feind gefällt es, euch zu beleidigen. In den *Purānas* heißt es, dass er dadurch die Schuld, die euer Konto belastet und die ihr andernfalls leidvoll ausleben müsstet, verringert und sogar auslöscht. Je häufiger und schlimmer die Beleidigungen, desto schneller und sicherer geht ihr einer helleren Zukunft entgegen. Der Feind absorbiert eure Sünden und deren Auswirkungen.

Einige von euch fühlen sich von *Swami* vernachlässigt, wenn Enttäuschungen oder Probleme auf sie zukommen. Ihr müsst diese Hindernisse willkommen heißen, denn nur sie können euren Glauben stärken. Wenn ihr einen Nagel in die Wand schlagt, um ein Bild aufzuhängen, rüttelt ihr daran, um festzustellen, ob er auch fest genug sitzt, um das Gewicht des Bildes zu halten, nicht wahr? Ebenso muss an dem Namen Gottes, der als Nagel in die Wand des Herzens geschlagen wurde, mithilfe des einen oder anderen Unglücks gerüttelt werden.

68. Ihr beschwert euch, dass es euch schlecht geht, während euer Nachbar glücklich ist. Dieser mag jedoch ein Guthaben von vielen Jahren spiritueller Praxis *(sādhana)* in seinem Kausalkörper, mit dem er von seinem vorigen Leben in dieses Leben gekommen ist, gespeichert haben. Euer Wesen und eure Neigungen sind durch die Art und Weise geformt, in der ihr in einer langen Reihe von Erdenleben geliebt, gerungen, gekämpft, gegeben und gearbeitet habt.

Gott hat weder mit Belohnung noch mit Bestrafung zu tun. Er ist nur Reflexion, Reaktion und Resonanz! Er ist der ewige unbeeinflusste Zeuge! Ihr bestimmt euer eigenes Schicksal. Selbst Schöpfung, Erhaltung und Auflösung folgen demselben Gesetz – dem eingeborenen Gesetz des von der Täuschung *(māyā)* beherrschten Universums.

Es gibt Leute, die erklären, es gebe keinen Gott, weil sie ihn nicht sehen können. Behauptet ihr etwa, Bäume hätten keine Wurzeln, nichts, was sie von unten ernährt und hält? Gott ernährt, erhält und hält auf unsichtbare Weise fest. Er kann nur von denen gesehen werden, die sich in ihren Bemühungen nach dem richten, was von den Weisen, die Gott erfahren haben, überliefert wurde. So wie Butter in der Milch durch Quirlen sichtbar wird, tritt Gott durch spirituelle Praxis *(sādhana)* in Erscheinung.

69. Die Eigenschaft, durch die der Äther (ākāsha) wahrnehmbar wird, ist der Klang, das Wort *(shabda)*. Im Anfang war das Wort! Das Wort wurde Objekt, es wurde verkörpert, konkretisiert. Aus diesem Grund bezeichnen wir ‚Objekt' als ‚Pada-Artha'. ‚Pada' bedeutet Wort und ‚Artha' Zweck, Ziel. Das Objekt ist der Sinn und Zweck, für den das Wort geäußert wurde, der Gegenstand, der dem Wort seine Gültigkeit gibt. Auch das Wort ‚Gott' ist ein Hinweis auf seinen Sinn und Zweck, nämlich darauf, dass es Gott gibt. Wenn es Gott nicht gäbe, wäre das Wort ‚Gott' nicht entstanden und in Umlauf gebracht worden. Ihr seht Gott vielleicht nicht, aber das Wort ist der Beweis dafür, dass es Gott gibt.

Gott kann mithilfe ständiger spiritueller Übungen erkannt werden. Gebt euch nicht mit Zweifeln und Bedenken ab! Wenn ihr nur die spirituelle Disziplin einhaltet und euer Bewusstsein läutert, könnt ihr Gott, der in eurem Herzen wohnt, sehen. In der Tasse ist Zucker, doch das Wasser bleibt geschmacklos, weil ihr es nicht richtig umgerührt habt. Spirituelle Übungen *(sādhana)* sind das Umrühren. Sättigt jeden Augenblick eures Lebens mit Gott, dann wird es süß und angenehm.

Wenn ihr sagt, Gott sei nirgendwo, hebt ihr die Nacht auf den Thron eures Herzens und macht es bereit für dunkle Absichten und Taten. Ihr müsst ernsthaft, strikt und aufrichtig ein bestimmtes Vorgehen befolgen, um Gott als konkretes Wesen zu erkennen. Dann könnt ihr am Ende seine Gnade und Herrlichkeit erfahren.

Die Natur, die uns umgibt, ist das Gewand Gottes. Die Musik, die von allen Radiosendern der Welt ausgestrahlt wird, erfüllt die Atmosphäre um euch herum, aber sie erreicht nie eure Ohren. Ihr werdet der Sender nicht gewahr. Wenn ihr aber einen Empfänger habt und ihn auf die richtige Wellenlänge einstellt, könnt ihr Sendungen von jedem beliebigen Sender empfangen. Ebenso existiert das Göttliche überall – oben, unten, um euch herum, nah und fern. Ihr braucht kein Gerät (yantra), um es zu erkennen, sondern eine mystische Formel *(mantra)*. Konzentration oder Meditation ist die Bestimmung der genauen Position des Senders auf dem Frequenzband; Liebe ist die Feineinstellung auf die Erkenntnis der Wirklichkeit, und die Glückseligkeit, die sie schenkt, ist der freudige, klare Hörgenuss.

70. Ihr könnt das Fundament eines vielstöckigen Wolkenkratzers nicht sehen. Würdet ihr deshalb behaupten, er stehe nur ebenerdig auf dem Boden? Das Fundament dieses Lebens liegt tief in der Vergangenheit eurer früheren Existenzen. Das jetzige Bauwerk wurde nach den Grundrissen jener vergangenen Erdenleben errichtet. Das Unsichtbare bestimmt die Ecken und Kanten, die Zahl der Stockwerke, die Höhe und das Gewicht. Gott ist das große Unsichtbare, das weite Unfassbare. Erkennt, dass Gott das Fundament der Schöpfung ist; betet zu ihm, und er wird euch reichlich segnen.

71. Alle, Männer und Frauen, sind gleichermaßen Kandidaten für das Abenteuer des spirituellen Weges. Das Geschlecht ist nur das Gewand, das die Seele für ihre Rolle dieses

Lebens auf der Erde trägt. Es berührt nicht das Leben des göttlichen Geistes, der ewig und auf einer Ebene jenseits der Sinne ist. Sowohl Männer als auch Frauen müssen ihr inneres Bewusstsein läutern, damit das Göttliche sich in all seiner Herrlichkeit darin offenbaren kann.

Das Eheleben und der Umstand, ein Haushälter zu sein, wird euch den Weg zur Selbsterkenntnis nicht versperren. Betrachtet Ehepartner und Kinder als heilige Leihgabe und dient ihnen in diesem Geiste. Bereitet euch darauf vor, ab dem fünfzigsten Lebensjahr enthaltsam und in geistiger Disziplin zu leben.

Das Alter zwischen sechzehn und dreißig Jahren, in dem der Mensch am meisten leistet und am härtesten darum kämpft, etwas zu erreichen, ist das entscheidendste. Wenn diese Jahre vertan werden, sind sie unwiderruflich verloren. Meidet krumme Wege, folgt während dieser Zeitspanne eures Lebens den Spuren Gottes und der Gottesfürchtigen.

Wer kann euch etwas anhaben, wenn ihr Gott auf den Thron eures Herzens gesetzt habt? „Meine Zuneigung, meine Liebe zu jedem Einzelnen von euch ist die von tausend Müttern!“ Wenn ihr entdeckt, dass ihr Gott seid, kann es weder Opfergabe noch Hingabe an das Selbst geben. Weisheit löscht alles aus; Gott allein bleibt.

Die Meditation über den Urklang OM

1. Die beste spirituelle Unterweisung (upadesha) ist das *Pranava,* die heilige Silbe *OM,* in der viele theologische, philosophische und mystische Prinzipien zusammengefasst sind. Kleinen Kindern, die gerade laufen lernen, gibt man ein dreirädriges Laufgerät, an dessen Lenkstange sie sich festhalten und es dabei vorwärtsschieben. *OM* ist ein solches Hilfsgerät für das spirituelle Kind. Die Räder sind A, U und M, die drei Laute, aus denen es besteht. *OM* ist der Urlaut, der dem Atem innewohnt. Jedes Mal wenn wir atmen, sagen wir *So'ham;* ‚So' beim Einatmen, ‚ham' beim Ausatmen. Das bedeutet ‚Er-ich' und festigt die Überzeugung in uns, dass ‚Er', der diese ganze äußere Welt ist, auch ‚ich', die ganze innere Welt ist, die Überzeugung, dass alles eins ist. Während des Tiefschlafs, wenn Sinne, Gehirn und alle mentalen Funktionen ruhen, werden ‚Er' und ‚ich' nicht als getrennt wahrgenommen. ‚So' und ‚ham' verklingen, und der Laut *So'ham* verwandelt sich in *OM,* was darauf hinweist, dass das Äußere und das Innere sich in der einen Wahrheit vereinen. *OM* hat auch noch andere Bedeutungen, und die *OM*-Meditation ist eine wertvolle spirituelle Disziplin für alle, die nach der unvergänglichen Wirklichkeit suchen. Es ist vergleichbar mit den Strahlen

der Sonne, deren sieben Farben sich zu einem weißen, gleißenden Licht vereinen.

2. Gottsuchende haben mehr Nutzen, wenn sie das *Mantra* beziehungsweise den Namen der von ihnen gewählten göttlichen Gestalt zusammen mit dem am Anfang stehenden *OM* wiederholen. Später, wenn sie dieses eine längere Zeit geübt haben, können sie die Worte aufgeben, sich auf die Gestalt konzentrieren, die durch das *Mantra* wiedergegeben wird, und den Klang des *Mantras* in die Gottheit selbst verwandeln. Darauf bezieht sich der Satz: „*Brahman* ist Stille, Abwesenheit von Laut."

3. Denen, die nach dem innewohnenden Gott suchen, wird die dauernde Wiederholung des *OM* und die intensive Kontemplation seiner Bedeutung empfohlen. *Shānti* bedeutet ‚Friede' und um Frieden wird dreimal gebeten, um die drei Quellen des Leids zum Versiegen zu bringen, die ihre Wirkung über den individuellen Organismus, die Gottheiten und die kosmische Intelligenz ausüben.

4. Der Urklang *(pranava)* ist der Bogen, das Selbst des Menschen *(ātman)* der Pfeil und das universelle Absolute *(parabrahman)* das Ziel. So wie der Bogenschütze muss auch der Gottsuchende von allen Dingen, die den Geist erregen, unberührt bleiben. Er muss seine ganze Aufmerksamkeit auf das Ziel richten, dann erfüllt ihn das Ziel, und er wird selbst zu dem, worüber er meditiert. In den *Upanischaden* und anderen heiligen Schriften wird der Urlaut *OM* auf verschiedene Weise erklärt und gepriesen. Darum darf dieses *Mantra,* das den Menschen befreit, von jedem

rezitiert werden, und alle dürfen darüber meditieren. Daran besteht überhaupt kein Zweifel.

5. Was auch immer einem Menschen in seinem Leben begegnet oder nicht begegnet – dem Tod wird er mit Sicherheit begegnen. Jeder muss sich durch Übung darauf vorbereiten, zu diesem Zeitpunkt die innere Haltung zu besitzen und die Gedanken zu hegen, die ihm dann zugute kommen. Andernfalls war sein Leben ein Fehlschlag, eine Vergeudung. Ein Mensch, der auf diese letztliche Vollendung nicht vorbereitet ist, muss das Los ertragen, das ihn dann ereilen wird. Niemand betritt ein Schlachtfeld, um eine Niederlage zu erleiden. So wird auch niemand freiwillig eine Niederlage auf sich nehmen, sondern immer versuchen Erfolg zu haben. Wäre es dann nicht weise, ein Ziel anzustreben, das in eurem eigenen Interesse liegt? Deshalb muss ein jeder ernsthafte Schritte unternehmen, um sicherzustellen, dass seine Gedanken im letzten Augenblick seines Lebens auf das *OM* gerichtet sind. „Wer mit diesem Gedanken stirbt, wird eins mit mir", sagt *Krishna*.

Wiederholt das *OM* in eurem letzten Augenblick, denn es heißt, dass der beständige Gedanke an Gott die Macht hat, den Herrn dazu zu bewegen, die Bürde eures Wohlergehens zu tragen und hier wie auch im Jenseits für euer Glück zu sorgen. Natürlich muss auch das lange geübt werden. Aber durch regelmäßige und entschlossene spirituelle Disziplin *(sādhana)* wird alles möglich.

6. Im menschlichen Körper gibt es sechs Nervenzentren; jedes hat die Form einer Lotosblüte. Jedem Blatt der sechs Lotosblüten sind bestimmte Buchstaben oder Laute zugeordnet. Wie von den Blättchen eines Harmoniums, so geht auch

von jedem der Blütenblätter ein bestimmter Ton aus, wenn es bewegt wird. Wer über diese Feststellung nachdenkt, wird die Frage stellen: „Wer oder was bewegt die Blütenblätter?“ Die Kraft, die sie bewegt, ist die Urschwingung, der unterschiedslos allem innewohnende, ununterscheidbare Ton, der sich mühelos und unabhängig vom bewussten Willen erhebt. Das ist das *OM,* der Urklang. Wie Perlen einer Kette sind alle Buchstaben und die Laute, die sie repräsentieren, auf dem Urklang, dem *Pranava,* aufgefädelt. Das ist die Bedeutung der Feststellung, dass Gott das *Pranava* der *Veden* ist. *Krishna* lehrt, dass ihr euren Geist mit dem *Pranava* verschmelzen lassen sollt, das die Grundlage des ganzen Universums ist.

Der menschliche Verstand (mind) hat die Tendenz, sich mit dem zu vereinen, mit dem er in Berührung kommt; es verlangt ihn danach, und darum ist er immer unruhig und rastlos. Aber durch ständige Übung kann er auf das *OM* ausgerichtet werden und lernen, sich mit ihm zu vereinen. Er wird ganz natürlich von Klängen angezogen. Aus diesem Grund wird er mit einer Schlange verglichen. Die Schlange hat zwei hässliche Eigenschaften: Die eine ist ihre gekrümmte, buckelige Fortbewegungsart, die andere ist ihre Neigung, alles zu beißen, was ihren Weg kreuzt. Das sind auch die Merkmale des Menschen. Er trachtet danach, alles, was ihm vor Augen kommt, festzuhalten und zu besitzen; und auch er versucht, auf krumme Art vorwärtszukommen.

Die Schlange hat jedoch einen lobenswerten Charakterzug: Wie giftig und tödlich sie von Natur aus auch ist, sobald sie die Flöte des Schlangenbeschwörers hört, entfaltet sie selbstvergessen ihre Haube und schwingt im Einklang mit der lieblichen Melodie. In ähnlicher Weise kann auch der Mensch mit ein wenig Übung in die Glückseligkeit des *OM* eintauchen. Diese kontinuierliche innerliche Hinwendung zu dem Urklang (shabdupāsana) ist eines der wichtigsten Hilfsmittel zur Erkenntnis des Göttlich-Absoluten *(paramātman),* welches das *Pranava* der *Veden* ist. *Paramātman* ist nichts anderes als die Energie der Urschwingung *(shabda).* Aus diesem Grund sagt Gott, er sei die Lebenskraft (paurusha) des Menschen. Paurusha ist die Vitalität, die männliche Energie *(prāna)* des Menschen. Ohne sie gäbe es kein Heldentum. Wie stark die Kräfte, die aufgrund vergangener Existenzen an einem Menschen zerren, auch sein mögen, sie müssen dennoch der Kraft der Abenteuerlust und des mutigen Strebens weichen, die von Paurusha ausgehen. Der törichte Mensch, der sich dieses Potenzials nicht bewusst ist, wird dazu verleitet, sein Schicksal zu verfluchen, weil er befürchtet, vor den Auswirkungen des *Karmas* aus vergangenen Leben (prārabdha) gäbe es kein Entkommen.

Jedermann muss diese göttliche Vitalität, Paurusha, nutzen, denn ohne sie ist kein Leben möglich. Leben ist Kämpfen, Streben, Schaffen. Gott hat den Menschen erschaffen, damit er die göttliche Gabe des mutigen Strebens, Paurusha, anwendet und den Sieg davonträgt. Es ist nicht Gottes Absicht, aus dem Menschen einen bloßen Konsumenten von Nahrung, eine Bürde für die Erde und ein den Sinnen versklavtes Tier zu machen. Er hat nicht im Sinn, eine Horde von Müßiggängern und Faulenzern zu erschaffen, die vor harter Arbeit zurückschrecken und so fett werden, dass sie monströse Formen annehmen. Er erschafft den Menschen nicht mit der Idee, dass er während seines Lebens seinen Schöpfer vergessen, sein wirkliches Selbst *(ātman)* verneinen und sich wie ein Tier benehmen soll; dass er seine Intelligenz und sein Unterscheidungsvermögen vergeudet und vor sich hin lebt, ohne dem Geber aller Gaben, die er für sich nutzt und derer er sich erfreut, auch nur die geringste Dankbarkeit zu erweisen!

7. Das Rezitieren spiritueller Formeln *(mantra)* und des Gottesnamens ist für alle wichtig. Was bedeutet *Mantra?* ‚Ma' kommt von *Manana* – ‚Kontemplation' – und *‚tra'* von ‚retten'. *Mantra* bedeutet also ‚Das, was dich retten kann, wenn du darüber meditierst'. Das Wiederholen eines solchen *Mantras* wird euch davor bewahren, in die Schlingen des weltlichen Lebens verwickelt zu werden, was Heimsuchungen durch Tod, Leid und Schmerz mit sich bringt. Von allen *Mantras* ist das *OM* das höchste und wirksamste. Es ist das Oberhaupt und die Krone aller *Mantras*.

8. Geht tapfer voran. Versucht, jeden Augenblick auf die eine oder andere Weise mit dem Gedanken an Gott zu füllen. Wiederholt *So'ham* mit jedem Atemzug: ‚So', wenn ihr einatmet, und ‚ham', wenn ihr ausatmet. Wenn ihr einen Atemzug mit Ein- und Ausatmen vollendet habt, fühlt, dass ‚So' – Gott – und ‚ham' – ich – eins sind. Später wird nach langer Übung der Gedanke, ‚Er' und ‚ich' seien zwei voneinander getrennte Wesen, verschwinden. Die Laute ‚So' und ‚ham' verschmelzen zu ‚O' und ‚M'. Es wird also *OM* daraus. Wiederholt diesen Ton mit jedem Atemzug; das wird eure Bindung an den Kreislauf von Geburt und Tod lösen, denn das ist die Form der Gottesverehrung (pranavopāsanā), wie sie in den *Veden* empfohlen wird. Die *So'ham*-Übung ist ein gutes Mittel, um die Gedanken daran zu hindern, immer mit euch davonzulaufen. Lasst sie stets in Gott verankert sein, dann werden sie nicht, je nach Laune, in alle Richtungen davonflattern. Das ist es, wozu *Krishna* euch ermahnt: „Gib alle Bestrebungen auf und nimm deine Zuflucht bei mir allein." *(Gita,* Kapitel achtzehn, Vers sechsundsechzig) Widmet euer Denken und Fühlen (mind) ganz Seinem Dienst. Dann wird Er euch davor bewahren, dass ihr fallt.

9. *Bhārat* (Indien) ist das Land, in dem jedermann ‚Rati' (Bindung) an ‚Bha' oder *Bhagavan* (Gott) hat. Heutzutage verlieren die Menschen allerdings den Gefallen daran und auch die innere Verbindung. Ihr sagt vielleicht: „Wir haben zu viel zu tun und keine Zeit." Nun, ich glaube nicht, dass das wahr ist. Ich weiß, dass ihr trotz eines arbeitsreichen Tages Zeit habt, ins Kino zu gehen, zu schwätzen, Uneinigkeit zu stiften und an Streitereien teilzunehmen. Darüber hinaus habt ihr Zeit für viele andere Ablenkungen, die eure Sorgen noch vermehren. Es ist das Beste, wenn ihr euch von Leuten fernhaltet, die euch zu solch müßigem Zeitvertreib verleiten, der euch schwächt und beunruhigt. Verbringt jeden Morgen und jeden Abend ein paar Minuten in der Stille eures Andachtsraumes oder eurer Wohnung; verbringt diese Minuten mit der größten aller Mächte, die es gibt. Seid in Gottes erhebender und inspirierender Gesellschaft, betet ihn in Gedanken an und widmet ihm alle Arbeit, die ihr tut. Ihr werdet aus dieser Stille edler und mutiger hervorkommen als ihr hineingegangen seid.

Überlegt nur einmal: Kommt ihr friedlicher, mutiger, reiner und edler aus dem Kinosaal heraus? Nein! Eure Leidenschaften werden erregt, eure tierischen Impulse angestachelt, eure niedere Natur verstärkt. Nichts kann euch so reichen Lohn bringen wie Stille, Gebet und die Gemeinschaft mit Gott. Nicht einmal ein dickes Bankkonto, eine Reihe von Titeln oder die Muskeln eines Preisboxers.

10. Es gibt viele, die behaupten, dass nur einige Wenige berechtigt seien, das *OM* zu rezitieren. Das stimmt nicht. Diese falsche Behauptung kommt von denen, welche die Wahrheit nicht kennen. Sie entspringt einer irrigen Auffassung.

Die *Gita* erwähnt keine bestimmte Gruppe. *Krishna* sagte: „Jeder“, ohne nähere Bezeichnungen, aus denen zu schließen wäre, dass dieses Recht einer bestimmten Klasse oder nur einem Geschlecht vorbehalten sei. Er hat nicht einmal davon gesprochen, wer es verdiene oder nicht verdiene, wer dazu berechtigt oder nicht berechtigt sei. Er hat nur gesagt, dass es nicht genüge, lediglich über das *OM* nachzudenken, sondern dass vor der Meditation auf das *Pranava* gewisse Vorübungen geleistet werden müssten, zum Beispiel die Beherrschung der Sinne, Konzentration der Gedanken und so weiter.

Wie könnte das Hervorbringen des Lautes *OM* durch die Sprechwerkzeuge einen Nutzen haben, wenn die Gedanken dabei von einem Gegenstand zum anderen flattern? Der Laut an sich wird nicht zur Befreiung führen. Die Sinne müssen gezügelt und das Denken auf einen Punkt ausgerichtet werden, Gottes Herrlichkeit muss erfasst werden. Aus diesem Grund weist der Herr darauf hin, dass man von der Geburt bis zum Tod auf der Suche nach der Wahrheit sein muss. Wenn ihr stattdessen erst kurz vor eurem Tod mit spirituellen Übungen *(sādhana)* beginnt, kann es euch wie dem Studenten ergehen, der seine Bücher zum ersten Mal aufschlug, als er im Begriff war, den Prüfungssaal zu betreten! Wenn ein Student weiß, dass er ein ganzes Jahr bis zum Examen Zeit hat, aber weder die Vorlesungen besucht, noch über seinen Büchern sitzt und arbeitet, wie kann er am Morgen vor der Prüfung noch irgendetwas in seinen Kopf hineinbringen? Das würde ihn nur noch mehr verzweifeln lassen. Man kann ihn nur als einen Meister der Dummköpfe bezeichnen.

Kein Baum, den ihr gerade in eurem Garten als Sämling gepflanzt habt, wird sofort Früchte tragen. Ihr müsst die vorbereitenden Aufgaben sorgfältig und ohne Unterlass erfüllen. Niemand kann ohne Wachsamkeit und Ausdauer eine Frucht ernten.

Spirituell Suchende müssen sich dessen stets bewusst sein. Anstatt sich die Frage zu stellen: „Wie und als was werde ich geboren?", sollten sie sich der Frage zuwenden: „Wie werde ich sterben?" Denn die Geburt hängt davon ab, wie der Tod stattgefunden hat. Erst kommt der Tod und dann die Geburt. Die Leute glauben, dass Menschen geboren würden, um zu sterben, und stürben, damit sie geboren werden können. Diese Auffassung ist falsch. Ihr seid auf diese Welt gekommen, damit ihr nicht wiedergeboren werden müsst. Das heißt: Der Mensch muss so sterben, dass er nicht wiedergeboren zu werden braucht, um dann wieder zu sterben. Wenn ihr einmal geboren seid, ist der Tod unvermeidlich. Vermeidet die Wiedergeburt, dann entgeht ihr dem Tod.

11. In jedem Augenblick und durch jedes geringste Ereignis werden Töne erzeugt. Ihr seid vielleicht nicht in der Lage, sie zu hören, weil die Frequenzen eures Hörvermögens begrenzt sind. Das Schließen des Augenlides verursacht ein Geräusch ebenso wie der Tautropfen, der auf das Blütenblatt fällt. Die geringste Bewegung, welche die Stille stört, muss zwangsläufig einen Laut hervorbringen. Die erste Störung der Stille durch das aus sich selbst hervorgegangene Prinzip der Täuschung *(māyā)*, welches das Absolute *(brahman)* verhüllt, erzeugte die Urschwingung *(pranavashabda)*, und diese ist das *OM*. Das *Gāyatrī-Mantra* ist die ausführliche Ausarbeitung des Urlautes *(pranava)*, und es wird heute so hoch in Ehren gehalten und für so kostbar erachtet, dass seine Kontemplation die Einführung ins spirituelle Leben bewirkt.

Der Klang einer spirituellen Formel *(mantra)* ist ebenso wertvoll wie ihr Bedeutungsinhalt. Selbst eine giftige Kobra wird durch

Musik besänftigt. Klang (nāda) hat diese beruhigende Wirkung. Das Kind in der Wiege hört auf zu weinen, wenn man ihm ein Wiegenlied vorsingt, gleichgültig, ob die Worte etwas besagen. Es mag ein sinnloser Reim oder nur der Ton eines Glöckchens sein; er beruhigt, besänftigt die Nerven und schläfert ein. Beim *Gāyatrī-Mantra* ist es ähnlich. Sein Sinn ist einfach und tief zugleich. Es ist keine Bitte um Erbarmen oder Verzeihung, sondern um höhere Intelligenz, damit die Wahrheit sich darin klar und ohne Verzerrung spiegeln kann.

Der Schüler auf dem spirituellen Weg *(brahmacārin)* hat sich verpflichtet, ein Leben spiritueller Praxis *(sādhana)* zu führen. Was erfordert ein solches Leben? Erstens: Glauben, der dem Spott der Unwissenden, der Bekrittelung der weltlich Gesinnten und dem Gelächter der geistig niedrig Stehenden standhalten kann. Wenn sich jemand über euch lustig macht, fragt euch im Stillen: „Verspottet er eigentlich meinen Körper? Nun, das entspricht ja ganz dem, was ich selbst beabsichtige, denn ich will mich sowieso von allen Bindungen, die das Körperliche betreffen, frei machen. Oder macht er meinen innewohnenden Gott *(ātman)* lächerlich? Das ist ganz unmöglich, denn dieser befindet sich außerhalb der Reichweite von Worten und Gedanken und bleibt von Lob und Tadel unberührt.“ Sagt euch: „Das Wesen des Selbst *(ātman)* ist unveränderlich, es ist unberührt und rein“, und macht weiter.

Zweitens: Macht euch keine Sorgen über die Höhen und Tiefen, Gewinn und Verlust oder die Kümmernisse des Lebens. Ihr selbst seid die Verursacher dieser Höhen und Tiefen. Wenn ihr nur wollt, kann alles eine ebene Bahn sein. Ihr selbst nennt das Eine Gewinn, das Andere Verlust. Ihr verlangt nach etwas, und wenn ihr es bekommt, nennt ihr es Freude, und wenn nicht, nennt ihr es Kummer. Schaltet das Verlangen aus, dann wird es kein Hin- und

Herpendeln zwischen Freud und Leid mehr geben.

Drittens: Denkt gründlich nach und überzeugt euch von der Wahrheit: „Alles ist Gott (sarvam brahmamayam)."

Der Weg der Meditation und des Wissens

1. Der *Vedanta* zeigt vier verschiedene Wege auf, die zur Befreiung führen. Diese werden Sālokya, Sāmīpya, Sārūpya und Sāyujya genannt. In den alten Texten wird gelehrt, dass Sālokya in etwa dem grobstofflichen Körper entspricht. Sāmīpya entspricht dem feinstofflichen und Sārūpya dem kausalen Körper. Nur indem ihr euch darin übt, von der Welt frei zu werden und Weisheit zu erlangen, könnt ihr zu einem richtigen Verständnis der verschiedenen Aspekte der körperlichen Existenz gelangen und jenen heiligen Zustand des Sayujya, des Überkausalen, erreichen, in dem das wirkliche Selbst *(ātman)* als der unbeteiligte Beobachter (sākshin) leuchtet. Ohne ein äußeres Gefäß, ohne jegliche Verdeckung leuchtet dann das Wesen Gottes *(brahmatattva)* in seinem ganzen Glanz. Diese vier Pfade müssen befolgt werden, um der körperlichen Existenz des Einzelnen *(jīvatattva)* zur Identifikation mit der körperlosen Erscheinungsform des Göttlichen *(brahmatattva)* zu verhelfen. Für das Erkennen der formlosen göttlichen Wirklichkeit *(brahmatattva)* muss man sich eine Gestalt erwählen, die als Sprungbrett zum Erreichen des Formlosen dient. Wenn ihr die Gestalt mit Weisheit betrachtet, verschmelzen Weisheit und Gestalt nach und nach miteinander. Um von der

Dunkelheit zum Licht und von der Sterblichkeit zur Unsterblichkeit zu gelangen, braucht man Unterstützung und Führung. Eine bestimmte grobstoffliche Gestalt als vorläufiger Gegenstand der Meditation ist eine Hilfe, um durch die feinstoffliche und die kausale Ebene hindurchzugehen. Dann ist es möglich, das eigentliche Ziel der Meditation zu erreichen.

2. Der Weg zur Vereinigung mit Gott durch Meditation *(dhyānayoga)* und der durch Weisheit *(jnānayoga)* sind innere Disziplinen; beide haben spirituelle Praxis *(sādhana)* und Liebe zu Gott *(bhakti)* als Grundlage. Ohne diese beiden ist das Ziel beider Wege unerreichbar, die Unternehmung an sich ist schon ein nutzloses Unterfangen. Ein spirituell Suchender, der beides nicht besitzt, ist wie eine leblose, hölzerne Puppe, die das Ziel nicht kennt. Die allererste Voraussetzung ist die aus der Tiefe des Herzens quellende Liebe zu Gott. Und wie kommt ihr zu solcher Liebe? Indem ihr die Herrlichkeit, den Glanz, das Wesen (svabhāva) und die Eigenschaften der Verkörperung *(svarūpa)* Gottes kennenlernt.

3. Wenn ihr mit dem Meditieren beginnt und im Zustand der Meditation bleiben wollt, müsst ihr versuchen, die richtige Haltung einzunehmen, die ‚Lotossitz' *(padmāsana)* genannt wird. Außerdem solltet ihr nicht auf der blanken Erde sitzen. Nehmt eine Matte oder ein Holzbrett oder etwas Ähnliches. Auch auf dem blanken Holz dürft ihr nicht direkt sitzen, sondern müsst eine Decke darüber breiten. Zu Anfang solltet ihr es mit einem Holzbrett versuchen. Der Grund dafür ist, dass die Erde Strahlungskräfte und Leitfähigkeit besitzt. Wenn ihr meditiert, fließt der Strom göttlicher Kraft durch euch, und ihr solltet dabei

nicht durch die Anziehungskraft der Erde gestört werden. Deshalb müsst ihr auf einem Holzbrett sitzen.

4. In der Meditation befindet ihr euch jenseits des Einflusses der Sinnesorgane, während die Konzentration den Sinnesorganen dient. Dafür gibt es ein kleines Beispiel: Ein Rosenstock hat Blätter, Dornen, Zweige und Blüten. In unserem Beispiel kann die Fähigkeit, diese einzelnen Bestandteile voneinander zu unterscheiden, als Konzentration bezeichnet werden. Nachdem ihr alle diese Dinge gesehen habt, könnt ihr die Blüte ausfindig machen. Habt ihr sie entdeckt und euch auf sie konzentriert, könnt ihr sie pflücken, ohne die Dornen zu berühren. Wenn ihr die Blüte in eurer Hand haltet, besteht keine Verbindung mehr zwischen ihr und den Blättern, Dornen und Zweigen des Stocks. Die Trennung der Blüte von den anderen Teilen des Stocks ist Kontemplation. Ihr nehmt die Blüte und bringt sie Gott als Opfer dar. Wenn ihr das getan habt, hören der Rosenstock, die Zweige, eure Hand, ja selbst die Blüte auf zu existieren. Dieses hingebungsvolle Darbringen, durch das alles andere verschwindet und nur Gott allein bleibt, wird Meditation genannt.

5. Durch Meditation *(dhyāna)* werdet ihr euch des universellen Seins und der Allgegenwart Gottes bewusst. Wisst ihr nicht aus eurer eigenen täglichen Erfahrung, dass ein größeres Übel euch ein kleineres vergessen lässt? Wenn ihr euer Denken ganz auf Gott ausrichtet, nach ihm verlangt und euch nach ihm sehnt, dann verblassen alle geringeren Wünsche und Enttäuschungen, ja sogar Erfolge, und sinken in die Belanglosigkeit ab. Ihr vergesst sie völlig. Sie gehen in der Flut des Verlangens nach Gott und bald darauf im Meer der göttlichen Glückseligkeit unter.

6. Der Mensch vergeudet sein Leben mit Nichtigkeiten. Er erfüllt die Aufgabe, die ihm zugeteilten Lebensjahre abzuleisten, aber wie wertlos ist das, was dabei herauskommt! Jeder schreibt die vier Verszeilen, aber ergeben diese überhaupt einen Sinn? Verdienen sie Aufmerksamkeit oder gar Anerkennung? Keineswegs. Die Menschen geben dem kleinsten Verlangen nach, erfüllen sich jeden spontanen Wunsch, folgen jedem Gedankengang und sind damit zufrieden, „gelebt" zu haben. Diese Selbstgefälligkeit ist vollkommen fehl am Platz. Wenn das Konto abgeschlossen wird und Soll und Haben berechnet werden, stellt sich heraus, ob ein Gewinn erzielt wurde. Ihr seid wohl weit herumgekommen, habt aber euer Zuhause vernachlässigt. Ihr späht in die Sterne im Weltraum, aber der Himmel in euch bleibt unerforscht. Ihr spioniert das Leben anderer Leute aus, pickt ihre Fehler heraus und redet schlecht über sie; aber ihr macht euch nicht die Mühe, eure eigenen Gedanken, Taten und Gefühle kritisch zu betrachten und zu beurteilen, ob sie gut oder schlecht sind. Die Fehler, die ihr in anderen seht, sind nur eine Projektion eurer eigenen Fehler; das Gute, das ihr in anderen seht, ist nur eine Reflexion des Guten in euch. Nur durch Meditation könnt ihr lernen, das Gute zu sehen und eine Vorliebe für gutes Hören, gute Gedanken und gute Taten zu entwickeln.

7. Verbraucht nicht all eure Energie für die Befriedigung der Wünsche des Körpers, der mit jeder Minute älter wird und mit Riesenschritten dem Grab zueilt. Das Leben ist ein dreitägiger Jahrmarkt. Es gleicht der Blume, die am Abend verblüht. Das Alter, in dem die physische Attraktivität verloren geht und man in allen Dingen von anderen abhängig ist, wird jeden bald ereilt haben. Dann sollt ihr euch auf den Tod vorbereiten. Ihr müsst

das Rüstzeug haben, um ihm ruhig und fröhlich zu begegnen und den Willen Gottes in ruhiger Gelassenheit anzunehmen. Dieses Rüstzeug könnt ihr nicht erst dann, wenn ihr es braucht, im Handumdrehen erwerben. Es ist das Ergebnis langjähriger Übung. Seht die Hand Gottes in allem, was geschieht, dann werden euch weder Triumph noch Kummer aus dem Gleichgewicht bringen. So wird euer ganzes Leben zu einer ununterbrochenen Andacht und Meditation.

8. Im Lehrbuch des *Yoga,* Yogashāstra, heißt es, dass das Üben bestimmter Körperstellungen notwendig sei, um die immer weitere Kreise ziehende geistige Unrast zur Ruhe zu bringen und den Geist zu läutern. Es hilft auch, den Glauben zu festigen, das Wissen *(jnāna)* zu vertiefen und die im Menschen schlummernde Kraft kosmischer Energie *(kundalinīshakti)* zu wecken.

9. Es gibt viele Arten von Atemübungen *(prānāyāma)*. Die meisten können jedoch in der heutigen Zeit nicht praktiziert werden; nur diejenigen, welche die Meditation erleichtern, sollten übernommen werden. Dabei handelt es sich um eine vereinfachte Methode, den Atem zu lenken (laghuprānāyāma).

Wie Metalle im Schmelztiegel geläutert werden, so werden durch Atemübungen die Schlacken des *Karmas* entfernt und der Geist von seinen Unreinheiten befreit. Sie bewirken auch die Reinigung des Körpers (kāyashuddhi). Sowohl Körper als auch Geist werden geläutert. Es gibt zwei Arten von Atemübungen *(prānāyāma)* – mit oder ohne *Mantra*. Ohne *Mantra* können sie bestenfalls den Körper transformieren, aber mit einem *Mantra* transformieren sie auch das Denken.

Wie sollen sie durchgeführt werden? Zwei Sekunden einatmen (pūraka), vier Sekunden ausatmen (recaka) und acht Sekunden den Atem anhalten (kumbhaka). Auf diese Weise sollten die Atemübungen drei Monate lang sorgfältig ausgeführt werden. Später kann die jeweilige Dauer von Einatmen, Ausatmen und Atem anhalten verdoppelt werden. Wenn diese Übung sechs Monate lang stetig durchgeführt worden ist, nimmt die Aktivität der Sinne ab. Wenn *Prānāyāma* mit einem festen Glauben und Feingefühl verbunden ist, zähmt es die Rastlosigkeit des Geistes. Andernfalls ist es nur eine körperliche Übung zur Verbesserung der Gesundheit. Die anderen Bedingungen, die strikt eingehalten werden müssen, sind: reine Nahrung, Enthaltsamkeit, Zurückgezogenheit und Zurückhaltung im Sprechen.

10. Die fruchtbarste aller spirituellen Übungen ist der Erwerb des höchsten Wissens *(jnānayoga)*. Alle heiligen Schriften *(shāstra)* haben letztlich das einzige Ziel, das höchste Wissen zu vermitteln. Meditation ist nichts anderes als die Kontemplation der Verkörperung des höchsten Wissens (jnānasvarūpa), die ihr in Wirklichkeit seid. Ihr seid in allen, alle sind in euch. Durch Analysieren, Differenzieren und intellektuelles Untersuchen müsst ihr diese Überzeugung in eurem Bewusstsein fest verankern. Dann müsst ihr die Einflüsse der Sinne, des Denkens, des Verstandes und so weiter isolieren und aus eurem Bewusstsein verbannen. Diese haben nichts mit eurem wirklichen Selbst *(ātman)* zu tun. Eure göttliche Seele *(ātman)* ist unberührt von jeglichem Subjekt oder Objekt. Auch wenn die Sinne, das Denken, der Verstand und so weiter inaktiv sind, wird diese Inaktivität keinen Einfluss auf den *Atman* haben. Den *Atman* als diese unberührte, ungebundene Wesenheit zu erkennen, ist das Geheimnis des höheren Wissens *(jnāna)*.

Jede einzelne eurer Handlungen muss vor dem Hintergrund dieses Wissens geschehen. Diese bewusste Einbeziehung des *Atman* wird euch sowohl bei eurem nach außen gehenden Handeln als auch bei eurer Hinwendung nach innen leiten; sie wird euer Tun nicht hemmen, sondern es mit Sinn und Zweck erfüllen; sie wird euren Glauben und eure Sittlichkeit stärken; sie wird den Menschen in das Reich der Befreiung lotsen, indem sie ihn auf den Weg des *Nishkāmakarmas* führt – des Verzichts auf das Ergebnis des Handelns, nicht auf das Handeln selbst.

Das höchste Wissen *(jnāna)* führt direkt zur Erlösung. Es wird deshalb als unvergleichlich heilig angesehen.

11. Meditation *(dhyāna)* ist eine spirituelle Übung, die auf Gott ausgerichtet ist und bei der die Bestandteile – das Objekt der Meditation, der Vorgang des Meditierens und der Meditierende selbst – eins werden. Das Zusammenfließen und Einswerden dieser drei ist Meditation.

12. Gebt das Verlangen nach dem Vergnügen auf, das der Befriedigung der Sinne entspringt und das, ebenso wie die Erleichterung, die ihr beim Kratzen eines juckenden Hautausschlages empfindet, das Übel nur verschlimmert. Ihr könnt es nicht heilen, indem ihr der Versuchung, euch zu kratzen, nachgebt. Je mehr ihr kratzt, desto stärker wird das Bedürfnis weiterzumachen, bis die Stelle schließlich zu bluten beginnt. Gebt deshalb dieses vergebliche Unterfangen auf und beschäftigt euch nur mit spirituellen Dingen, oder seid euch zumindest stets bewusst, dass die Welt ein Sumpf, ein Fangnetz, eine Falle ist, in die ihr durch Verlangen und Abhängigkeit hineingelockt werdet.

13. Ärger und Hass können dazu benutzt werden, die Übel, die den Gottsuchenden belästigen, fernzuhalten: Seid ärgerlich auf alles, was euch Fesseln anlegt; verabscheut die Gewohnheiten, die euch zum Tier werden lassen. Werdet wissend und seht Gott in allen Dingen und jedem Geschehen. Das gibt diesem menschlichen Leben einen Wert. Sucht nicht nach den Fehlern, die andere machen, denn die anderen sind nichts anderes als Manifestationen Gottes, den ihr zu erkennen sucht. Die Fehler, die ihr in anderen seht, sind eure eigenen.

14. Das Ego wird wie der Schwanz einer Kaulquappe abfallen, wenn man weiser wird. Er muss aber von selbst abfallen. Wenn man ihn abschneidet, stirbt die arme Kaulquappe. Macht euch deshalb keine Sorgen wegen des Ego, sondern strebt nach Weisheit, schärft euer Unterscheidungsvermögen und erkennt die Vergänglichkeit aller Dinge – dann verschwindet der Schwanz von selbst.

15. Der Mensch kann sich durch die Gemeinschaft mit Gleichgesinnten *(satsanga)* oder indem er an einem einsamen Ort bleibt und beispielsweise meditiert die Süße des höchsten Wissens *(jnāna)* aneignen. Aber auf welchem Weg er es auch erwirbt: Diese Süße, das höchste Wissen, kann niemals von außen eingeimpft werden, es muss im Innern wachsen. Die Verwandlung des inneren Wesens wird im Kampf mit dem inneren Feind herbeigeführt.

16. Wenn ihr euch damit entschuldigen wollt, dass ihr keine Zeit für Meditation und Gebet hättet, so muss ich sagen, dass es nur Faulheit ist, die euch diese Ausrede eingibt. Wie kann

je eine niedrigere Arbeit die Zeit beanspruchen, die rechtmäßig für die eine Aufgabe vorgesehen ist, für die der Mensch geboren wurde? Erhebt euch jeden Morgen, als ob ihr vom Tod auferstündet. Sagt: „Nun, da ich geboren bin, hilf mir, sanfte Worte zu sprechen, mich gegenüber allen gelassen und tröstend zu verhalten, lass mich Dinge tun, die alle glücklich machen, und lass mich Idealen folgen, die allen Segen bringen. Möge der heutige Tag sich als wertvoll für Deinen Dienst erweisen." Betet so, bevor ihr aufsteht und euren Tag beginnt. Behaltet dieses Versprechen während des ganzen Tages in Erinnerung. Wenn ihr am Abend zu Bett geht, dann setzt euch hin und überprüft rasch die Erfahrungen des Tages. Fragt euch, ob ihr durch eure Worte oder Taten anderen Schmerz oder Ungemach zugefügt habt. Dann betet in etwa so: „Jetzt sterbe ich und falle in deinen Schoß. Vergib mir, falls ich Fehler gemacht habe. Nimm mich liebevoll unter deine Fittiche." Schließlich ist der Schlaf nur ein kurzer Tod und der Tod nur ein langer Schlaf.

Übt euch darin, morgens um drei Uhr aufzuwachen, zu der Stunde, in der *Brahmamuhūrta* beginnt. Am Anfang braucht ihr dafür vielleicht einen Wecker, aber bald wird euch das Verlangen nach der Meditation *(dhyāna)* wecken. Nehmt kein Bad, bevor ihr euch zum Meditieren hinsetzt, denn das würde eure Sinne aufwecken und ihr würdet für zu viele äußere Einflüsse offen sein, um erfolgreich meditieren zu können. Regelmäßigkeit, ehrliches Bemühen und Beharrlichkeit führen euch zum Erfolg.

17. Schüttelt den Aberglauben ab, dass Meditation und Gebet warten könnten, bis das Alter kommt. Der jetzige Augenblick ist für jedermann der richtige – es ist niemals zu früh.

18. Es gibt zwei Wege, das Ziel zu erreichen: Gebet und Meditation. Im Gebet seid ihr Bittsteller zu Füßen Gottes. Die Meditation *(dhyāna)* veranlasst Gott, zu euch herabzukommen, und inspiriert euch, zu ihm aufzusteigen. Anstatt dem einen eine niedrigere und dem anderen eine höhere Stellung zuzuweisen, vereinigt Meditation euch beide auf einer Ebene. Meditation ist die königliche Straße zur Freiheit von Anhaftung, auch wenn ihr durch Beten zum selben Ergebnis kommt. Sie verlangt Konzentration, nachdem die Ansprüche der Sinne unter Kontrolle gebracht worden sind. Seht vor eurem inneren Auge die Gestalt, die ihr zum Gegenstand eurer Kontemplation erwählt habt, oder meditiert über das Licht in Form einer ruhig leuchtenden Flamme. Stellt euch vor, dass sich dieses Licht nach allen Seiten hin ausbreitet, immer größer wird, alles einhüllt und in euch heller wird, bis es nichts anderes mehr gibt als das Licht. In der Glorie dieses alles umhüllenden Lichts werden sich jeglicher Hass und Neid, die Verderben bringenden Kinder der Dunkelheit, in Nichts auflösen. Seid euch bewusst, dass es dieses Licht ist, das in allen brennt. Selbst in demjenigen, den ihr als euren ärgsten Gegner betrachtet, leuchtet im tiefsten Inneren des Herzens dasselbe Licht.

19. Regelmäßigkeit ist bei der Meditation und *Yoga*-Praxis von größter Wichtigkeit. Haltet jeden Tag dieselbe Zeit ein! Wenn ihr aus irgendeinem Grund, zum Beispiel wegen einer Reise, euren Zeitplan nicht einhalten könnt, dann versetzt euch in Gedanken nach *Prasanthi Nilayam,* erinnert euch an eure dortige meditative Erfahrung zu dieser Stunde und erfüllt euer Herz mit dem Bewusstsein der Heiligkeit. Das wird euch die gleiche Freude vermitteln wie das tatsächliche Meditieren in *Prasanthi Nilayam*.

20. Verbringt anfangs jeden Tag ein paar Minuten mit Meditation. Später, wenn ihr das Glück des inneren Friedens verspürt, werdet ihr die Zeit bestimmt ausdehnen. Wählt die Stunden vor Sonnenaufgang. Das ist die beste Zeit, denn der Körper ist dann vom Schlaf erfrischt und die verschiedenen Vorhaben des Tages haben sich noch nicht der Sinne bemächtigt, um eure physische und mentale Energie auf sie zu lenken. Lasst euch vor einem Öllämpchen oder einer Kerze nieder, deren Flamme ruhig und stetig brennt. Die Flamme verliert nichts von ihrem Glanz, wie viele andere Kerzen auch daran angezündet werden. Deshalb ist sie das angemessenste Symbol für das Ewig-Absolute. Sitzt im Lotossitz *(padmāsana)* oder in einer anderen bequemen Haltung und schaut in die Flamme. Dann schließt die Augen und versucht, sie innerlich zwischen den Augenbrauen wahrzunehmen. Von dort lasst sie in die Lotosblüte eures Herzens hinabwandern und euer Inneres erleuchten. Stellt euch vor, dass die Flamme dort in der Mitte der Brust brennt und sich gleichzeitig die Blütenblätter der Lotosknospe eines nach dem anderen öffnen. So wird jeder Gedanke, jedes Gefühl, jede Regung und jeder Impuls in das Licht getaucht, das jede Spur von Dunkelheit daraus entfernt.

Dann hat die Dunkelheit keinen Zufluchtsort mehr, wo sie sich verbergen könnte. Sie muss vor dem Licht fliehen. Stellt euch vor, dass das Licht immer weiter strahlt, größer und heller wird. Es durchdringt alle Glieder, die sich dann nicht mehr im Dunkeln mit unlauteren, suspekten Dingen beschäftigen können. Sie sind zu Werkzeugen des Lichts geworden, das heißt zu Werkzeugen der Liebe, und ihr werdet euch dessen bewusst. Das Licht erreicht die Zunge, und Falschheit, Verleumdung, Bosheit und Prahlerei weichen von ihr. Es erreicht die Augen und Ohren. Jedes dunkle Begehren, das sie verpestet und verseucht, wird von dem strahlenden Licht der Weisheit und Tugend zerstört. Keine kindischen Dummheiten mehr, keine Vergiftung des Gehörs. Lasst das Licht euren Kopf erfüllen, und alle unguten, gehässigen Gedanken werden daraus verschwinden, denn sie sind Bewohner der Dunkelheit. Stellt euch vor, dass das Licht in euch immer heller wird, und es wird geschehen. Lasst es um euch herum scheinen, sodass ihr ganz in den Glanz der Liebe eingehüllt seid. Lasst es in immer weiteren Kreisen von euch ausstrahlen, sodass es eure Lieben, Freunde, Verwandten und Gefährten einschließt, auch Fremde, Gegner, Konkurrenten und Feinde – die Menschheit der ganzen Welt, alle Lebewesen, die gesamte Schöpfung!

Tut dies jeden Tag, ohne Ausnahme, systematisch und mit Andacht und lasst die Übung andauern, solange ihr Freude dabei empfindet. Mit der Zeit erlebt ihr mit Sicherheit, dass ihr keine finsteren und üblen Gedanken mehr hegen könnt, dass ihr keine dunklen und unheilvollen Absichten mehr verfolgt, kein Verlangen nach berauschenden Speisen und Getränken mehr verspürt, keine schmutzigen und erniedrigenden Handlungen mehr ausführt, dass ihr Niedertracht und Unrecht nicht mehr duldet und keine schlechten Pläne mehr schmiedet. Dann seid ihr im Reich des Göttlichen, im Bereich unbeschreiblichen Friedens.

Bleibt in dieser freudigen Erfahrung als Zeugen des Lichts, als Quellen des Lichts für alle, überall. Wenn ihr daran gewöhnt seid, Gott in einer bestimmten Gestalt anzubeten, dann stellt euch jene Gestalt in diesem Licht vor. Denn Licht ist Gott und Gott ist Licht. Wenn das Licht sich mit Licht vereint, wird alles Licht. Es gibt keine Grenze zwischen seinem Licht und eurem. Sie werden eins, sie bringen Erfüllung.

In der Friedlosigkeit *(ashānti),* welche die Welt durcheinander würfelt, müsst ihr den höchsten inneren Frieden *(prashānti)* suchen. In diesem höchsten Frieden könnt ihr die Herrlichkeit des spirituellen Lichts (prakānti) schauen und das alles umhüllende immaterielle, grenzenlose höchste Licht *(paramajyotis)* erfahren, das heller ist als tausend Sonnen. In diesem höchsten Licht wird die Ausstrahlung des universellen Ewig-Absoluten *(paramātman)* erfahren. Wenn der Einzelne mit dem Universellen zusammentrifft, wird er eins mit dem Universellen. Ich und ich werden wir; wir und er werden ebenso nur wir. Meditiert auf diese Weise regelmäßig jeden Tag. Im Übrigen wiederholt den Namen Gottes, den Namen, der euch mit Liebe und andächtiger Hingabe erfüllt. Achtet dabei darauf, dass ihr euch ständig seiner Macht, Gnade und freigiebigen Güte bewusst seid.

21. Was Indra Devi gesagt hat, ist in diesem Land und für uns nichts Neues. Tatsächlich hat sie die einzelnen Elemente des *Yoga,* durch den sie jetzt vielen Menschen im Westen Glück und Frieden bringt, hier gelernt. Ihr Feldzug des Lichts, das die Dunkelheit erhellt, ist nichts anderes als das Ideal des *Sanātanadharmas,* des Ideals „Von der Dunkelheit führe mich zum Licht." Es ist wirklich überraschend, dass jemand den Menschen Konzentration beibringen muss, denn ohne Konzentration kann ein Mensch nichts vollbringen. Ein Fahrzeug zu steuern, auf der Drehscheibe ein Gefäß zu formen, ein Muster zu weben, Unkraut zu jäten – alle diese Aufgaben erfordern ungeteilte Aufmerksamkeit. Um auf der Straße des Lebens, die voller Löcher und Buckel ist, voranzukommen, und sich mit den Mitmenschen, die alle verschiedene Temperamente haben, zu verständigen, bedarf es der Konzentration. Die Sinne müssen gezügelt werden, sodass sie einen nicht ablenken und verwirren; die Gedanken dürfen keine Hirngespinste entwerfen, die Gefühle die angestrebten Ziele

nicht einfärben oder entfärben. Nur dann kann man sich erfolgreich konzentrieren.

Yoga bedeutet, jede Unruhe vom See des inneren Bewusstseins fernzuhalten (cittavrittinirodha). Nichts sollte auf der ruhigen Oberfläche oder in der stillen Tiefe des Bewusstseins eine Woge der Emotion oder Leidenschaft hervorrufen können. Dieser Zustand völliger Ausgeglichenheit ist das Kennzeichen der Weisheit *(jnāna)*. Spirituelle Praxis *(sādhana)* ist die Medizin, und Selbsterforschung *(vicāra)* die Kur zur Heilung des Menschen von Eigensinn und Unrast.

Das Meditieren über das Licht einer Flamme muss so verstanden werden: Fühlt zuerst, dass ihr im Licht seid, dann geht weiter zu der Erkenntnis, dass das Licht in euch ist, und erkennt später, dass ihr selbst das Licht seid, nicht mehr und nicht weniger. Dabei ist es leichter und besser, wenn ihr das Licht, das ihr in euch selbst seht, auf die Welt ausstrahlen lasst, die mehr und mehr davon erleuchtet wird, bis ihr alles in dem göttlichen Glanz seht, der auch in eurem Inneren leuchtet. Wenn ihr spürt, dass ihr ganz und gar Licht seid, werdet ihr schwerelos; alles wird klar und hell. Das ist der Grund, warum das Licht des *Atman* (ātmajyothis) auf der Flagge von *Prasanthi Nilayam* wie die Lotosblüte dargestellt wird, die aus dem Herzen kommt (hridayakamala) und beim ersten Sonnenstrahl aufblüht.

Neben dem Licht gibt es auch andere Dinge, die helfen, die Dunkelheit zu vertreiben. Alles, was das Universelle, Unendliche, Immanente, Transzendente bewusst werden lässt, ist eine Hilfe. Es kann eine bestimmte Form des Absoluten wie zum Beispiel *Krishna* sein, dessen blaue Hautfarbe an die unendliche Weite des Himmels und an die Tiefe des Meeres erinnert. Kontempliert diese Gestalt, seht sie vor eurem geistigen Auge und lasst euch Zeit, eure volle Aufmerksamkeit auf dieses heilige Bild zu richten (anfangs werden eure Gedanken ihrer eigenen Wege gehen, aber lasst den Mut nicht sinken) – seht die Pfauenfeder, den Punkt auf der Stirn, die Brauen und Augen, die Nase mit der Perle, den Mund, die Lippen und Zähne, die Flöte – oh, ihr könnt Stunden damit verbringen, ihn auf die Leinwand eures Herzens zu malen. Das ist eine wirkungsvolle Übung, um Gedanken und Gefühle zu vergeistigen. Jede Minute, die ihr dieser Form von Meditation widmet, bringt euch einen Schritt näher zur Erlösung *(moksha),* näher zu Mokshapurī, der Civitas Dei, der Freiheit von den Fesseln der Welt.

22. Man muss den Gedanken eine schwere Arbeit zuweisen, um sie im Zaum zu halten. Diese Arbeit wird Meditation *(dhyāna)* genannt. Konzentriert euch auf die Oberlippe, auf den Punkt zwischen den Nasenlöchern, direkt vor dem Nasensteg. Atmet durch das linke Nasenloch ein, indem ihr das rechte mit dem Daumen der rechten Hand zuhaltet. Während des Einströmens flüstert der Atem *‚So‘,* was ‚Er‘ bedeutet. Dann atmet durch das rechte Nasenloch aus, indem ihr das linke mit dem Mittelfinger der rechten Hand zuhaltet, und lauscht, wie die ausströmende Luft *‚ham‘* flüstert, was ‚ich‘ bedeutet. Atmet langsam und bedacht ein und aus, seid euch der dadurch zum Ausdruck kommenden Identität Gottes (‚Er‘) mit euch selbst (‚ich‘) voll bewusst, bis dieses Bewusstsein und das Atmen zu einem unwillkürlichen Vorgang zusammenwachsen. Lasst euren Geist darüber wachen, dass ihr das Ein- und Ausströmen des Atems bemerkt, dass ihr mit dem inneren Ohr das *So'ham*, das er flüstert, wahrnehmt und dass ihr euch eurer dadurch bekräftigten Einheit mit dem Göttlichen, dem Urgrund des Universums, bewusst seid. Das ist die Meditation, die euch zum Sieg führen wird.

23. Gott lässt sich nicht durch gelehrte Ausführungen beeindrucken. Er findet nur an tatsächlichem Tun, echtem Bemühen, ehrlicher Anstrengung und unermüdlichem Streben nach der Reinheit des Geistes Gefallen. Dieses Bemühen muss wachsam und aktiv bleiben, bis das Ziel erreicht ist. *Ramana Maharshi* wurde einmal gefragt: „Wie lange muss ich meditieren?" Er antwortete: „Bis das Erleben des Meditierens aus deinem Bewusstsein verschwindet." In dem Bühnenstück ‚Dhruva', das die Jungen aufgeführt haben, saß der Junge, der Dhruva darstellte, gespannt und aufrecht da, um den Eindruck zu erwecken, er sei in Meditation versunken. Aber eine solche schauspielerische Darstellung kann nicht als Richtlinie dienen. In wirklicher Meditation lasst ihr den Gedanken, dass ihr meditiert, sehr bald hinter euch. Tatsächlich muss jeder Augenblick des Lebens ein Augenblick der Meditation sein. Das ist die beste Art zu leben. Wenn ihr euer Zimmer fegt, fühlt, dass euer Herz auch ausgefegt werden muss; wenn ihr Gemüse schneidet, denkt daran, dass Lust und Gier ebenso zerschnitten werden müssen. Wenn ihr einen Teig immer weiter ausrollt, wünscht euch, dass sich gleichzeitig auch eure Liebe immer weiter ausdehnen möge, bis sie selbst Fremde und Feinde einschließt.

Auf diese Weise könnt ihr euer Heim zu einem Haus des Herrn machen und die Routine des Lebens zu einer Route der Erlösung.

24. Wenn ihr über die Kerze und die Flamme meditiert, müsst ihr euch vorstellen, dass das Licht sich zu euren Eltern und Verwandten und später Freunden und sogar Feinden ausbreitet. Ihr braucht dabei nicht an die blutsmäßige Verwandtschaft zu denken, die nebensächlich ist. Überzeugt euch davon, dass euer inneres Licht von euch ausstrahlt, alles einhüllt und

Millionen von Kerzen in aller Welt entzündet. Löst die Härte und Undurchlässigkeit eures Herzens auf, die das innere Licht verdunkelt und erstickt. Das ist die vornehmste und wichtigste Aufgabe eines Gottsuchenden *(sādhaka).* Die Strahlen des göttlichen Lichts (ātmajyothis) werden nur sichtbar, wenn keine Bindung an die körperliche Existenz (dehabhrānti) mehr da ist. Wie kann euer wirkliches Selbst *(ātman)* leuchten, wenn ihr euch mit der materiellen Hülle identifiziert?

25. Wenn ihr zum Beispiel mich zum Gegenstand eurer Meditation gewählt habt, nehmt eine bequeme Haltung ein, die weder anstrengend noch zu salopp ist. Denkt zunächst an eine Begebenheit in den heiligen Geschichten, damit die Sinne, die in die Sorgen des Alltags abschweifen wollen, beruhigt und beherrscht werden. Dann zeichnet, während ihr den Namen wiederholt, mit dem Pinsel eures Herzens, der vom Intellekt geführt wird, langsam ein Bild von *Swami,* vom Haarschopf über das Gesicht, den Hals bis zu den Füßen. Lasst euch Zeit, das Bild zu betrachten, während es vor eurem geistigen Auge entsteht, und wenn es fertig ist, beginnt wieder von vorne, diesmal von den Füßen bis zum Kopf, sodass eure Aufmerksamkeit nicht einen Augenblick von der Gestalt, über die ihr gerne meditiert, abgelenkt wird.

Auf diese Art und Weise kann nichts schiefgehen. Wenn ihr zum Beispiel eine goldene Statue von *Ganesha* malt, ist der Kopf ebenso aus Gold wie die Füße, und das seidene Tuch, das er trägt, ist auch golden. Jeder Teil des Bildes, das ihr gemalt habt, ist göttlich. Dieses Bild müsst ihr durch äußerste Konzentration fest in euer Herz einprägen, damit es nicht etwa wie ein auf Papier gedrucktes Bild zerrissen oder ausradiert werden kann. Ändert nicht die Körperhaltung, die ihr in eurer Vorstellung zu malen begonnen habt.

Zeichnet *Swami* nicht heute sitzend und morgen stehend oder gehend. Wenn es *Krishna* ist, dann wechselt nicht vom Kind mit der Butter in seinem Händchen zum Hirten mit der Flöte oder dem, der den Govardhana-Berg über seinem Kopf hält, oder zum Wagenlenker der *Gita*. Nehmt eine Gestalt; das ist eine große Hilfe.

26. Meditiert über die Wahrheit, und ihr werdet herausfinden, dass ihr nur eine schillernde Schaumblase auf dem Wasser seid: auf dem Wasser geboren, für einen kurzen Augenblick auf dem Wasser lebend, um sich auf seiner Brust sterbend darin aufzulösen. Gott verdankt ihr eure Geburt, Gott erhält euch und in Gott werdet ihr aufgehen. Jedes Lebewesen muss diesen Weg bis zu Ende gehen; ja, selbst jedes unbelebte Ding. Darum fangt jetzt damit an, tut den ersten Schritt, reinigt euer Herz, schärft euren Verstand oder beginnt wenigstens, den Namen Gottes zu wiederholen. Dann wird alles andere zu seiner Zeit folgen.

27. Die Menschen denken, es genüge, den personifizierten Gott anzubeten. Diese Übung ist nur bis zu einem gewissen Grad von Nutzen; sie wird den Gläubigen nur eine kurze Strecke auf seinem Weg voranbringen. Der Herr wird sich nicht dazu herablassen, allein dafür Erlösung zu gewähren. Wer nach Erlösung strebt, muss vor allen Dingen die Bindung an den Körper aufgeben. Ohne dieses kann das Bewusstsein, das göttliche Selbst *(ātman)* zu sein, nicht erlangt werden. Es ist ein Zeichen von Unwissenheit, sich mit dem Körper zu identifizieren. Man muss erkennen, dass das wahre Selbst *(ātman)* etwas anderes ist als das Geschöpf *(prakriti)*.

Das Verlangen nach objektiven Freuden, das auf dem unechten Wert beruht, der weltlichen Dingen *(prakriti)* beigemessen wird, muss durch Meditation und spirituelle Übungen ausgelöscht werden. Wenn dieses Verlangen verschwindet, gleicht der Mensch einer trockenen Kokosnuss, bei der sich der Kern von der Schale und den äußeren Fasern gelöst hat. Diese Nuss keimt und sprießt nicht mehr, sie kann auch nicht verderben. Ein solcher Mensch entgeht der Wiedergeburt und dem dadurch bedingten Tod. Mit anderen Worten: Er ist erlöst. Der Zustand der innerhalb der Schale getrockneten Nuss entspricht der Erlösung zu Lebzeiten *(jīvanmukti)*.

28. Ihr seid vollkommen frei, den Namen und die Gestalt zu wählen, die euch den notwendigen Antrieb gibt. Während der Meditation schweifen die Gedanken oft ab und folgen anderen Pfaden. Diese Abzweigungen müsst ihr durch die Vorstellung von Name und Gestalt versperren und dafür sorgen, dass die gedankliche Verbindung zu Gott nicht abreißt. Sollte es doch geschehen, wendet schnell Namen und Gestalt wieder an. Erlaubt den Gedanken nicht, diese zweifache Grenze zu übertreten – auf der einen Seite den Namen und auf der anderen die Gestalt. Dann werden sie sich keinen dritten Weg suchen.

29. Konzentriert euch jeden Tag in der Meditation auf eure eigene Wirklichkeit. Befolgt jeden Tag dieselbe rigorose Routine: gleiche Zeit, gleicher Ort, gleiche Haltung, gleiche Dauer, gleiche Methode – alles unverändert. Dann können die störenden Einflüsse leicht niedergehalten und bezwungen werden. Wie *Ramakrishna* sagte: „Grabt nicht an verschiedenen Stellen ein paar Fuß tief und beklagt euch dann, dass ihr nicht auf Wasser gestoßen wäret. Grabt mit festem Glauben beständig an einer Stelle. Die Bohrstange wird in der Tiefe auf die unterirdische Quelle treffen." Bohrt beständig und ohne Unterlass mit *Ram, Ram, Ram,*

und auch ihr werdet mit Selbsterkenntnis belohnt werden. *Ram* ist der Name eurer Medizin. Die Krankheit wird nicht im Geringsten beeinflusst, wenn ihr den Namen der Medizin nur vor euch hersagt. Nur wenn ihr die Medizin einnehmt, bekommt die Krankheit es mit der Angst zu tun, packt ihre Sachen und verschwindet. So wie Turnen den Körper gesund erhält, versetzt die Wiederholung des Namen Gottes *(japa)* die Gedanken in eine hohe Schwingung und vertreibt die schädlichen Bazillen. Das Herz ist das Fass, Intelligenz der Quirl, spirituelle Praxis *(sādhana)* der Vorgang des Butterns und Selbsterkenntnis die gewonnene Butter.

30. Bleibt ruhig und freundlich, auch wenn andere euch beschimpfen, und sagt: „Oh, ich bin überrascht, dass mein Verhalten bei dir diesen Eindruck erweckt hat." Lächelt als Erwiderung und nehmt es euch nicht zu Herzen. Denkt daran, dass auch *Swami* nicht frei ist von den seltsamen Leuten, die in Verleumdung schwelgen. Lächelt und bleibt ruhig, wenn ihr solche Beschimpfungen hört. Das ist ein Zeichen, dass ihr in eurer Meditation gute Fortschritte macht.

31. Keine Leistung, die Lob verdient, lässt sich über Abkürzungen erreichen. Einzig und allein ständiger Kampf führt zum Sieg. Es hat keinen Wert, über Dinge zu jubeln, die mit geringer Anstrengung gewonnen wurden. Der Weg des *Rājayoga* mit *Yama, Niyama, Āsana, Prānāyāma, Pratyāhāra, Dhāranā* und *Dhyāna* ist schwer, aber er führt über die Beherrschung des Körpers, der Sinne und des Atems, über das Lösen von Bindungen, über Konzentration und Meditation zum transzendentalen Zustand völlig ungestörter innerer Harmonie *(nirvikalpasamādhi).* Während das Streben nach materiellen Freuden zuerst süß wie

Nektar und dann bitter wie Gift ist, ist das Streben nach dieser inneren Harmonie zuerst bitter wie Gift, aber dann süß wie Nektar.

32. Euer Fortschritt muss sich in eurem Charakter und Verhalten bemerkbar machen. Meditation muss eure Einstellung gegenüber Menschen und Dingen wandeln, sonst ist sie Humbug. Sogar ein Felsblock löst sich durch Sonne und Regen, Hitze und Kälte auf und wird als Erde zur Nahrung für einen Baum. Auch das härteste Herz kann erweicht werden, damit das Göttliche darin keimen kann.

33. Wenn ihr eure Meditation beginnt, sprecht zuerst einige Verse, welche die Herrlichkeit Gottes preisen, um eure zerstreuten Gedanken zu sammeln. Dann zeichnet, während ihr den Namen Gottes rezitiert, vor eurem geistigen Auge die Gestalt, die diesen Namen trägt. Wenn eure Gedanken von der Wiederholung des Namens abweichen, lenkt sie auf das Bild der Gestalt. Wenn sie von diesem Bild abweichen, lenkt sie auf den Namen. Lasst sie kosten, wie süß beide Erfahrungen sind. Auf diese Weise können sie leicht gebändigt werden. Das Bild in euren Gedanken wird zu einer gefühlsbetonten Vorstellung (bhāvacitra), die euch lieb und teuer ist und die ihr nie vergessen werdet. Allmählich wird es zur direkten Erfahrung (sākshātkāracitra), wenn Gott die Gestalt dieses Bildes annimmt, um eure Sehnsucht zu stillen. Diese spirituelle Übung wird *Japasahita Dhyāna* genannt – Meditation mit Rezitation des Namens –, und ich empfehle allen, das zu praktizieren, denn für Anfänger ist sie die beste Übung. Innerhalb weniger Tage werdet ihr euch daran gewöhnen und die Freude der Konzentration erfahren. Sinnt – anfangs nach zehn oder fünfzehn Minuten, später nach längerer Zeit dieser Art der Medita-

tion – über den inneren Frieden und das Glücksgefühl nach, das ihr während dieser Meditation empfindet, anders gesagt: Erinnert euch an die Freude, die ihr erfahren habt. Das wird euren Glauben stärken und eure Ernsthaftigkeit unterstützen. Steht danach nicht plötzlich auf, um euren Tätigkeiten nachzugehen, sondern lockert euren Körper langsam, bewusst, Glied für Glied, und geht dann euren gewohnten Pflichten nach. Kostet die Früchte der Meditation und lernt Geschmack daran zu finden; das ist es, was man unter dem Prozess des Nachsinnens *(manana)* versteht.

34. Bewahrt eure geistige Gesundheit durch absolutes inneres Gleichgewicht. Bewahrt euch auch eure körperliche Gesundheit, denn Krankheit kann für den spirituell Suchenden sehr lästig, ja, ein großes Hindernis sein. Der Körper verträgt es nicht, vernachlässigt zu werden. Er reißt die Aufmerksamkeit an sich, wenn er krank ist. Der Körper ist das Fahrzeug; die Sinne sind die Mechanik, und durch den Treibstoff der spirituellen Übungen *(sādhana)* haltet ihr es in Fahrt.

Wenn ihr eure Meditation beendet habt, steht nicht abrupt auf. Entspannt euch langsam und massiert die Gelenke ein bisschen, wenn es notwendig ist. Wenn die Spannung sich gelöst hat, bleibt noch am selben Platz sitzen, ruft euch noch einmal die inspirierende Erfahrung der Meditation ins Gedächtnis, wiederholt *„OM Shānti, Shānti, Shānti“* und spürt dabei eurem tiefen inneren Frieden nach.

35. Es gibt drei Prinzipien, die beherrscht werden müssen, bevor die höchste Weisheit *(jnāna)* erstrahlen kann: das Prinzip des Körperlichen (dehatattva), das Wesen der Sinne (indriyatattva) und das Mentale (manastattva). Selbst der Geist

(manas) muss bezwungen werden, bevor das Eine wahrgenommen werden kann, denn der Geist verlangt nach Abwechslung und Mannigfaltigkeit. Er schwelgt in den Erregungen, die durch die Kontakte mit der materiellen Welt (vritti) entstehen. Diese sind vergleichbar mit den sich vergrößernden Kreisen auf dem See des Geistes, die entstehen, indem ein Wunsch, ein Gedanke oder eine Entscheidung hineingeworfen wird. Die Wissenschaft, die uns lehrt, wie diese Unruhe stiftenden Erregungen des Geistes vermieden werden können, wird *Yoga* genannt, was ‚Vereinigung' bedeutet. Vereinigung wessen mit wem? Vereinigung des *Tat* mit *Tvam* – dessen, was ihr seid, mit allem anderen, was ist. Das Ergebnis ist „Das Eine ohne ein Zweites".

36. Wenn der Meditierende sich mit dem Gegenstand der Meditation und dem Vorgang der Meditation vereinigt, fließen alle drei – der Meditierende, der Gegenstand und der Vorgang der Meditation – zusammen und werden eins. Nur so könnt ihr die Einheit erfahren.

37. Wie die Schwerkraft alles zur Erde zieht, so zieht euch das Gesetz der Trägheit (tamoshakti) unerbittlich nach unten. Deshalb müsst ihr immer wachsam und aktiv sein. So wie der Kupferkessel regelmäßig geputzt werden muss, damit er seinen Glanz behält, muss der Geist des Menschen durch spirituelle Übungen *(sādhana)* wie zum Beispiel das Rezitieren der Gottesnamen *(japa)* und Meditation *(dhyāna)* poliert werden.

38. Tatsache ist, dass Disziplin der erste Schritt zur Selbsterkenntnis ist. Das muss betont werden, denn viele von denen, die heute nach Höherem und der eigenen Vergeistigung

streben, bringen es nicht fertig, Schwierigkeiten zu meistern und Unbequemlichkeiten auf sich zu nehmen. Die Disziplin, der ihr euch unterwerft, wird euch zu Glück und Seligkeit verhelfen.

39. Ihr solltet niemals diszipliniertes Verhalten aufgeben. Erst wenn ihr den Zustand der Vollkommenheit erreicht habt, braucht ihr euch nicht mehr an Vorschriften und Disziplin zu halten.

40. Der Tiefschlaf wird oft mit dem Bewusstseinszustand der Erleuchtung *(samādhi)* verglichen, denn Sinne, Geist und Verstand werden durch ihn ausgeschaltet. Das Ichbewusstsein ist ganz in sich selbst versunken. Es befindet sich im Zustand der Seligkeit, ist sich dessen aber nicht bewusst, denn nur der Wachzustand vermittelt dieses Gewahrsein. Was daher letzte Erkenntnis gewährt, ist das Bewusstsein des Wachzustandes in Verbindung mit der Seligkeit des Tiefschlafes. Konzentriert euch auf den Punkt, in dem diese beiden zusammentreffen. Das ist der Augenblick des Sieges.

41. Erfüllt immer die euch auferlegte Pflicht. Das ist der rechte Weg eines Gottliebenden *(bhakta)*. In dieser Beziehung darf es kein Zögern und keinen Zweifel geben. Seid nicht niedergeschlagen, wenn ihr nicht immer *Darshan* bekommen könnt, weil ihr in der Küche oder im Krankenhaus zu arbeiten habt. Für mich gibt es keine solchen Beschränkungen. Ihr könnt meinen *Darshan* haben, wo ihr auch seid. Wenn ihr meditiert und jemanden neben euch stöhnen hört, steht auf und schaut, ob ihr helfen könnt, anstatt euch darüber zu beschweren oder es zu ignorieren. Auf diese Weise dient ihr eurer spirituellen Entwick-

lung mehr, als wenn ihr selbstsüchtig auf eurem Meditationsplatz sitzen bleibt.

42. Konzentration kann durch Meditation eingeübt werden. Das führt dazu, dass ihr nicht mehr am Ergebnis des eigenen Handelns interessiert seid, denn es ist nicht euer, sondern Gottes Tun. Deshalb gehören auch die Früchte des Handelns nicht euch, sondern Gott. Wenn ihr eure Erwartungen, die euch an das Ergebnis eures Handelns binden, auflöst und trotzdem darauf brennt, tätig zu sein und euer Können und eure Energie Gott als Opfer darzubringen, werdet ihr inneren Frieden *(prashānti)* finden. Wenn ihr dagegen euer Herz an weltliche Dinge wie Grundstücke, Häuser, Bankkonten und Machtsymbole hängt, werdet ihr keinen Erfolg in der Meditation haben.

43. In der uns umgebenden Atmosphäre schwingt die Musik aller Radiostationen der ganzen Welt, aber sie ist dem Ohr nicht zugänglich. Ihr seid euch keines Senders gewahr. Wenn ihr aber einen Empfänger habt und ihn auf die richtige Wellenlänge einstellt, könnt ihr das Programm jeder beliebigen Station hören. Ohne die richtige Einstellung bekommt ihr jedoch statt der Neuigkeiten (englisch: news) nur Störgeräusche (nuisance) zu hören. Ebenso ist auch das Göttliche überall – oben, unten, rechts, links, nah und fern. Ihr braucht kein Gerät (yantra), um es zu erkennen, sondern eine spirituelle Formel *(mantra)*. Durch Konzentration und Meditation findet ihr die richtige Frequenz. Liebe ist die Feinabstimmung; die Erkenntnis der Wirklichkeit und das Glücksgefühl, das ihr dabei empfindet, entsprechen der Freude an einem klaren Empfang.

44. Da es meine Aufgabe ist, euch zu korrigieren und auf den richtigen Weg zu führen, warne ich euch vor der ‚Sünde der Augen'. Bringt euch dazu, keinen Gefallen an hässlichen, vulgären, gemeinen und erniedrigenden Darstellungen zu finden, wie etwa an denen, die euch auf abscheulichen Filmplakaten an jeder Straßenecke begegnen und die zu Laster und Verbrechen verführen. Vermeidet auch die ‚Sünde der Ohren', das heißt die Freude an Skandal und Gotteslästerung, an Äußerungen des Hasses und der Habsucht, an der Rede der Gottlosen und Schlechten, in deren Herzen keine Liebe und in deren Handeln keine Brüderlichkeit zu finden ist. Hütet euch vor der ‚Sünde der Zunge', der ‚Sünde der Gedanken' und der ‚Sünde der Hände'. Das bedeutet, dass ihr das Ansehen anderer nicht durch Worte verletzen, ihren Interessen nicht schaden und ihnen anderweitig kein Leid zufügen dürft; meidet negative Gefühle und Leidenschaften und hütet euch vor bösen Taten. Nur wenn ihr von diesen Übeln frei seid, kann eure Meditation über das Höchste von Erfolg gekrönt sein. Geringste Spuren davon verunreinigen den Geist und verursachen Unrast und Verwirrung.

45. Mit Hilfe einer spirituellen Formel *(mantra)* kann man klar erkennen, dass Gott jetzt hier ist, überall um uns herum. Konzentriert euch darauf (das entspricht der Einstellung der Wellenlänge an einem Radiogerät), füllt euer Herz mit Liebe (dies ist die Feinabstimmung) und erkennt Gott (empfangt das allgegenwärtige Programm). Ohne die genaue Feinabstimmung lauft ihr Gefahr, anstelle der Nachrichten (englisch: news) nur Störgeräusche (nuisance) zu hören.

46. Entfernt die letzte Spur von Bitterkeit aus eurem Herzen. Dann reichert seinen Boden mit dem kostbaren Namen Gottes an. Bewässert ihn mit Glauben. Dann pflanzt die Saat des Göttlichen, errichtet den Zaun der Disziplin und benutzt Ausdauer als Bekämpfungsmittel gegen Schädlinge. Dann könnt ihr die Ernte des höchsten Wissens einbringen, die euch für immer von der Notwendigkeit der Kultivierung entbindet. Diejenigen, die andere auslachen, weil sie Loblieder *(bhajana)* singen, Pilgerreisen unternehmen und göttliche Ansprachen hören, haben noch nicht von dem Nektar gekostet und sind deshalb voller Vorurteile. Habt Mitleid mit ihnen, denn sie wissen nicht, was ihnen entgeht.

47. Für die Meditation spielt die Zeit eine entscheidende Rolle. Die Zeit, um die es geht, ist die Stunde des *Brahman, Brahmamuhūrta*. Ihr müsst euch für eine Gestalt, über die ihr meditieren wollt, entscheiden und dann in der Zeitspanne, die *‚Brahmamuhūrta'* genannt wird, nämlich zwischen drei und sechs Uhr morgens, jeden Tag zur gleichen Zeit darüber meditieren.

48. Selbst auf dem Weg, der zur Erkenntnis Gottes führt, muss man mit Sorgfalt vorgehen. Welchen Schwierigkeiten man auch begegnet, man muss versuchen, seine spirituellen Übungen *(sādhana)* unverändert und ohne Unterbrechung durchzuführen. Man sollte den Namen, den man liebt und schätzt und für den man sich entschieden hat, nicht wechseln. Es ist nicht möglich, sich zu konzentrieren, wenn der Name immer wieder geändert wird. Dadurch erreicht der Geist keine Zielgerichtetheit. Das Ausrichten des Geistes auf Eines ist aber das letztliche Ziel aller spirituellen Übungen. Deshalb muss man immer ein und denselben Namen für die Rezitation und Meditation verwenden und

darf nicht ständig zwischen den Namen und Gestalten Gottes hin und her schwanken. Man muss auch zu der klaren Überzeugung kommen, dass alle Namen und Gestalten Gottes mit dem Namen identisch sind, für den man sich entschieden hat. Gegen diesen Namen und diese Gestalt dürfen auch nicht die geringsten inneren Widerstände vorhanden sein. Der spirituell Suchende *(sādhaka)* sollte alle weltlichen Verluste, Leiden und Sorgen als zeitlich bedingt und vorübergehend betrachten und erkennen, dass das Anrufen Gottes und die Meditation nur die eine Aufgabe haben, diese Kümmernisse zu überwinden. Er muss verstehen, dass Verlust, Leid und Sorge äußere Ereignisse sind, die zu dieser Welt gehören, und dass Anbetung und Meditation innere Vorgänge sind, die in das Reich der Liebe zu Gott gehören. Diese beiden Dinge muss er auseinanderhalten und darf nicht das eine mit dem andern, nicht dieses mit jenem vermischen. Nur die Verehrung, die der Gestalt und dem Namen der eigenen Wahl treu bleibt, kann als reine, als ‚keusche' Gottesliebe (pativratabhakti) bezeichnet werden. Die unstete, ‚unkeusche' Form der Gottesliebe (vyabhicārabhakti) ist jene, bei welcher der Gottsuchende sich einen Namen und eine Gestalt erwählt und diese dann nach einiger Zeit zugunsten einer anderen verwirft.

Es ist kein Vergehen, wenn solch ein Wechsel aus Unwissenheit geschieht. Aber wenn man einmal weiß, dass es falsch und schädlich ist, den Namen und die Gestalt zu wechseln, nachdem man sie gläubig verehrt hat, ist es allerdings ein Unrecht. Es ist das größte Gelübde und die größte Askese, einem Namen und einer Gestalt im Glauben treu zu bleiben. Gebt den Weg, den ihr gewählt habt, nicht auf, auch nicht auf den Rat von älteren Respektspersonen. Welche wirkliche Respektsperson und welcher Lehrer würde euch auch raten, den Namen Gottes, den ihr verehrt, aufzugeben? Betrachtet jene, die das tun, nicht als Lehrer, sondern als Dummköpfe. Nochmals: Versucht so weit wie möglich, Zeit und Ort eurer Meditation und Anbetung nicht zu wechseln und zu verändern. Manchmal, auf einer Reise zum Beispiel, ändern sich die äußeren Umstände, die Zeit aber sollte unverändert bleiben. Selbst wenn ihr euch zur gegebenen Zeit im Zug, in einem Bus oder einer ähnlich unbequemen Situation befindet, solltet ihr euch vorstellen, wie ihr zu Hause meditiert und den Namen Gottes rezitiert.

Der auf diese Weise erworbene geistige Reichtum führt mit Sicherheit zur Meisterschaft und zur Erkenntnis des eigenen höchsten Selbst *(ātman)*.

49. Gleichmut angesichts von Gegensätzen (titikshā) zu bewahren bedeutet, mutig mit dem Dualismus fertigzuwerden. Das ist das Vorrecht der Starken, der Reichtum der Tapferen. Die Schwachen werden von jedem Lufthauch bewegt wie Pfauenfedern; sie schwanken stets, ohne einen Augenblick der Festigkeit. Sie schwingen wie ein Pendel: in einem Augenblick himmelhoch jauchzend, im nächsten zu Tode betrübt.

Dieser Gleichmut (titikshā) ist nicht dasselbe wie Erdulden (sahana). Erdulden (sahana) bedeutet, etwas auf sich zu nehmen, es zu tolerieren und zu ertragen, weil es keine andere Möglichkeit gibt. Die Kraft zu haben, es zu bezwingen, es aber nicht zu tun, das ist spirituelle Disziplin. Geduldig die Widersprüchlichkeiten der materiellen Welt auf sich zu nehmen und gleichzeitig von innerem Gleichmut und Frieden erfüllt zu sein, das ist der Weg zur Erlösung. Alles mit analytischem Unterscheidungsvermögen zu ertragen, ist die Art von Gleichmut (sahana), die gute Früchte trägt.

50. Die Sinne *(indriya)* müssen durch Unterscheidungsvermögen *(viveka)* und innere Unabhängigkeit *(vairāgya)* rigoros in Schach gehalten werden – zwei Fähigkeiten, die ausschließlich der Mensch besitzt. Ersteres lehrt euch, eure Beschäftigungen und euren Umgang zu wählen. Sie sagt euch, was für eine relative Bedeutung die Dinge und Ideale besitzen. Die zweite bewahrt euch vor zu starkem Anhaften und verleiht euch Gelassenheit in Zeiten der Hochstimmung oder der Verzweiflung. Das sind die beiden Schwingen, mit denen der Vogel sich in die Lüfte erhebt. Sie führen euch die Vergänglichkeit der Welt und die Unvergänglichkeit des Glücks der transzendentalen Wirklichkeit vor Augen. Sie lassen euch ganz der spirituellen Praxis und der Kontemplation der Herrlichkeit Gottes zuwenden, die immer hält, was sie verspricht.

51. Man braucht sich nicht in die Einsamkeit des Waldes zurückzuziehen, um sich von Hass und Ärger zu befreien. In einem Vakuum lässt sich keine Tugend üben. Die lobenswerte Leistung besteht darin, den eigenen Ärger in einer Atmosphäre der Zwietracht im Zaum zu halten. Aber in der Einsamkeit zu leben, in der kein Anlass für Ärger gegeben ist, und dann zu meinen, man habe ihn überwunden, ist eine unhaltbare Behauptung. Ihr müsst deshalb in der weltlichen Umgebung, in der es reichlich Gelegenheit für Hass und Ärger gibt, bleiben und lernen diese Gefühle zu beherrschen. Das ist ein wirkliches Verdienst.

52. Das Wort *Samādhi* ist von unseren Gelehrten auf die verschiedenste Weise ausgelegt worden. Wenn jemand während des Singens geistlicher Lieder ohnmächtig wird oder ihn bei *Yoga*-Übungen eine Starre befällt, dann sagt man, er sei in *Samādhi*.

Das ist aber kein wahres *Samādhi*. Die eigentliche Bedeutung des Wortes *Samādhi* wird durch die beiden Silben verdeutlicht, die das Wort bilden: *‚Sama‘* und ‚dhi‘. *‚Sama‘* heißt ‚gleich‘, ‚dhi‘ bedeutet *Buddhi* – höhere Intelligenz, Intuition. *Samādhi* heißt also von Kummer und Freude unberührt zu sein, beides mit demselben Gleichmut hinzunehmen.

53. Fühlen wir nicht Frieden, wenn ein Gedanke verebbt und kein anderer aufkommt? Ihr müsst diesen Augenblick festhalten, eins mit ihm werden, euch darin verankern; dort ist ununterbrochener Friede. Gedanken entstehen und vergehen wie Kräuselwellen auf dem Wasser. Schaut auf das Wasser, nicht auf die Wellen. Vergesst die Wellen, seht nur das Wasser.

54. Die Bestimmung des Menschen ist es, seine besten Kräfte zu entwickeln, um sich auf das große Abenteuer vorzubereiten, das darin besteht, seine Einheit mit dem Urgrund des Universums zu erkennen; einer Energie, die eigenschaftslos ist, der aber fälschlicherweise Attribute wie Name, Gestalt und Funktionen zugesprochen werden. So ist es in den bedeutenden Lehrsätzen (mahāvākya) niedergelegt, die in den *Veden* enthalten sind und in den *Upanischaden* erläutert werden. Man muss in Stille und Einsamkeit unter der Anleitung eines *Gurus* über diese Kernsätze meditieren, um den Verstand und die höhere Intelligenz fest in diesem Einheitsbewusstsein zu verankern. Wie kann der Schüler Fortschritte machen, wenn der Lehrer alle Fragen, die er stellt, selbst beantwortet? Sich selbst überlassen, wäre der Schüler hilflos. Wenn man ihn aufforderte, Worte zu schreiben, könnte er nur irgendetwas kritzeln. Der Lehrer muss seine Hand führen und ihn die Schriftzüge lehren.

Die körperlichen und geistigen Fähigkeiten müssen durch die leitende Hand des *Gurus* gefördert werden. Der Schüler muss sich in der Konzentration üben. Wenn sich seine Aufmerksamkeit in alle möglichen Richtungen wendet, kann kein Fortschritt erzielt werden. Ein guter Lehrer muss seinen Schüler lieben und bei jedem Schritt anleiten.

Durch Meditationsübungen in Stille und Zurückgezogenheit kann man nach einiger Zeit auch in der geschäftigsten Umgebung Stille und Einsamkeit des Herzens bewahren. Heutzutage befindet sich der häusliche Andachtsraum ausnahmslos neben der Küche; die Essensgerüche belästigen die Nase, die Geräusche des Bratens und Kochens irritieren das Ohr, die Gedanken werden durch Stimmen und Lärm abgelenkt. Wie kann man sich in einer solchen Umgebung konzentrieren? Die Stille muss in einem selbst beginnen, das bedeutet: weniger sprechen und bedachter, mit mehr Unterscheidungsvermögen denken. Man muss versuchen, sich nicht von spontanen Gefühlen, Vorurteilen oder Vorlieben und Abneigungen beeinflussen zu lassen. Auf diese Weise muss der Mensch danach streben, zur Tiefe seiner wirklichen Natur (dharmasvarūpa), die göttlich ist, vorzudringen.

55. Praktiziert die Vereinigung mit Gott durch Meditation *(dhyānayoga)*. Lernt, durch diese Übung eure Sinne zu meistern, praktiziert sie stetig, regelmäßig und systematisch, immer zur gleichen Zeit, am selben Ort, ohne der Willkür eurer Launen nachzugeben. Das regelmäßige Einhalten einer bestimmten Methode ist für diese Übung von größter Bedeutung. Haltet euch streng daran. Ändert sie nicht je nach Stimmung, denn das hat negative Folgen. Meditation wird überhaupt keine Früchte tragen für jene, die zu viel essen und durch den Vorgang der Verdauung müde werden; für

jene, die zu wenig essen und dadurch kraftlos sind; für jene, die zu viel oder zu wenig schlafen; für jene, die meditieren, wie es ihnen gerade passt (das bedeutet: an einem Tag für viele Stunden, weil sie nichts anderes zu tun haben, und dann wieder nur symbolisch für wenige Minuten, weil sie so viel zu tun haben); für jene, die das Feld den inneren Feinden (Begierde, Ärger und so weiter) überlassen; für jene, die ihren Eltern und besonders ihrer Mutter keine Freude machen, und vor allem für jene, die zweifeln und nicht bedingungslos an Gott und den *Guru* glauben, den sie gewählt und für den sie einen Platz in ihrem Herzen bereitet haben.

56. Wenn Menschen zu mir kommen und sich beklagen, sie könnten sich nicht konzentrieren, lache ich sie aus, denn jeder Autofahrer beherrscht die Kunst der Konzentration. Er beachtet die Gespräche auf dem Rücksitz oder die Bemerkungen des Beifahrers gar nicht. Seine ganze Aufmerksamkeit gilt der Straße vor ihm. Wenn ihr ganz bei der Sache seid, ist die Schlacht schon mehr als halb gewonnen. Deshalb sagt *Krishna* in der *Gita* zu *Arjuna:* „Hast du mir mit ungeteilter Aufmerksamkeit zugehört?“ Und *Arjuna* als guter Schüler antwortet, dass er selbst auf dem Schlachtfeld zwischen den sich gegenüberstehenden Armeen mit höchster Konzentration den Worten des Herrn gelauscht habe. Lernt euch zu konzentrieren, dann wird euer Lernen von Erfolg gekrönt sein.

57. Die Grundbedingung für spirituellen Fortschritt ist das Aufgeben der Wünsche und Begierden, die Unterwerfung des eigenen Willens unter den Willen Gottes. Macht all eure Gedanken, Worte und Taten zu Akten des Gottesdienstes und erhebt sie dadurch. Als *Ravana* fiel, klagte Königin Mandodari

über seiner Leiche: „Du hast alle deine Feinde besiegt, nur deine Begierde nicht! Du warst fromm, gelehrt, hast selbst die mächtigsten Feinde unterworfen, aber du hast dem Verlangen erlaubt, dich zu knechten. Das hat deinen Untergang herbeigeführt." Ein Vergrößerungsglas vereinigt die Sonnenstrahlen auf einen einzigen Punkt und kann dadurch Papier oder Stroh entzünden. Genauso kann konzentrierte Aufmerksamkeit den Keim der mutwilligen Begierde zerstören. Darum rate ich euch, täglich, sowohl in den frühen Morgenstunden als auch am Abend nach Sonnenuntergang, einige Minuten zu meditieren.

58. Ihr fragt, wie ihr meditieren sollt. Zusätzlich zu der Meditation, die ihr für euch allein durchführt, ist es gut, nach dem Singen von *Bhajans* oder nach dem *Omkāra* zehn oder fünfzehn Minuten zu verweilen, die Gedanken zu sammeln und über Gott, den ihr soeben gepriesen habt, zu meditieren. Ihr könnt auch über die Flamme der Kerze vor euch meditieren, sie euer inneres Bewusstsein erleuchten und die ganze Schöpfung mit ihrem Licht erfüllen lassen. Meditation heiligt alle Handlungen und führt zur Beherrschung der Gedanken. Ihr könnt euch Gott, den ihr mit euren Liedern besungen habt, im Glanz des alles überstrahlenden Lichts vorstellen. Die Gruppenmeditation nach dem Singen bereitet den Boden für die Einzelmeditation im eigenen Heim. Ihr werdet Geschmack daran finden, euch mehr Zeit dafür nehmen, und der Frieden, der euch dabei erfüllt, wird tiefer werden. Ich bestehe auf der Meditation als unerlässlichem Bestandteil spiritueller Praxis für jeden Angehörigen dieser Organisation.

59. Jede Freude, die ihr euch nur wünschen könnt, ist in euch. Aber ihr leidet wie ein Mensch, der große Schätze in

einer eisernen Truhe aufbewahrt, jedoch keine Ahnung hat, wo der Schlüssel ist. Es ist aber möglich, unter richtiger Anleitung, in der Stille der Meditation den Schlüssel zu finden, die Truhe zu öffnen und den Reichtum der Freude zu genießen.

60. *Arjuna* beklagte sich bei *Krishna* über die Wildheit des menschlichen Geistes (mind). Er sagte, die Gedanken sprängen andauernd von einem Gegenstand zum andern, der Geist sei voller Gefahrenmomente, da er den Menschen zum Sklaven seiner Sinne mache, er sei unkontrollierbar und schwer zu zerstören. Doch durch intensive Meditation über den innewohnenden Gott kann man den Geist beherrschen und sogar ausschalten. Wenn ihr diesen Zustand erreicht habt, werden Ärger, Angst und Neid aufhören, euch zu plagen, die Fesseln von ‚ich' und ‚mein' werden zerreißen, und ihr werdet ungestörten Frieden *(shānti)* genießen. Eure Bemühungen müssen der Größe des Ziels, das ihr erreichen wollt, entsprechen. Ihr hungert nach Glückseligkeit, hängt aber an viel geringeren Vergnügen und seid nicht bereit, den Einsatz zu zahlen, der notwendig ist, um sie zu gewinnen.

61. Der Körper ist das Feld *(kshetra)* des Meisters, der alle Felder kennt. Einst, als *Naren* schlaflos in seinem Zimmer lag und von widerstreitenden Gedanken geplagt wurde, hörte er den „schlafenden" *Ramakrishna* im Traum sprechen, aber so, dass *Vivekananda* die Worte ganz klar verstehen konnte: „O Menschengeist! O königlicher Schwan! O du Wohnstätte der Glückseligkeit! Du bist die Verkörperung Gottes! Warum verlangt es dich nach dem schmutzigen Tümpel sinnlichen Vergnügens? Vergnüge dich im klaren See der Kontemplation Gottes." Das war der Rat des *Gurus* für *Naren,* den dieser sich sofort zu Herzen nahm.

62. Was dir gegeben wird und wann, hängt von Gottes Gnade ab. Die Aufgabe des Gottsuchenden *(sādhaka)* ist es, sich in Gott zu versenken und zu meditieren, ohne vom geraden Weg abzuweichen. Alles Übrige ist Seine Gnade. Es ist keine Frage von Tagen oder Jahren. Einige mögen das Ziel in wenigen Tagen erreichen, andere dagegen brauchen viele Menschenleben. Es kommt ganz auf das Gottvertrauen *(shraddhā),* die Hingabe *(bhakti)* und die spirituelle Praxis des Einzelnen an. Man kann es nicht berechnen oder mit dem Verstand ergründen.

63. Für ein glückliches Leben braucht man zwei Dinge: Nahrung (Reis – dhānya) zur Erhaltung des Körpers und geistige Vertiefung, Meditation *(dhyāna),* um den Tempel Gottes betreten und in seine Herrlichkeit eingehen zu können.

64. Macht euch Gedanken über die Disziplin, die für eure spirituellen Übungen *(sādhana)* notwendig ist, aber nicht über deren Ergebnis. Die Wirklichkeit und die Erkenntnis dieser Wirklichkeit kennen keine Stufen und Abgrenzungen. Gebt nicht allen Arten von Illusionen oder dem Verlangen nach diesem oder jenem Zustand nach. Behaltet das Ziel und den Weg im Auge. Gebt niemals eure spirituellen Übungen auf. Verändert nicht die Zeit eurer Meditation. Habt nur ein Ziel und strebt mit unveränderlicher Ernsthaftigkeit danach, es zu erreichen. Das wird reiche Früchte tragen und euch mit jeglicher Glückseligkeit segnen. Lasst euch nicht von anderen, die von ihren eingebildeten Erfahrungen berichten, vom Weg abbringen. Für euch ist nichts so echt wie eure eigene Erfahrung. Deshalb versucht als Allererstes, euer Denken auf einen Punkt auszurichten *(ekāgratā).* Lasst das euer alleiniges Ziel sein.

65. Jeder, der mit dem Prozess des Meditierens beginnt, wird früher oder später zu dem Bewusstseinszustand gelangen, in dem man fest in Gott verankert ist (nirvikalpa), auch wenn es sehr schwer ist, diesen Zustand zu erreichen. Auch wer den Weg selbstlosen Dienens *(karmayoga)* oder den Weg der liebenden Hingabe *(bhaktiyoga)* geht, kommt immer wieder auf die natürlichste Weise in diesen Zustand und kennt ihn ganz genau. Deshalb kann er sich daran erinnern, die Erfahrung ins Gedächtnis zurückrufen und so die Seligkeit des ständigen Einsseins mit Gott erleben.

66. Um sich in der Meditation *(dhyāna)* zu festigen, muss man die Beherrschung der Sinne *(sama)* und Leidenschaften *(dama)* fördern und eine Lebenshaltung annehmen, die nicht auf die Früchte des Handelns ausgerichtet ist. Jeder, der in den sechs Fähigkeiten Leidenschaftslosigkeit *(sama),* Sinnesbeherrschung *(dama)* und so weiter versiert ist, sieht vor seinem geistigen Auge mit Leichtigkeit eine Verkörperung des Absoluten *(brahman),* sobald er eine Erläuterung von dessen Wesen hört. Genauso wichtig ist es, den Wunsch aufzugeben, die Früchte seines Handelns genießen zu wollen (phalabhogavairāgya). Wenn diese Losgelöstheit *(vairāgya)* zur wahren Natur wird, dann ist das innere Bewusstsein *(citta)* geläutert und es ist möglich, die Sinne von der materiellen Welt abzuziehen (uparati).

Es existieren zwei verschiedene Arten von *Yoga: Rājayoga* und *Jnānayoga*. Im *Rājayoga* gibt es acht Stufen, die hoch entwickelt und verwirklicht werden müssen. Einige von diesen sind äußerlicher, andere innerlicher Art. Dies nennt man den ‚edlen' (ārya) Pfad. Im *Jnānayoga* gibt es überhaupt nichts Äußerliches. Beide Arten von *Yoga* haben das Ziel, die Erregungen auf allen Ebenen des Bewusstseins zum Schweigen zu bringen. Für jene, die alle Erregungen beruhigt haben, ist alles Gott, das Absolute, *Brahman.* Hauptsächlich hinsichtlich dieses Ziels wird *Jnānayoga* höherwertiger eingeschätzt als *Rājayoga,* zumindest ist dies die Meinung der Erkenner des *Brahman.* Sie sagen: „Das ist es, was man wissen, was man erreichen muss."

Aber entsprechend der in den *Upanischaden* niedergelegten Weisheit kann die direkte Erkenntnis des Absoluten *(brahman)* auch auf dem Pfad des *Rājayoga* durch das Erklimmen der acht Stufen gewonnen werden. Diese sind: *Yama, Niyama, Āsana, Prānāyāma, Prathyāhāra, Dhāranā, Dhyāna* und *Samādhi.*

Yama umfasst Gewaltlosigkeit (ahimsā), Wahrhaftigkeit *(satya),* Nichtstehlen, Nichtbegehren (asteya), Enthaltsamkeit, Keuschheit *(brahmacarya)* und nichts Annehmen (aparigraha). Dies ist es, was man gewöhnlich mit *Yama* bezeichnet, aber ich würde stattdessen sagen, es bedeutet, die Bindung an den Körper und die Sinne aufzugeben. Wie die ganze Schöpfung, so erscheint auch der Schöpfergott *Brahmā* als Ergebnis der Täuschung. Diese Erscheinung ist endlich und auch anderweitig begrenzt. Sie scheint sich ständig zu bewegen und wird deshalb *Samsāra* genannt – der Kreislauf von Geburt und Tod. Diese göttliche Wesenheit *Brahmā* erscheint demnach sowohl als individuelle Gestalt (vyashti) als auch in kollektiver Form (samashti) als das Ganze und führt selbst große Gelehrte und *Pandits* in die Irre.

Ein und dasselbe Bewusstsein manifestiert sich in verschiedenen Formen als diese ganze Vielfalt. Wir sprechen daher üblicherweise von dem Teil und dem Ganzen, das heißt von einer Ansammlung von Teilen. Das Individuelle (vyashti) aber ist natürlich nichts anderes als eine dem Absoluten *(brahman)* überlagerte Erscheinungsform. Es entspricht dem Seil, das wir für eine

Schlange halten, oder dem See, den wir in einer Luftspiegelung zu sehen glauben. Für denjenigen, der das Absolute – *Brahman* – erkannt hat, ist jeder der drei Körper – der grobstoffliche (sthūla), der feinstoffliche (sūkshma) und der kausale (karana) – eine solch überdeckende Erscheinungsform. Es ist nicht richtig zu sagen, sie seien wirklich oder unwirklich. Sie sind ein Zwischending, weder wirklich noch unwirklich *(mithyā)*. Der Unwissende aber, der in den Netzen der Illusion gefangen ist, hält die in Raum und Zeit befangene Welt *(samsāra)* für ewig und für eine Quelle des Glücks.

Weil die Menschen sich fälschlicherweise mit dem Körper identifizieren, leiden sie durch ihre enge Bindung an Vater, Mutter, Frau, Kinder, Verwandte und Freunde. Sie erkennen nicht, was durch ständige Vergegenwärtigung des Göttlich-Absoluten *(brahman)* erreicht werden kann. Seinem Wesen nach ist dieses Sein-Bewusstsein-Glückseligkeit *(sat-cit-ānanda)*, und die Menschen könnten es durch unablässiges Unterscheiden zwischen dem Veränderlichen und Unveränderlichen, durch Gemeinschaft mit den Guten, durch dienende Verehrung der Weisen und durch Reinheit des Denkens erfahren. Sie erkennen nicht, dass ihr eigentliches Selbst keinen Körper und keine Sinne hat und dass sie selbst die göttliche Urenergie – *Brahman* – sind, die den dreifachen Körper ebenso wie alles andere entstehen lässt und erhält. Die Verankerung des Denkens in diesem Bewusstsein ist die eigentliche Überwindung des Körperlichen und der Sinne *(vairāgya)*, die in dem Wort *Yama* zum Ausdruck kommt. Das ist die Bedeutung dieses Wortes im *Jnānayoga*.

Freude in guten und Kummer in schlechten Zeiten zu empfinden, den Schmerz des Körpers und der Sinne für den eigenen zu halten – solch dualistische Einstellungen und Empfindungen müsst ihr hinter euch lassen. Schritt für Schritt müsst ihr die Identifikation mit dem Körper und den Sinnen aufgeben. Das ist ein Zeichen, dass ihr dieses Glied (anga), *Yama,* beherrscht. Dieses Glied ist die eigentliche Grundlage von *Jnāyayoga*.

Niyama bedeutet, ein reines Herz zu haben und immer voller Freude mit spirituellen Übungen *(tapas)* und der Wiederholung des Namen Gottes *(japa)* beschäftigt zu sein. Im *Rājayoga* werden folgende Voraussetzungen erwähnt, die notwendig sind, um diese Stufe zu erreichen: Reinheit (shuci), Zufriedenheit (santosha), spirituelle Disziplin *(tapas),* Studium der heiligen Schriften (svādhyāya) und Hingabe an Gott (īshvarapranidhāna). Dies sind die Bestandteile von *Niyama*.

Es ist der Zustand unwandelbarer, selbstloser Liebe zum Höchsten *(paramātma),* allezeit und unter allen Umständen. Das ist die höchste Form der Liebe *(prema)*. Nur wenn diese unwandelbare Liebe zum Absoluten vorhanden ist, können die oben erwähnten Voraussetzungen erworben werden.

Wenn der Mensch den Zustand von *Yama* erreicht hat, erfüllt ihn höchstes Glück *(ānanda)* und innerer Friede *(shānti),* denn sie entstammen der Quelle aller Glückseligkeit und allen Friedens – *Parabrahman* –, der Wesenheit von Sein-Bewusstsein-Glückseligkeit *(sat-cit-ānanda)*.

Durch trockene, weltlich-materielle Dinge können diese beiden nicht erlangt werden. Die *Upanischaden* sagen: „Er ist die Süße selbst. Er ist Glückseligkeit." Nur durch ihn und in ihm sind in der materiellen Welt auch noch die winzigsten Spuren der Freude zu finden. Ohne ihn, der die Vollendung und die absolute Fülle des Glücksempfindens und der Süße ist, könnte diese vergängliche, unbeständige Welt der Erscheinungen dem weltlich Gesinnten keinerlei Glück und Freude vermitteln; ohne die ihr zugrunde liegende Süße Gottes (rasa) wäre sie furchtbar bitter. Dieses Meer der nektargleichen Liebe ist der Grund für das, wenngleich geringe, Maß an Glück, das die materielle Welt zu geben vermag. Es ist das Kennzeichen derer, die den *Niyama*-Zustand erreicht haben, dass sie mit denen Gemeinschaft pflegen, die Gott kennen, dass sie mit diesen in einem Geist der Demut und Ernsthaftigkeit über das Wesen des Absoluten sprechen, dass es sie nach der Erkenntnis der transzendenten Wirklichkeit dürstet und dass sie von unerschütterlicher, reiner Liebe zu Gott erfüllt sind. Spott oder Schmeichelei, Wind oder Regen, Ruhm oder Schande können diese Getreuen nicht berühren. Sie streben unbeirrt danach, sich von jeglichem Anhaften an was auch immer zu lösen und haben nur das eine Ziel, das Glück des Einswerdens mit Gott zu erfahren.

Wer den Zustand von *Niyama* erreicht hat, ist bereit alles zu opfern, um höchstes Wissen *(jnāna)* zu erwerben. Er wird an die entferntesten Orte reisen, um zu hören, was über Gott gesprochen wird. Er wird die Anweisungen der Weisen genau befolgen und sich den Lehrern des Wissens von der Wirklichkeit des Überbewussten (cinmayatattva) anschließen, als ob sie engste Freunde wären, und er wird alles tun, um ihre Erwartungen zu erfüllen. Das sind die Zeichen eines Menschen, der die Stufe von *Niyama* erreicht hat.

Āsana heißt, beim Sitzen still in einer Haltung zu verharren, man sollte nicht zittern oder sich hin- und herwiegen. Aber selbst wenn man dasitzt wie ein Felsen, bewegungslos, mit blockierten Gelenken, kann das keineswegs *Āsana* genannt werden. Das ist nicht das entscheidende Merkmal. *Āsana* bedeutet sowohl die Bewegungslosigkeit des physischen Körpers als auch die innere Freude, die im Herzen erblüht. Jede Sitzhaltung, die der *Yoga*-Praktizierende *(sādhaka)* einnimmt, muss daher stabil und angenehm sein. So hat es *Patanjali* gelehrt. Ich sage dasselbe mit anderen Worten: Welche Haltung ist die beste und verspricht den meisten Erfolg? Es ist diejenige, in der man am wenigsten von der Außenwelt beeinflusst wird. Es ist die innere Haltung, die das Ergebnis eines Lebens ist, das den moralischen Gesetzen folgt, im weltlichen Sinne lobenswert ist und mit den vedischen Lehren übereinstimmt. Es ist der vollkommene Mangel an Interesse für Dinge, die nichts mit der absoluten Wirklichkeit *(paramātman)* zu tun haben. Wenn ihr jemandem begegnet, dessen Lebensweise ihr nicht billigt, ist das kein Grund, ihn zu kritisieren, über ihn zu lachen oder ihm eure Geringschätzung entgegenzubringen. Es genügt, mit eurer Arbeit weiterzumachen, ohne euch von seiner Anwesenheit beeinflussen zu lassen.

Lasst diejenigen, deren Verhalten ihr missbilligt, ihren eigenen Weg gehen, und kümmert euch nicht um sie. Das ist die Haltung des Unberührtseins (udāsīnabhāva). Wenn der Suchende erst einmal die Liebe zum Absoluten zu fühlen beginnt, gewinnt er Abstand zu allem Weltlichen. Um es noch deutlicher auszudrücken: Man sollte sich ununterbrochen die Wirklichkeit Gottes und die Unwirklichkeit der Welt klarmachen (brahman satya; jagan mithyā). Man muss die Gesellschaft der Schlechten und sogar zu enge Freundschaft mit den Guten meiden. Jede Bindung dieser Art wird einen auf den Weg zerren, der nach außen führt (pravrittimārga). Löst eure Anhaftung an alles, was vergänglich ist, an Dinge, die den verfänglichen Schleier von Name und Gestalt tragen. Wenn ihr euch diese Haltung des Unberührtseins zu eigen gemacht habt, werdet ihr Selbstbeherrschung, Reinheit des Geistes (mind) und unerschütterlichen Frieden *(shānti)* gewinnen. Dann habt ihr die Ruhe und innere Festigkeit erworben, die mit *Āsana* bezeichnet wird.

Prānāyāma wird üblicherweise als Beherrschung und Regulierung des Atemvorganges verstanden. In den *Yogasūtras* werden die verschiedenen Phasen der Atmenkontrolle erklärt: Pūraka, Recaka und Kumbhaka. Ich erkläre es aber folgendermaßen: Nur derjenige kann die Lebenskräfte *(prāna)* beherrschen (prāna-samyama), der sich der Vergänglichkeit des gesamten Universums bewusst ist. Es gibt goldene Schmuckstücke der verschiedensten Art. Alle bestehen aus dem gleichen Gold, aber dem einen gefällt dieses, dem anderen jenes besser, nicht alle gefallen gleichermaßen. Wir selbst haben ihnen je nach Mode, Verwendungszweck und Geschmack verschiedene Formen und unterschiedliche Namen gegeben; und doch fühlen wir uns durch diese belanglose Täuschung gebunden, die uns für die Wirklichkeit blind macht. Denn während die Schmuckstücke gefertigt werden, während sie getragen und schließlich eingeschmolzen werden – waren, sind und bleiben sie doch Gold, nicht wahr?

Ebenso treten in dieser Welt immer wieder die verschiedensten Gestalten und Namen in Erscheinung. Sie entstehen, wachsen und vergehen. Aber das, was die eigentliche Grundlage all dessen ist, das Ewig-Unvergängliche, überdauert alle Veränderungen und bleibt ewig unvergänglich. Die verschiedenen Gestalten und Namen rufen die Illusion hervor, erwecken Gefühle von Liebe und Hass, blenden und erschaffen Anhaftungen. Sie erwecken den Eindruck, als ob sie es seien, die glücklich machten. Aber sagen nicht die heiligen Schriften, dass das Universum nichts anderes ist als das Göttlich-Absolute *(brahman),* ohne Anfang, ohne Ende, makellos und von ewiger Reinheit? Sie erklären, dass die Schmuckstücke vorübergehende Erscheinungsformen sind und nur Gold unvergänglich und wirklich ist. Deshalb müsst ihr in allem das Eine *(brahman)* und nichts als das Eine sehen. Überzeugt euch selbst, dass alle Erscheinungsformen nur das Ergebnis der Täuschung *(māyā)* sind; wendet stets diese Art des Unterscheidungsvermögens an, zeigt das Verlangen, die Wirklichkeit zu verstehen, und seid immer darauf bedacht, die Wahrheit zu erkennen, dass alles das Eine *(brahman)* ist.

Demjenigen, der unter dem Einfluss der Täuschung steht, erscheint die Welt natürlich als Wirklichkeit und das Absolute *(brahman)* als eine sinnlose Erfindung. Bei intelligenter Klarheit aber wird die Welt (jagat) ihrem eigentlichen Wesen nach als unwirklich erkannt. Die Märchenfee ‚Illusion' überwältigt euch mit ihrem Zauber und ihren Pfeilen der Vorspiegelung und der Schuld. Nur derjenige, der von dem Wissen um das Universell-Absolute *(brahman)* ergriffen wurde, kann ihren Fallstricken schnell entkommen. Ein solcher Mensch weiß auch, dass alle Namen und Gestalten vor kurzer Zeit entstanden sind und in kurzer Zeit wieder vergehen werden. Auch in der *Gita* heißt es: „Unentfaltet sind die Wesen zu Beginn, entfaltet in der Mitte und unentfaltet auch am Ende" (Kapitel zwei, Vers achtundzwanzig). Die Welt unterliegt den Phasen der Evolution und Involution. Man muss nicht das Ende der Welt abwarten, um das zu verstehen. Es genügt, den Blickwinkel zu korrigieren. Das ist der Zugang zu wirklichem Wissen. Das ist die wirkliche Beherrschung der Lebenskräfte *(prāna):* Das Bewusstsein, dass die Welt unwirklich ist *(mithyā).*

Für den echten Meister im *Prānāyāma* gleicht die Welt Briefen, die vor vielen Jahren mit Bleistift geschrieben wurden: undeutlich, schwach, verschwommen. Im Bewusstsein, dass all dies allein Gott *(brahman)* ist, wird er sich nie zu seiner Umwelt hingezogen fühlen, wie faszinierend sie auch ist. Einkommen, Wohlstand, Besitz, all das ist für ihn unwirklich, bedeutungslos, nicht der Mühe wert. Diese Haltung ist das beste Zeichen von *Prānāyāma.*

Pratyāhāra: Die Zunge schmeckt, die Augen sehen, die Ohren hören, die Haut fühlt und die Nase riecht. So hat jeder der Sinne seine Aufgabe im Leben, nicht wahr? Diese Sinne müssen von der materiellen Welt zurückgezogen und auf das innere Bewusstsein, die innere Intelligenz *(citta)* gerichtet werden. Diesen Vorgang bezeichnet *Patanjali* in seinen *Yogasūtras* als *Pratyāhāra*. Ich will jedoch noch eine andere Definition geben:

Die wirkliche Bedeutung von *Pratyāhāra* liegt in der inneren Aktivität des Geistes *(citta),* das heißt in der ununterbrochen nach innen gerichteten Sicht des Bewusstseins, das die allen Sinnen zugrunde liegende, richtungsgebende Kraft ist. Erst wenn das innere Bewusstsein oder die Geistmaterie *(citta)* erkennt, dass alles auf Täuschung *(māyā)* beruht und von ihr erhalten wird, zieht es seine Antennen von der sinnlichen Welt zurück und gibt seine weltlich-selbstsüchtige Haltung auf. Die Natur des Geistes *(citta)* ist im Allgemeinen so beschaffen, dass seine Suche nach Glück und Frieden schwankend, zögerlich und flatterhaft ist. Wenn der Verstand (mind) erkennt, dass die Ziele, die er verfolgt, vergänglich und bedeutungslos sind, ist er enttäuscht und beschämt. Dann beginnt er das Bewusstsein zu erhellen und es zu klären.

Der Gottsuchende *(sādhaka),* der diese Stufe erreicht hat, betrachtet die Welt als eine einzige große Pantomime. Die innere Schau erfüllt ihn mit solcher Freude und Zufriedenheit, dass er es bereut, so viel Zeit mit äußerlichen Aktivitäten und der Jagd nach sinnlichen Freuden vergeudet zu haben. Die klare, scharfe, auf einen Punkt ausgerichtete, dem göttlichen Funken im Inneren *(ātman)* zugewandte Vision des inneren Bewusstseins – das ist *Pratyāhāra*.

Dhāranā meint nach der Erklärung *Patanjalis* das Ausgerichtetsein des inneren Bewusstseins *(citta)* auf einen Punkt. Ich würde es mehr als die unbeirrbare Einstellung des Geistes, als seinen standhaften Charakter bezeichnen. Wenn er die Bindung an äußere Dinge aufgibt, wenn er die dumme Blindheit der Vergangenheit einsieht und voller Reue, Entsagung und Verständnis ist, wenn er die Entwicklung von Kopf und Herz vorantreibt, dann ist er wirklich so weit, das Ideal zu erkennen. Dann hat er nur das Ideal im Sinn. Diese konzentrierte Ausrichtung ist das, was man unter *Dhāranā* versteht.

Wohin euer inneres Bewusstsein auch wandert, erzieht es, immer und überall nur den göttlichen Urgrund *(brahman)* zu sehen. Welche Ideen und Gedanken es auch hervorbringt, lasst es in all diesen Schöpfungen der Geistmaterie das Absolute sehen.

Behandelt euren Geist *(citta)* wie ein kleines Kind. Zieht ihn groß, unterrichtet ihn, sodass er immer weiser wird; erzieht ihn liebevoll zum Guten; lehrt ihn, dass alles, was er sieht, nur Produkte der eigenen Vorstellung sind; helft ihm, all seine Ängste und Schwächen zu überwinden, und richtet seine Aufmerksamkeit ausschließlich auf das Ziel. Wendet im Umgang mit dem Geist niemals Gewalt an. Durch Zärtlichkeit und Geduld lässt er sich leicht beeinflussen. Korrigiert seinen Eigensinn, indem ihr ihm eine Haltung des Verzichts nahebringt. Macht Schluss mit seiner Unwissenheit, indem ihr ihn das Wissen um das wirkliche Selbst *(ātman)* lehrt. Stärkt sein in ihm bereits angelegtes Interesse, die Wahrheit über das Absolute zu erfahren. Helft ihm, die Anziehungskraft der durch Phantasie und Laune geschaffenen Trugbilder, die falsch und vergänglich sind, zu überwinden, den Blick nach innen zu richten und sich von der äußeren Welt abzuwenden. Mit diesen Mitteln könnt ihr den Bewusstseinszustand erreichen, der *Dhāranā* genannt wird.

Sowohl während des Wach- und Traumzustandes als auch während des Vorgangs des mentalen Spinnens und Webens farbenfroher Bilder durch die Einbildung muss der Geist *(citta)* sorgfältig beobachtet und trainiert werden. Man muss ihn dazu bringen, auf einen Punkt, auf das Göttlich-Absolute *(brahman),* und auf nichts anderes ausgerichtet zu sein und gleichmäßig und stetig dorthin zu fließen, wie das Wasser aus einem Rohr. Das ist richtiges *Dhāranā.*

Dhyāna – Meditation – ist höheres Wissen *(jnāna),* das nur auf einen Punkt ausgerichtet ist. Ich habe die verschiedenen Merkmale bereits in früheren Ansprachen aufgezeigt. Kurz gesagt ist Meditation das ununterbrochene Verweilen des Bewusstseins im höchsten Wissen *(jnāna),* wodurch das Bewusstsein selbst zu einer Manifestation der Weisheit *(jnāna-svarūpa)* wird. Alles das ist der göttliche Urgrund *(brahman).* Das Meer der Glückseligkeit ist überall Glückseligkeit – ob an der Quelle, im Fluss oder im Meer: Wasser ist Wasser. Ebenso besteht alles, wenn doch alles göttliche Urenergie ist, aus derselben Substanz, die in einer Vielfalt von Namen und Gestalten erscheint. Der Raum (ākāsha) innerhalb und außerhalb eines Topfes ist ein und derselbe, obwohl er in zwei Formen, als innerer und als äußerer Raum, erscheint. Auch das Göttlich-Absolute *(brahman),* das in verschiedenen Körpern mit unterschiedlichen Eigenschaften in Erscheinung tritt, ist immer Eines und nur das Eine. Es ist ebenso Eines wie der Raum innerhalb und außerhalb des Topfes. Das Erfahren des Einen und des einzig alleinigen Absoluten, ohne jedes differenzierende Gefühl für Unterschiede, ist das Kennzeichen der Meditation, die Essenz der meditativen Erfahrung, wie unterschiedlich die einzelnen Menschen auch sind.

Nach *Patanjalis* Ansicht ist der Zustand der Einheitserfahrung *(samādhi)* erreicht, wenn die Form ignoriert und nur die Bedeutung erfahren wird. Das kann auch auf andere Weise erklärt werden: Wenn der Meditierende sowohl sich selbst als auch die Tatsache, dass er meditiert, vergisst, mit anderen Worten, wenn er eins mit dem wird, über das er meditiert, dann erreicht er den Zustand reinen Bewusstseins *(samādhi).* Meditation *(dhyāna)* erfüllt sich selbst und erreicht Vollendung im Einheitsbewusstsein. Meditation ist ein Streben, das durch Bemühung Fortschritte macht; der Zustand des Einheitsbewusstseins stellt sich von selbst ohne Anstrengung ein. Es ist die Krönung der achtgliedrigen Disziplin (ashtanga).

Die höchste Form des Einheitsbewusstseins *(samādhi)* ist es, zu erkennen, dass zwischen der individuellen Seele *(jīva)* und dem göttlich-absoluten Sein *(ātman)* nicht der geringste Unterschied besteht, dass sie ein und dasselbe sind. Das ist die reife Frucht der Meditation, die kostbarste, liebste Erfahrung für den *Yogi,* das Ende der Unwissenheit, das Zeichen der Gnade Gottes. Das unaufhörliche Verlangen, alles als das göttliche Selbst *(ātman)* zu sehen, ist begrüßenswert und willkommen, denn es ist der Weg, alle Zweifel auszuräumen.

Samādhi: Es gibt zwei Arten von Einheitsbewusstsein. In dem einen – Savikalpa – besteht noch die dreifältige Unterteilung zwischen dem Wissenden, dem Wissen und dem Gewussten. In dem anderen – Nirvikalpa – wird klar, dass der Wissende ebenso das Göttliche *(brahman)* ist wie das Wissen selbst und das Objekt des Wissens. Dann hört jede impulsive Erregung oder Aktivität (vikalpa) auf. Das ist die höchste Form des Einheitsbewusstseins.

Samādhi, das Einheitsbewusstsein, ist wie das Meer, in das jede spirituelle Praxis einmündet. Die sieben Ströme *(Yama, Niyama, Āsana, Prānāyāma, Pratyāhāra, Dhāranā, Dhyāna)* finden darin ihre Erfüllung. In diesem Meer löst sich jede Spur von Gestalt und Name auf. Die dualistische Trennung zwischen demjenigen, der dient, und demjenigen, dem der Dienst erwiesen wird, zwischen demjenigen, der meditiert, und demjenigen, über den meditiert wird, ist aufgehoben und löst sich auf. Selbst die Erfahrung wird nicht erfahren. Das bedeutet, man ist nicht gewahr, dass man eine Erfahrung macht. Nur das Selbst allein existiert, nichts anderes – das ist die Einheitserfahrung, *Samādhi*. Wenn irgendetwas anderes daneben existiert, kann es nicht *Samādhi* sein. Dann ist es wie ein Traum, eine Phantasie, bestenfalls eine vorübergleitende Vision. Nichts außer dem Göttlich-Absoluten *(brahman)* findet Eingang in die Einheitserfahrung, *Samādhi.*

67. Ihr müsst euer Verlangen einschränken und eure Wünsche außer Acht lassen, um eure Konzentration während des Meditierens zu verbessern und euch darin zu vervollkommnen. Seht alles als unbeteiligter Zeuge, springt nicht hinein, lasst euch in nichts verstricken. Wenn sich die Fesseln lösen, werdet ihr Fröhlichkeit und Leichtigkeit empfinden.

Meditation ist die Aufgabe des inneren Menschen: Sie besteht aus innerer Ruhe, dem Leerwerden des Geistes (mind) und dem Erfülltsein mit dem Licht, das von dem göttlichen Funken im Inneren ausgeht. Das ist eine Disziplin, die man keinem Lehrbuch entnehmen kann; kein Unterricht kann Meditation *(dhyāna)* lehren. Läutert eure Gefühle, klärt eure Impulse, füllt euer Herz mit Liebe an! Die Meisterschaft darin ist Sinn und Zweck der Meditation.

Die Mutter kann das Kind auf den Schoß nehmen und ihm Worte vorsagen, um es zum Sprechen anzuregen, aber das Kind muss seine eigene Zunge benutzen und sich selbst anstrengen. Ebenso kann euch auch jemand zeigen, wie ihr sitzen müsst: mit gekreuzten Beinen und geradem Rücken. Man kann euch die Haltung der Hände und Finger beibringen und sagen, dass ihr langsam und stetig atmen müsst, aber wer kann euch lehren, euren umherwandernden Geist zu kontrollieren?

Wenn eure Meditation sich mithilfe der *So'ham*-Atmung stabilisiert hat, könnt ihr beginnen, eure Gedanken auf die Gestalt Gottes, die ihr erwählt habt und der euer Sehnen gilt (ishtadevatā), zu fixieren. Verwendet anfangs fünfzehn bis zwanzig Minuten darauf, euch diese Gestalt von Kopf bis Fuß vorzustellen. Das wird euch helfen, die Gestalt fest im Schrein eures Herzens zu verankern.

Dann werdet ihr überall nur diese Gestalt sehen, ihr werdet Ihn und nur Ihn in allen Lebewesen finden. Ihr werdet den Einen erkennen, der sich als Viele manifestiert. „Ich bin *Shiva,* Er ist ich, ich bin Er, nur Er ist." Jeder kann in der Zurückgezogenheit des eigenen Hauses so meditieren, wie es seiner Überzeugung entspricht.

68. Das A-U-M oder *OM* repräsentiert das Prinzip *OM Tat Sat* – „Das ist die Wirklichkeit", „Ich bin die Wirklichkeit", „Die Wirklichkeit ist eins". Das *OM* ist die immer gegenwärtige innere Stimme, das Echo des göttlichen Rufes aus der Tiefe eures Herzens. Lauscht in euch hinein und lasst euch von ihm freudig erregen. Das ist die innere Gottesanbetung, die im rituellen Gottesdienst ihren äußeren Ausdruck findet. Sinnt über das *OM* nach, seht in ihm das Symbol der inneren Flamme, die während des Wachens, im Zwielicht des Traumes und im Schlaf der Nacht leuchtet.

Wiederholt das *OM* langsam und werdet euch seines gewaltigen Potenzials bewusst. Das A kommt aus der Kehle, das U rollt über die Zunge und das M endet auf den Lippen. Das *OM,* das sich aus A-U-M zusammensetzt, ist die Summe und Essenz aller Worte, die je über menschliche Lippen kommen können. Es ist der allem zugrundeliegende Urlaut, der das Universell-Absolute symbolisiert. Nach dem M muss eine ungehörte Resonanz nachschwingen, die das form- und eigenschaftslose Sein (nirākāra parabrahman) repräsentiert. Der anschwellende Ton des *OM* muss sich im M umkehren und ebenso langsam abfallen wie er aufstieg, wobei er beim Abschwellen genauso lange andauert wie beim Anschwellen, um schließlich in das Schweigen einzugehen, dessen Echo das innere Bewusstsein erfüllt.

69. In der Meditation dürft ihr nicht wanken und von einem Ideal zum anderen wandern. Sie darf auch nicht zu einem mechanischen Vorgang wie aus einem Lehrbuch werden. Sie ist eine strenge Disziplinierung der Sinne, der Nervenimpulse und der Flügel der Imaginationskraft. Die Meditation ist das Tal des Friedens, das auf der anderen Seite eines gewaltigen Gebirges mit Gipfeln liegt, welche die „sechs inneren Feinde" genannt werden. Man muss über die Berge klettern, um die dahinter liegende Ebene zu erreichen. Man muss den Schleier zerreißen, sonst kann das Licht den Weg nicht erhellen.

Der Nebel besteht aus der verwirrenden Mischung der drei Grundeigenschaften *(guna),* die das uranfängliche Gleichgewicht des Universums stören: das Weiße, Gleichmäßige *(sattva),* das Rote, Aktive *(rajas)* und das Schwarze, Schwerfällige *(tamas)* – das Unbeteiligte, das Leidenschaftliche und das Träge. Um die Wirklichkeit sichtbar werden zu lassen, muss der Vorhang der Täuschung *(māyā),* der aus diesen drei Strängen gewoben ist, entweder beiseitegeschoben, zerrissen oder gelüftet werden. Der Weg der Liebe zu Gott *(bhaktimārga)* lüftet ihn, denn Gott, der ihn herabgelassen hat, wird ihn aus Mitleid für euch anheben. Selbstloses Dienen *(karmayoga)* zerstört ihn durch Handlungen, die darauf abzielen, die einzelnen Stränge zu zerreißen. Der Weg des Wissens (jñānamārga) schiebt ihn beiseite, indem er ihn als nicht wirklich vorhanden betrachtet, er fegt ihn beiseite als eine reine Erfindung der Einbildung. Dadurch verschwindet der Vorhang wirklich und bestätigt somit die Richtigkeit dieser Beweise.

Wenn das Gemisch der drei bereits erwähnten Grundeigenschaften *(guna)* den klaren Blick trübt, lässt es den Menschen im Dunkeln tappen, lässt ihm ein Ding als ein anderes erscheinen, und verbirgt die Wirklichkeit, indem es alle Schatten und Schrecken des Unwirklichen und Falschen über sie wirft. Der menschliche Geist ist das innere Instrument, das von *Māyā* dazu benutzt wird, den Menschen zu betrügen und zu verwirren. Unter ihrem Einfluss springt er von einer Einbildung zur anderen, und mit was er sich auch beschäftigt, er kommt niemals zur Ruhe. *Māyā* bewirkt, dass die Aufmerksamkeit immer auf äußere Objekte gelenkt wird; sie leistet Widerstand gegen die Nachinnenwendung des Verstandes und gegen den Prozess der Selbstanalyse und Selbstdisziplin. Wenn es dem Menschen aber gelingt, sein Denken durch Meditation auch nur ein wenig aus dem Griff von *Māyā* zu lösen, sind bereits die Weichen für die endgültige Erleuchtung gestellt.

70. Meditation *(dhyāna)* ist eine Disziplin, durch die der Geist in innerer Analyse und Synthese geschult wird. Ich wiederhole: Meditation und Beherrschung der Sinne müssen Hand in Hand gehen. Die Sinne blockieren die Straße zum Tor des Himmels. *Yoga* wird als ‚Herrschaft über die Wankelmütigkeit des Geistes' definiert. Die erste Lektion auf dem Weg des *Yoga* ist die Überwindung von Wünschen und Begierden *(kāma)*. Die erste Aufgabe der Mutter besteht darin, das Kind schlafen zu legen,

dann kann sie daran gehen, wichtigere Aufgaben zu erfüllen. So müsst auch ihr zuerst den Geist still werden lassen, bevor ihr in das Reich jenseits des Dualismus vordringen könnt.

Bewegt den Namen Gottes mit seiner ganzen Leuchtkraft immer im Herzen und wiederholt ihn ständig. Das wird die Sprunghaftigkeit eures Geistes beruhigen. In der *Gita* heißt es: „Wenn ein Sterbender mit dem letzten Atemzug das Wort für *Brahman, OM,* ausspricht, wird er in *Brahman,* das Göttlich-Absolute, eingehen." (Kapitel acht, Vers dreizehn) Ihr könnt es aber in jenem Augenblick nur aussprechen, wenn ihr euch all die Jahre eures Lebens auf das *OM* konzentriert habt. In der *Gita* wird dies als das königliche Wissen (rāja vidyā) bezeichnet. Es ist auch das königliche Geheimnis, das nach langen vorbereitenden Übungen in einer ernsthaften und aufrichtigen Atmosphäre vom Meister an den Schüler weitergegeben wird. Diese Lektion wurde ursprünglich in Prosa erteilt. *Vyāsa* war es, der sie in Versform brachte. Der Schwache kann sein wirkliches Selbst *(ātman)* nicht erkennen. Solange ihr die Quelle der Kraft in euch nicht gefunden habt, seid ihr Schwächlinge und für das größte aller Abenteuer ungeeignet.

Es mag sein, dass ihr eine Tragödie als Medizin braucht, damit ihr euch auf den Weg macht, Heilung zu finden. Allein Gott, der Barmherzige, Ewige, Allwissende weiß, was das Beste für euch ist. Heißt die Tragödie willkommen und kämpft euch hindurch, angetan mit der Rüstung des Wissens um Gott. Es ist sein Schauspiel, eure Rolle darin ist sein Geschenk; er schrieb das Textbuch; er führt Regie; er bestimmt Kostüm und Dekoration, Gestik und Tonfall, Auftritt und Abgang. Es ist eure Aufgabe, die Rolle gut zu spielen, damit er mit euch zufrieden ist, wenn der Vorhang fällt. Verdient euch durch eure Leistung und Begeisterung das Recht, immer bedeutendere Rollen zu spielen – das ist der Sinn des Lebens.

Bindet euch nicht zu sehr an die Welt und verfangt euch nicht in den Maschen ihres Netzes. Haltet eure Gefühle immer im Zaum. Nur die oberste Schicht des Meeres wird von Wellen aufgewühlt; in der Tiefe ist es ruhig. Ebenso müsst ihr, wenn ihr euch in eure eigene Tiefe versenkt, frei sein vom Aufruhr der Wogen. Seid euch bewusst, dass die meisten Dinge keinen dauernden Wert haben und daher beiseitegeschoben werden können; haltet euch nur an die solide Substanz. Benutzt eure Unterscheidungsfähigkeit, um zu erkennen, was wertloser Schrott und was wertvoller Schatz ist.

71. Das Rezitieren des *OM (pranava japa)* und die Kontemplation der Bedeutung dieser mystischen Silbe tragen dazu bei, die tobenden Wellen zu beruhigen. *OM* ist die Zusammenfassung der vedischen Lehren über das Göttliche: „*OM* – diese eine Silbe ist Gott *(brahman)*.“ Das A hat seinen Ursprung in der Gegend des Nabels; das U fließt durch die Kehle und über die Zunge, und das M endet in den geschlossenen Lippen. Es muss so langsam wie möglich zu einem Crescendo anschwellen und langsam abklingen, bis nach dem M das Echo der Stille im Herzen schwingt. Das Anschwellen des Tons, sein Abschwellen und die darauffolgende Stille versinnbildlichen den Zustand des Wachseins, Träumens und Schlafens und des vierten, der jenseits dieser drei liegt.

Meditation *(dhyāna)* ist die siebte in der Reihe von Stufen, die zur achten, nämlich zum Zustand des Einheitsbewusstseins *(samādhi)*, zum Sieg über den Geist führen. Wenn ihr nicht auf den vorangegangenen Stufen festen Fuß gefasst habt, werdet ihr immer wieder von dieser siebten Stufe zurückgleiten, wie viele Jahre ihr auch versucht auf ihr zu bleiben. Die erste Stufe ist die Beherrschung der Sinne, die zweite die Beherrschung der Gefühle und Impulse, die dritte ist das Erreichen innerer Ruhe und Ausgeglichenheit, die nächste die bewusste Kontrolle über den Atemvorgang und die Energieströme. Die fünfte Stufe ist das Ausschalten des Einflusses äußerer Vorgänge auf das Denken, die nächste die ungeteilte Konzentration auf den eigenen Fortschritt. Dann kommt die wahre Meditation, das heißt die Meditation über die eigene wahre Wirklichkeit, die mit Leichtigkeit zu deren Erkenntnis im Zustand der Einheitserfahrung *(samādhi)* führt. Ohne die vorbereitenden Stufen erklommen zu haben, könnt ihr nicht geradewegs auf die siebte und dann gleich weiter auf die achte springen!

Setzt euch ein hohes Ziel, beschließt, euch auf das größte Abenteuer zu begeben – alles wird gut arrangiert, um euch zum Sieg zu führen. Tatsächlich werdet ihr durch euren eigenen Atem zu diesem Abenteuer gedrängt, der einundzwanzigtausendsechshundertmal am Tag *„So'ham* – Er-ich" wiederholt und dadurch die Identität des Bewohners eures Leibes mit dem Prinzip, welches das Innerste des Universums ist, bestätigt. Mit eurer Zunge erklärt ihr vielleicht: „Es gibt keinen Gott", aber der Atem wiederholt ‚So' beim Einströmen und ‚ham' beim Ausströmen und macht dadurch klar, dass ‚Er', der in allem ist, das ‚Ich', der Bewohner des Körpers, ist.

Die Welt ist der dreifältige Komplex aus den Grundeigenschaften *(guna):* in sich ruhende Ausgeglichenheit *(sattva),* leidenschaftlicher Tätigkeitsdrang *(rajas)* und dumpfe Stumpfheit *(tamas).* Die Weisen haben gesagt: *„Tat Tvam Asi* – Das bist Du." *Tat* – Das – ist hier das Göttlich-Absolute, aus dem alles hervorging, aus dem alles besteht und in das alles eingeht. Es kann auf dem Weg der Gottesliebe *(bhaktimārga),* dem Weg der liebenden Hingabe und der Ergebung des Ego erkannt werden. *Tvam* – das Du, das Individuum – kann auf dem Weg des selbstlosen

Handelns *(karmamārga)* erkannt werden, dem Weg des Verzichts auf die Früchte aller Aktivitäten, die im Geiste der Anbetung und so ernsthaft wie ein Gottesdienst verrichtet werden. Dann müssen *Tat* und *Tvam* in dem Vorgang, der mit der Anerkennung des *Asi* – Du bist – bezeichnet wird, durch klare, ungetrübte Unterscheidungsfähigkeit *(jnāna)* einander gleichgesetzt werden. Das Verschmelzen von Gottesliebe *(bhakti)* und selbstlosem Handeln *(karman)* führt zu Weisheit *(jnāna)*. Gottesliebe sieht alles als *Tat* – Gott – an. Das selbstlose Handeln überwindet die Isolierung des *Tvam* – des Du. Dadurch wird der Vorgang des Einswerdens, *Asi* – Du bist – leicht gemacht.

Was bringt euch ein starker Regenguss, wenn ihr eure Regentonne verkehrt herum aufgestellt habt? Könnt ihr dann euren Wasservorrat vermehren? Es bringt keinen Vorteil, Vorträge über Religion anzuhören, wenn euer Geist nicht empfänglich ist.

Durch Meditation *(dhyāna)* erwerbt ihr Weisheit *(jnāna)* und durch die Rezitation der Gottesnamen *(japa)* entwickelt ihr Gottesliebe *(bhakti)*. Mit Hilfe dieser beiden könnt ihr euer Herz von der Geschwulst des Ego befreien. Durch das Rezitieren der verschiedenen Nuancen Seines Namens stellt ihr eine Kette der Liebe her, mit der ihr euch an Gott binden könnt. Jeder Einzelne wird zu der für ihn richtigen Zeit kommen, in seinem eigenen Tempo, durch seinen eigenen inneren Drang, auf dem Weg, den ihm Gott als den seinen zeigen wird.

In den Schriften heißt es: „Kein Fortschritt ohne Zügelung." Beherrschung steigert die Kraft, Ordnung bringt sie am besten zur Wirkung.

72. Mūka ist der Ton der Stille. Wenn ihr in die Tiefe der Stille eintaucht, hört ihr euer Selbst, den kosmischen Ur-

laut, das *OM,* das *Pranava*, das aus *Prāna,* der Grundschwingung des Lebens hervorgeht, die das Universum erfüllt. Um diesen Ton hören zu können, müsst ihr so nah wie möglich zum innersten Kern des eigenen Seins vordringen. Der Name *‚Upanischaden'* weist darauf hin. Sie fordern euch auf, euch zu nähern, tief bis zum Boden des Sees zu tauchen. ‚Upa' bedeutet ‚nahe' und ‚nishad' heißt ‚sitzend'. Nähert euch und lasst euch nieder, damit ihr hören könnt, wie das Überselbst mit der Seele flüstert. *OM* ist die Essenz und Summe der *Veden* und der darin enthaltenen Lehren. *„OM Tat Sat",* sagt die *Gita*: *Tat* – Das – mit *Sat* – Sein – ist *OM.* All dies ist das Eine ohne ein Zweites, *Brahman.* Wenn ihr Das als Sein erkennt, wird es Dies. Es ist nicht mehr Objekt, sondern Subjekt, und das Einswerden von Objekt und Subjekt manifestiert sich als *OM.*

Schärft euren Intellekt, dann wird sich euch die Einheit in der Natur offenbaren. Das ehrwürdigste und beliebteste Gebet in den Veden ist das *Gāyatrīmantra.* Es erbittet von der Quelle allen Lichts die Gnade der Stärkung des Intellekts – weiter nichts.

Patanjali definiert *Yoga* als Beherrschung (nirodha) der Erregungen (vritti) des inneren Bewusstseins *(citta).* Wenn der Geist (mind) zur Ruhe gebracht ist und die Wogen, die der Sturm des Verlangens aufgewühlt hat, geglättet sind, dann wird man ein *Yogi.* Gott ist der vollkommenste *Yogi,* denn er ist das Meer, das von den Wellen, welche seine Oberfläche in Aufruhr versetzen, unberührt bleibt. *Yoga* dieser Art ist das beste Mittel, um zum Herrn der *Yogis,* Yogīshvara, zu gelangen. Das Rezept ist die Beherrschung der Sinne, nicht die Beherrschung der Atemtechnik.

73. Lasst das Bewusstsein der Vielheit hinter euch und pflegt das Bewusstsein der Einheit. Das wird Kampf, Not,

Schmerz und Stolz ein Ende bereiten. Seht alles als Ausdrucksformen ein und desselben Gottes an, als Bilder auf ein und derselben Leinwand, als Glühbirnen, die zwar in Stärke und Farbe verschieden sind, jedoch von demselben Strom zum Leuchten gebracht werden. Es gibt nur eine Welt, aber jeder sieht sie aus seinem eigenen Blickwinkel, und deshalb scheint sie viele Gesichter zu haben.

In den *Veden* heißt es: „Nur das Eine existiert; die Weisen nennen es vielgestaltig." Die materielle Welt *(prakriti)* ist die Manifestation Gottes *(purusha)*. *Brahman* bedeutet brihat – groß, das Größte, das Ausgedehnteste. Sarasvatī, die zu Tage getretene göttliche Kraft, ist die Göttin des Tons, des Wortes (vāk) – sie ist der göttliche Drang, der Ausdruck und Manifestation bewirkt.

74. Was ist die Symbolik der Finger? Der Daumen repräsentiert das ewige Absolute *(brahman)*, das allem innewohnende Urprinzip. Der Zeigefinger, der auf dieses und jenes, auf dich und andere weist, ist das Individuum *(jīvin)*, das sich als anders und isoliert empfindet. Wenn beide Finger an ihren Spitzen zusammengeführt und in dieser Stellung gehalten werden, formen sie das Zeichen, die Geste (mudrā) der Weisheit: Denn Weisheit besteht darin, dass das Individuum *(jīvin)* mit dem Absoluten *(brahman)* eins wird und sich seines Einsseins bewusst ist. Die anderen drei Finger stellen die materielle Welt *(prakriti)* dar, die nicht mehr in Erscheinung tritt, wenn das Einswerden vollzogen ist. Sie repräsentieren die drei Grundeigenschaften *(guna)*: Ausgeglichenheit *(sattva)*, Tätigkeitsdrang *(rajas)* und Trägheit *(tamas)*, die durch ihre Wechselbeziehung die Welt der Erscheinungen entstehen lassen.

75. Verlangen ist ein Sturm, Gier ein Strudel, Stolz ein Abgrund, Abhängigkeit eine Lawine und das Ego ein Vulkan. Haltet diese Dinge von euch fern, damit sie nicht euren Gleichmut stören, wenn ihr meditiert oder den Namen Gottes rezitiert.

Der Weg zur Erkenntnis des Selbst durch geistige Vertiefung (ātmavicāra) wird am besten durch die *Upanischaden* aufgezeigt. Ebenso wie der Flusslauf durch Dämme reguliert und die Wasserflut dem Meer zugeleitet wird, lenken die *Upanischaden* die Sinne, den Verstand (mind) und den Intellekt und helfen dem Individuum, das Meer zu erreichen und seine Individualität im Absoluten aufgehen zu lassen. Aber die *Upanischaden* und die *Gita* sind nur Wanderkarten und Fremdenführer. Habt die Gestalt Gottes vor Augen, wenn ihr meditiert, und seinen Namen (irgendeinen seiner Namen) auf den Lippen, wenn ihr den Namen rezitiert *(japa)*. Die Verkörperung des Namens, seine Gestalt (rūpa), wird euch hören und antworten. Das Meditieren über die Gestalt und das Rezitieren ihres Namens sind die einzig wirksamen Mittel, die zur Überwindung aller Unrast führen.

Das Geheimnis ist, dass ihr im Wachzustand so sein solltet wie im Schlaf – wenn ihr tief in eurem Inneren wach seid für das, was ihr wirklich seid. Der Schlaf steht allerdings unter dem Einfluss der alles verhüllenden Täuschung *(māyā)*. Erwacht aus der Täuschung, aber versenkt euch in diesen Schlaf, das ist die wirkliche Einheitserfahrung *(samādhi)*. Rezitation der Gottesnamen *(japa)* und Meditation *(dhyāna)* sind die Mittel, durch die ihr sogar die göttliche Gnade zwingen könnt, die Gestalt und den Namen anzunehmen, die ihr ersehnt. Gott muss die Gestalt annehmen, die ihr erwählt habt, er muss den Namen tragen, der euch lieb ist – tatsächlich gestaltet ihr ihn auf diese Weise.

76. Nachdem der Vogel hierhin und dorthin, höher und immer höher geflogen ist, muss er sich am Ende doch auf einem Baum zur Ruhe niederlassen. So sucht auch der reichste und mächtigste Mensch inneren Frieden *(shānti)*. Ohne Frieden ist das Leben ein Alptraum. Ihr könnt ihn nur in einem Laden bekommen: in der inneren Wirklichkeit. Die Sinne führen in einen Sumpf, der euch immer tiefer im Wechsel von Freud und Leid versinken lässt, und das bedeutet andauernde Unzufriedenheit. Nur das Nachsinnen über das Einssein kann Furcht, Rivalität, Neid, Gier und Verlangen – all die Gefühle, die Unzufriedenheit hervorrufen – zum Schweigen bringen und ungestörten Frieden vermitteln. Jeder andere Weg führt nur zu einer Scheinbefriedigung.

77. Das Gebet ist der Atem der Religion: Es führt den Menschen zu Gott und bringt beide mit jedem Seufzer einander immer näher. Meditation ist das Lauschen auf die himmlische Musik, auf die Flöte *Krishnas,* mit dem für ihre Melodie geschärften inneren Ohr. *Yoga* ist das Eingehen des Geistes ins Glück des Selbstvergessens, wenn das Bewusstsein von dieser Musik erfüllt ist. Worte wie diese können die unbeschreibliche ekstatische Seligkeit nicht zum Ausdruck bringen, die man empfindet, wenn man nach langem Exil wieder nach Hause gekommen ist.

78. Viele, die an Unfruchtbarkeit, Hautausschlägen oder einer schweren Krankheit leiden, legen das Gelübde ab, Pilgerreisen zu den Tempeln Subrahmanyas (in Form einer Schlange dargestellt) zu unternehmen. Das Rückgrat des Menschen, das im Gehirn in dem ‚tausendblättrigen Lotos' endet, gleicht einer aufgerichteten Schlange, die ihre Haube aufstellt.

Durch die Wissenschaft des *Kundalinīyoga* wird die Lebensenergie des Menschen, die zusammengerollt wie eine Schlange am untersten Ende der Wirbelsäule, im ersten *Chakra,* dem Mūladhara, liegt, erweckt und erregt, sodass sie sich durch sechs weitere *Chakras* aufrichtet, bis sie den ‚tausendblättrigen Lotos', das Sahasrāra-*Chakra,* am Scheitelpunkt des Schädels erreicht. Der Weg der Lebensenergie führt durch den Sushumnā-Nerv im Zentrum der Wirbelsäule. Die Verehrung der Schlange, die oft als Aberglaube lächerlich gemacht wird, ist das symbolische Gegenstück zu dieser großen *Yoga*-Übung, die Schwung und Vitalität verleiht.

Überlegt euch, warum Tirupati als ein heiliger Ort und Ziel für Pilgerfahrten angesehen wird. Der Herr, den man dort als Venkatesvara verehrt, wird auch ‚der Herr der sieben Hügel' genannt; denn man muss sieben Hügel erklimmen, bevor man den Tempel erreicht. Es ist offensichtlich, dass dies auf die sechs *Chakras* und das Sahasrāra-*Chakra* Bezug nimmt und aussagen soll, dass im *Rājayoga* die Erkenntnis des Höchsten nur möglich ist, wenn der Mensch die Lebensenergie (kundalinīshakti) auf die siebte Stufe anhebt. Einer der Hügel heißt Seshagiri, was Schlangenberg bedeutet. Von der Ferne sieht diese Hügelkette wie eine Schlange aus, die ihre Haube gespreizt hat.

So hat jeder Name Gottes eine tiefere Bedeutung. Was bedeutet zum Beispiel Subrahmanyam im eigentlichen, tieferen Sinn? Einer, der zum Urgrund aller Dinge, zum kosmischen Bewusstsein, zur Erkenntnis des Universell-Absoluten *(brahman)* vorgedrungen ist. In den *Veden* wird *Vishnu* auch ‚Parama' genannt. Das bedeutet Paramanu, das Atom. Er ist allgegenwärtig, so wie das Atom als Grundlage und Substanz des Universums allgegenwärtig ist. *Vishnu* ist sowohl Ursache als auch Wirkung, denn als die Zeit begann, existierte nichts anderes. Das Eine wurde zur

Vielheit; wenn die Vielheit verschwindet, bleibt das Eine.

Shankara, der größte Philosoph des *Advaita,* der Lehre von der nichtdualen Natur des Seins, gründete vier Schulen praktischer Philosophie, Mutts genannt, in entlegenen Regionen Indiens. Seiner Lehre zufolge besteht der erste Schritt auf dem Weg zur Erkenntnis der Einheit allen Seins in der Verehrung eines konkreten Gottessymbols (upāsana), das die ekstatische Erfahrung des Einswerdens vermittelt.

Körperliche, geistige und stimmliche Übungen

1. Was bezweckt die spirituelle Übung, sich nicht mit dem Körper (deha) zu identifizieren? Ihr Sinn besteht darin, den Versuchungen der Sinne zu widerstehen und die sechs inneren Feinde, nämlich Begierde, Ärger, Geiz, Abhängigkeit, Stolz und Bosheit, zu besiegen. Ärger verwandelt den Menschen in einen betrunkenen Wüstling. Die anderen negativen Neigungen sind ebenso schlecht. Lasst euer Tun heilsam sein, nehmt nur reine Nahrung zu euch, Nahrung, die das innere Gleichgewicht, das ihr durch eure spirituelle Praxis erwerbt, nicht stört. Unterbrecht nicht den gleichmäßigen Fluss eurer Disziplin. Denkt an Ramadas und daran, dass er die Übung der Namenswiederholung niemals aufgab, obwohl man ihn verspottete und ins Gefängnis warf.

2. Selbst wenn ihr nicht an Gott oder eine bestimmte Gestalt jener allem innewohnenden Kraft glaubt, beginnt, die Launen eurer Gedanken und Gefühle, den Sog des Ego und die Anziehungskraft sinnlicher Reize zu beherrschen. Helft anderen! Euer Gewissen wird es euch danken und euch glücklich und zufrieden machen, auch wenn ihr von anderen keinen Dank erntet. Leben ist das stete Streben auf ein Ziel hin. Es ist keine

sinnlose Gefängnisstrafe und auch kein albernes Picknick. Seid demütig und geduldig; urteilt nicht voreilig über andere und deren Motive.

3. Macht euch frei vom Einfluss der Sinne. Nur dann kann das wirkliche Selbst *(ātman)* leuchten. Damit will ich nicht sagen, dass ihr eure Sinne zerstören sollt. Der Geist (mind) muss von seinen gegenwärtigen Gefährten, den Sinnen, abgezogen werden und seinem eigentlichen Herrn, der höheren Intelligenz *(buddhi),* treu ergeben sein. Das bedeutet, dass ihr mithilfe eures Unterscheidungsvermögens *(viveka)* die Spreu vom Weizen trennen und euer Verlangen auf Dinge richten müsst, die von Dauer sind und euch stärken.

4. Die Taten, gute wie schlechte, die auf der körperlichen Ebene ausgeführt werden, berühren die Seele *(jīva)* nicht. Alles, was mit dem Körper getan wird, erlebt sie nur mittels des Körpers. Es ist falsch zu glauben, dass die Sünden, die mit dem Körper begangen und durch den Geist wahrgenommen werden, der Seele zugeschrieben werden könnten. Die Seele des Menschen befindet sich in ewiger Zufriedenheit. Die mit dem Körper begangenen Sünden betreffen sie nicht. Spirituelle Übungen *(sādhana)* haben im Wesentlichen nicht die Erlösung der Seele *(jīvanmukti)* zum Ziel, sondern dienen dazu, den Unterschied zwischen Körper und Seele bewusst zu machen und zu verinnerlichen und die falschen Vorstellungen von der Rolle des Körpers hinter sich zu lassen.

5. Als Tukaram gefragt wurde, wie man seinen affenähnlichen Geist davon abhalten könne, sinnlichen Vergnügen

nachzulaufen, antwortete er: „Lasst den Affen laufen und bleibt, wo ihr seid. Erlaubt es dem Körper nicht, dem Affen zu folgen." Sagt eurem Verstand einfach: „Ich werde dir den Körper nicht als Diener überlassen", dann wird er von seinen Wünschen Abstand nehmen und kann auf diese Weise besiegt werden. Ebenso wie es eine Technik gibt, ein Haus abzureißen, gibt es eine Technik, die komplexe Struktur mentaler Funktionen abzubauen.

6. Die Leiter muss der Höhe entsprechen, die ihr erklimmen wollt, nicht wahr? Eure spirituellen Anstrengungen *(sādhana),* um den Verstand (mind) zu zügeln, müssen euch Stufe um Stufe weiterführen, bis ihr die direkte Erfahrung Gottes (sākshātkāra) macht. Der Reis muss in einem Topf gekocht werden, bis er gar und genießbar ist. Solange muss das Feuer brennen. Kocht euren Geist im Gefäß des Körpers mit dem Wasser der Sinne, bis er weich ist. Die spirituellen Übungen *(sādhana)* sind das Feuer. Lasst dieses Feuer stets hell lodern, dann wird die individuelle Seele *(jīva)* schließlich Gott (deva) werden.

7. Wer seine Sinne vollkommen beherrscht, wird imstande sein, Erlösung *(moksha)* zu erlangen.

8. Ihr solltet sehr stetig und langsam an eurem Geist (mind) arbeiten und ihn unter Kontrolle bringen. Ihr dürft es niemals zu eilig haben und Gewalt anwenden, um ihn zu bezwingen. Wie bringt ihr eine Kuh zurück, die immer wegläuft, um die Ernte vom Feld zu fressen? Ihr versucht herauszufinden, welches Futter sie draußen sucht und gebt ihr noch besseres Futter im Stall. Dann wird sie das Weglaufen allmählich aufgeben. In gleicher Weise wandert euer Verstand umher und verweilt bei ver-

schiedenen Dingen. Er möchte sich mit den unterschiedlichsten Gedanken befassen. Um euren Geist, der auf die Erfüllung weltlicher und sinnlicher Wünsche ausgerichtet ist, beherrschen zu lernen, müsst ihr den viel schöneren Gedanken an Gott an die Stelle dieser Wünsche setzen. Wenn ihr eure Gedanken dazu bringt, sich mit Gott zu beschäftigen, wird euer Geist sich langsam von materiellen Wünschen abwenden. Heute setzen sich die Menschen unter großen Druck, um sich von weltlichen Wünschen zu befreien, doch sie haben keinen Erfolg damit. Sie erleiden Niederlagen und fühlen sich gedemütigt. Tatsächlich sind diese Wünsche und Abhängigkeiten, die der menschliche Geist entwickelt, charakteristisch für die heutige Zeit. Selbst eure höhere Intelligenz ist nicht in der Lage, den Geist wirkungsvoll zu beeinflussen. Unter diesen Umständen müsst ihr entweder die Einsamkeit aufsuchen oder in der Gesellschaft gottesfürchtiger Gleichgesinnter gute Gedanken fördern und euren Verstand in die richtige Richtung lenken. Eines von beidem müsst ihr tun, wenn ihr euren Geist beherrschen wollt.

9. Wenn ihr euch ununterbrochen klarmacht: „Es ist Er, nicht ich“, „Er ist die Kraft, ich bin nur das Werkzeug“, wird euer Egoismus vernichtet. Führt Seinen Namen immer auf den Lippen. Denkt immer, wenn ihr etwas Schönes oder Großartiges seht, über Seine Herrlichkeit nach; seht in jedem Gott selbst, der diese Gestalt angenommen hat. Redet nicht schlecht über andere, sondern seht nur das Gute in ihnen. Begrüßt jede Gelegenheit, anderen zu helfen, sie zu trösten und ihnen auf ihrem spirituellen Weg Mut zu machen. Seid bescheiden und bildet euch nichts auf Wohlstand, Machtbefugnisse, Bildung oder soziale Stellung ein.

10. Alle achtzehn *Puranas*, die von *Vyāsa* verfasst wurden, können in zwei Grundsätzen zusammengefasst werden: Tut Gutes und schadet niemandem. Gutes zu tun ist die Medizin und niemandem zu schaden die Diät, die während der Behandlung eingehalten werden muss. Das ist das Heilmittel für die Krankheit, die den Menschen unter Freud und Leid, Ehre und Schande, Gedeih und Verderb, unter dieser Zange der dualistischen Gegensätze leiden lässt, die ihn quält und ihm die innere Ausgeglichenheit raubt.

11. Das Ego ist der Feind Nummer eins des spirituellen Fortschritts. Egoismus ist die oberste Exekutive des Kali-Königs, des Herrschers des heutigen Eisernen Zeitalters *(kaliyuga)*. Die Welt wird heute vom Egoismus und seinen üblen Begleitern verfolgt und belästigt. Er züchtet die Geißeln der Habsucht und des Hasses. Selbst die Führer asketischer Orden und die Oberhäupter monastischer Institutionen leiden unter Egoismus und haben Spaß daran, mit anderen Orden und Institutionen zu konkurrieren und zu streiten. Einige von ihnen tragen prunkvolle Zeichen ihrer geistlichen Würde zur Schau, besonders wenn die Kameras auf sie gerichtet sind. Es gibt ein Sprichwort, das besagt, ein spirituell Suchender *(sādhaka)* solle essen wie ein Hund und leben wie ein Fuchs. Das bedeutet, er soll mit allem, was er bekommt, zufrieden sein und sich zur Ruhe legen, wo er gerade einen Platz findet.

12. Es ist äußerst wichtig, dass allen spirituellen Übungen *(sādhana)* eine Besserung des Charakters vorausgeht. Inmitten von Unreinheit, Verdorbenheit und übler Gesinnung bleiben spirituelle Übungen erfolglos. Sie sind ein Juwel am Kopf einer Kobra, das heißt: inmitten von Gift und Grausamkeit.

13. Das Studium der *Shāstras* und heiligen Schriften sollte nicht dazu dienen, euer Ego aufzublähen. Es muss euch demütig und gleichzeitig widerstandsfähiger gegen Versuchungen werden lassen.

14. Selbstverständlich ist alles eine Frage tief verwurzelter Mängel, Charakterzüge oder Lebenseinstellungen. Ihr könnt von eurem Bankkonto nur so viel abheben wie ihr vorher eingezahlt habt. Ihr müsst den Kontostand prüfen, bevor ihr einen Scheck ausstellt oder eure Vermögenswerte berechnet. Fangt an, erhöht euer Guthaben. Verschwendet es nicht fieberhaft und unbesonnen.

15. Ein Diamant ist zunächst nichts weiter als ein harter Kiesel, ein unscheinbarer Stein. Erst wenn er von einem geübten Handwerker geschliffen wird, bekommt er eine facettenreiche, funkelnde Leuchtkraft. Lasst es zu, selbst so behandelt zu werden, dass all eure Stumpfheit verschwindet und ihr zu leuchtenden Diamanten werdet.

16. Handelt! Handelt mit eurer gesamten Macht und ganzen Kraft des Geistes. Macht vollen Gebrauch von der Erfahrung und den Fähigkeiten, dem Mut, Vertrauen und allem, mit dem ihr begabt seid. Dann wird Gott euch segnen.

17. Leid verleiht euch erhöhten Anspruch auf die Gnade Gottes. Seid froh, wenn das Leid in einer Welle nach der anderen kommt, denn dann ist das Ufer nah. Ertragt es tapfer. Schiebt die Schuld nicht wie Feiglinge auf eine äußere Macht und entwickelt keine Ablehnung gegen Gott.

18. Ihr müsst langsam alle Abhängigkeiten loswerden, die euch vom Weg abbringen. Nur dann könnt ihr aufrecht stehen, ohne euch unter Lasten zu beugen.

19. Wenn sich im Alltag von Männern, Frauen und Kindern kein Sinn für Schönheit und Harmonie ausdrückt, ist ihr Leben verschwendet, es ist eine Last, ein schlechter Witz.

20. Badri ist der Ort, an dem der Tradition nach das Band zwischen Mensch und Gott, *Nara* und *Narayana,* geknüpft wird und wo man sich dessen erinnert. Ihr könnt das Band zwischen Mensch und Gott auch hier herstellen. Wenn ihr euch von der Täuschung befreit, seid ihr Gott, *Narayana.* Wenn ihr der Täuschung verfallt, bleibt ihr dem Menschsein, Nara, verhaftet. Das ist das ganze Geheimnis.

21. Tut, was ihr sagt; sagt, was ihr denkt und fühlt. Knebelt euer Gewissen nicht, indem ihr es gewaltsam unterdrückt und Handlungen ausführt, die es nicht billigt.

22. Ein Lächeln ist die Rose, die am dornigen Zweig eines Seufzers wächst. Vergießt Tränen, aber nur Tränen der Freude; Freude darüber, dass ihr von den Ketten des Verlangens befreit seid.

23. Spirituelle Übungen *(sādhana)* bleiben wirkungslos, wenn man seine Sinne nicht beherrscht. Ebenso gut könnte man versuchen, Wasser in einem undichten Gefäß aufzubewahren. *Patanjali,* der berühmte Autor des Yogasūtras, sagte, dass euch der Sieg sicher ist, wenn ihr die Zunge erobert. Wenn

eure Zunge nach einer Köstlichkeit verlangt, stellt sicher, dass ihr ihren Launen nicht nachgebt. Die Mönche und klösterlichen Würdenträger dieses Landes sind zur leichten Beute ihrer Zunge geworden und nicht in der Lage, ihren Gelüsten zu widerstehen. Sie tragen die Kutte der Entsagung, verlangen aber nach dem Genuss feinster Delikatessen und schaden dadurch dem Ansehen des institutionellen Mönchtums. Wenn ihr euch konsequent daran haltet, nur einfache, nahrhafte Speisen ohne scharfe Gewürze zu euch zu nehmen, wird sich die Zunge ein paar Tage lang beschweren, aber es dann sogar begrüßen. Das ist die richtige Methode, mit ihr fertig zu werden und die schlimmen Folgen zu vermeiden, die sich einstellen, wenn sie euch beherrscht. Da die Zunge auch an Klatsch und zweideutigem Gerede interessiert ist, müsst ihr auch diese Neigung bekämpfen. Redet wenig, redet sanft, redet nur, wenn es absolut notwendig ist, und nur mit jenen, mit denen ihr reden müsst. Schreit nicht und erhebt nicht eure Stimme im Ärger oder in der Erregung. Solche Selbstbeherrschung wird eurer Gesundheit und eurem inneren Frieden zugutekommen. Sie führt zu besseren Beziehungen zu euren Mitmenschen und vermindert die Kontakte und Konflikte mit anderen. Ihr werdet vielleicht manchmal als Spielverderber ausgelacht, aber andererseits gibt es genügend Ausgleich dafür. Ihr spart Zeit und Energie und könnt eure inneren Kräfte zu größerem Nutzen einsetzen. Seht dies als meine besondere Geburtstagsbotschaft an: Beherrscht euren Appetit und beherrscht euer Sprechen.

24. Ihr müsst durch Vorbild und Beispiel zeigen, dass der Weg der Selbsterkenntnis der Weg zur vollkommenen Freude ist. Auf euch ruht daher eine große Verantwortung: Die Verantwortung, durch eure Ruhe, Ausgeglichenheit, Bescheiden-

heit, Reinheit, Tugend, Entschlossenheit und durch euren Mut in allen Lebenslagen sichtbar zu machen, dass eure spirituellen Übungen euch zu besseren, glücklicheren und nützlicheren Menschen gemacht haben. Lasst euer Leben sprechen; verkündet nicht mit Worten, was von euren Taten widerlegt wird.

25. Als Erstes müsst ihr das Wesen des Ziels klar erkennen – Gott, das Gute, das Absolute, wie ihr es auch nennt – seine Größe, seine Güte, seine Herrlichkeit. Allein diese Erkenntnis wird euch motivieren und zu ihm hinstreben lassen. Das Universelle Absolute, von dem ihr ein Teil seid, ist rein, wahr, ohne Ego, unbegrenzt und ewig. Verweilt in Gedanken bei ihm, und die in euch verborgene Selbstlosigkeit, Wahrheit, Reinheit und Unsterblichkeit wird sich von Tag zu Tag deutlicher manifestieren.

26. Durch spirituelle Übungen *(sādhana)* könnt ihr diese Vollkommenheit erlangen. Seid euch bewusst, dass ihr das unvergängliche, reine Selbst *(ātman)* seid. Dann werden Gewinn und Verlust euch nicht berühren, und kein Gefühl der Demütigung oder Verzweiflung kann euch quälen. Nur die Schwachen fürchten sich davor; der Starke fegt sie ohne Bedenken beiseite. Solange eure Sinne euch beherrschen, bleibt innere Ausgeglichenheit nur ein Traum; seid ihr Herr eurer Sinne, könnt ihr sein, was ihr wirklich seid: ungehindert und frei.

27. Seid wie die Schildkröte. Sie kann im Wasser und auf dem Land leben. Das bedeutet: Entwickelt innere Ausgeglichenheit, die es euch ermöglicht, gedanklich auf Gott ausgerichtet zu sein, ganz gleich, ob ihr in Gesellschaft oder allein

seid. Zurückgezogenheit (ekānta) ist das Nichtwahrnehmen der Menschenmenge um euch herum. Es kommt darauf an, was ihr euch aus der Zurückgezogenheit eures Geistes heraus erschafft. Hier zum Beispiel, wo ihr einander nicht stört, genießt jeder von euch vollkommene Zurückgezogenheit (ekānta).

28. Ich rate euch, eure Gottesverehrung in eurem täglichen Leben in die Tat umzusetzen. Lasst eure Gefährten hier und in euren Dörfern eure Disziplin, euren Gehorsam gegenüber euren Eltern und eure tiefe Verehrung für eure Lehrer erkennen. Seid ein Licht in eurem Dorf, leuchtet als ein strahlendes Beispiel der Tugend und Selbstkontrolle. Verfallt nicht in schlechtes Benehmen, Verantwortungslosigkeit und üble Gewohnheiten. Benehmt euch in euren Dörfern, oder wo ihr auch seid, ebenso vorbildlich wie hier. Steht auch dort zwischen drei und sechs Uhr morgens *(brahmamuhūrta)* auf und meditiert.

29. Die von Gott motivierte Willenskraft ist die aktive Kraft, die euch für euren Fortschritt zur Verfügung steht. Sie wird Entschlusskraft (samkalpabala) genannt. Ihr müsst sie durch Konzentration und Rezitation der Namen Gottes *(japa)* entwickeln. Die Gedanken müssen dazu gebracht werden, dem Willen zu gehorchen. Gegenwärtig werdet ihr von den Launen der Gedanken und Gefühle leicht vom Weg abgelenkt. Darum sage ich euch: Seid auf der Hut, WATCH! ‚W‘ steht für: Achtet auf eure Worte. ‚A‘ steht für: Achtet auf eure Taten (englisch: action). ‚T‘ steht für: Achtet auf eure Gedanken (thought). ‚C‘ steht für: Achtet auf euren Charakter. ‚H‘ steht für: Achtet auf euer Herz. Wenn die Armbanduhr (watch) euch jede Sekunde daran erinnert, dass ihr diese fünf im Auge behalten müsst, dann könnt ihr glücklich sein.

30. Gebt dem Baum des Verlangens kein Wasser und keine Nahrung. Intoleranz ist das Ergebnis von Ärger, Hass und Neid. Gebt euch alle Mühe, das erste Aufwallen von Ärger zu unterdrücken. Er überkommt euch nicht unversehens. Ihr merkt, dass euch heiß wird, die Lippen zucken, die Augen röten sich. Wenn ihr die ersten Anzeichen spürt, trinkt ein Glas kaltes Wasser in kleinen Schlucken, schließt die Tür hinter euch und legt euch ins Bett, bis der Anfall vorüber ist und ihr über eure eigene Torheit lachen könnt. Das mag schwierig erscheinen, aber darin müsst ihr euch üben. Denn wenn ihr eurer Neigung, wütend zu werden, nachgebt, werden die Folgen so schwerwiegend sein, dass ihr es lange bereut.

31. Schreibt einmal alles auf, was ihr euch bisher sehnlich gewünscht habt. Ihr werdet feststellen, dass ihr nur nach Belanglosem Verlangen hattet, nach Augenblickserfolgen, nach vergänglichem Ruhm. Um eurer inneren Reinigung willen und um vollkommen zu werden, sollte es euch einzig nach Gott verlangen. Hütet euch vor den sechs giftigen Schlangen – Sinneslust, Ärger, Geiz, Abhängigkeit, Stolz und Bosheit –, die sich in eurem Geist (mind) eingenistet haben und ihn mit ihrem Gift verseuchen. Beruhigt sie so, wie es der Schlangenbeschwörer mit seiner tanzenden Flöte tut. Die Musik, die sie zähmen kann, ist das laute Singen des Namen Gottes. Wenn sie zu berauscht sind, um sich zu bewegen und zu beißen, packt sie beim Genick und reißt ihnen die Giftzähne aus, so wie der Schlangenbeschwörer es tut. Danach können sie euer Spielzeug sein, und ihr könnt mit ihnen umgehen, wie es euch gefällt.

32. Betet, meditiert und rezitiert Seinen Namen mit zielgerichteter Aufmerksamkeit, sodass sich die Erleuchtung des Bewusstseins auf eurem Gesicht widerspiegelt, wenn ihr danach aufsteht. Eine Haustür ist dazu da, diejenigen einzulassen, die willkommen sind. Achtet darauf, dass Hunde und Esel, Staub und vertrocknete Blätter nicht durch die Tür ins Haus kommen. Die Sinne und der Verstand (mind) sind Türen, durch die schlechte Einflüsse in das Bewusstsein eindringen und sich darin niederlassen können.

33. Wir messen alles am Prüfstein unseres Ego und bilden uns dann ein Urteil. Der Verstand (mind) ist ein zweischneidiges Schwert – er kann befreien, er kann aber auch in Gefangenschaft führen. *Yoga* ist das Bezwingen der Wankelmütigkeit, die dem Verstand eigen ist. Durch das Lernen und Praktizieren des achtgliedrigen *Rājayoga (yama, niyama, āsana, prānāyāma, pratyāhāra, dhāranā, dhyāna* und *samādhi)* kann der Suchende lernen, den Verstand zu beherrschen und auszuschalten.

34. Überwindet mithilfe spiritueller Übungen *(sādhana)* eure Bindung an eure Individualität und die Sinnesfreuden; fördert mithilfe spiritueller Übungen das Verlangen, euer Herz ins Universelle auszuweiten. Vernebelt euren Verstand nicht mit dem Verlangen nach billigem Vergnügen, mit dem momentanen Hunger und Durst, der mit Krümeln oder einem Schlückchen gestillt werden kann. Sehnt euch nach der Krönung eurer Seele als unbestrittener Königin des Universums. Wenn ihr dann eins werdet mit dem Unendlichen, werdet ihr euren Triumph über die inneren Feinde feiern, die euch auf dem Marsch zum Sieg im Weg standen. Gewinnt mich als euren Wagenlenker; ich werde

euch zu dieser Vollendung führen. Verdient euch die niemals versagende Gnade durch eure ernsthafte Aufrichtigkeit, Einfachheit und spirituelle Praxis *(sādhana)*. Mönche müssen sich den Kopf glatt rasieren, damit sie von früheren Freunden und Gefährten nicht erkannt werden. Aber wir müssen feststellen, dass sie heute Anerkennung, ja sogar Würdigung, Verehrung und Anbetung erwarten – Dinge, die das Ego befriedigen und vor denen sie fliehen sollten. Der Volksmund sagt, ein Mönch solle essen wie ein Hund und schlafen wie ein Fuchs. Er soll essen, was er gerade bekommt, um den Hunger zu stillen, und schlafen, wo er gerade Unterschlupf findet. Er darf heute nicht die Nahrung für morgen horten und kein Haus bauen, um seine Tage darin zu verbringen. Entkommt den fesselnden Schlingen der Sinne und des Ego, das sie anstachelt.

35. Eure Ideale müssen höher und größer werden; eure Wünsche immer selbstloser und erhabener. Abhängigkeiten müssen sich in edlere und feinere Gefühle verwandeln. Eine Geschichte ist nur spannend, solange eine stetige Entwicklung auf ihren Ausgang hin erkennbar ist, nicht wahr? Darum werdet ihr im Schmelztiegel von Freud und Leid geläutert und durch diese Erfahrungen reiner und stärker. Wenn das Wachstum eines Kindes gestört ist, verursacht das Kummer und Sorgen; wenn es wieder normal wächst, ist die Freude groß; wenn aber das Wachstum unnormal wird, ist das wiederum ein Grund zur Sorge. Das Schwingen des Pendels macht das Leben interessant; es ist ein Übungsplatz, eine Schule.

36. „Was du nicht willst, das man dir tu, das füg auch keinem andern zu.“ Behandelt andere so, wie ihr selbst be-

handelt werden möchtet. Messt nicht mit zweierlei Maß. Betrachtet alle als euer eigenes Selbst. Das bedeutet, dass ihr Vertrauen in euch selbst haben müsst, denn nur so könnt ihr Vertrauen in andere haben. Ihr müsst euch selbst und andere achten. Egoismus ist das Maß des Altruismus. Die Menschheit ist eine Gemeinschaft. Wenn ihr euch selbst schadet, schadet ihr allen. Wenn ihr einem Menschen helft aufrecht zu stehen, führt diese Tat dazu, dass auch ihr aufrecht steht. Was ihr von anderen erwartet, für euch zu tun, ist das Maß eurer Verpflichtung ihnen gegenüber.

37. Reduziert eure Bedürfnisse, schränkt eure Wünsche auf ein Minimum ein. All dieser materielle Schnickschnack ist kurzlebig. Wenn der Tod euch eure Widerstandskraft geraubt hat, nehmen euch eure Verwandten euren Nasenschmuck ab, und in der Eile schneiden sie euch womöglich die Nase ab, um ihn zu bekommen. Wenn ihr fortfahrt, einen Wunsch auf den anderen zu häufen, wird es euch unmöglich sein, fröhlich zu gehen, wenn ihr abberufen werdet. Sucht euren Reichtum vielmehr in der Tugend, im Geist (spirit) des Dienens, in der Hingabe zu der Höchsten Macht. Das ist es, was mir gefällt und euch errettet.

38. Eine Eisenstange versinkt im Wasser, aber wenn das Eisen zu einem Hohlkörper geschmiedet wird, schwimmt es fröhlich und kann sogar Lasten tragen. So versinkt auch der Geist des Menschen leicht im Meer der Sinne. Formt ihn zu einem Hohlkörper, behämmert ihn mit dem Namen Gottes. Dann wird er sicher auf dem Meer der Turbulenzen schwimmen. Seid keine Schallplatte, welche die Lieder von anderen singt, ohne das echte Musikerlebnis zu kennen. Singt aus eurer eigenen Erfahrung vom Ruhm und der Herrlichkeit Gottes.

39. Der Direktor einer Schule ist ein gutes Beispiel für die Haltung, die ihr entwickeln müsst. Er ist sich immer bewusst, dass die Tische, Stühle und Bänke nicht sein Eigentum sind, aber er weiß, dass es seine Aufgabe ist, dafür zu sorgen, dass kein Möbelstück und Gerät verloren geht oder beschädigt wird, dass er alles unversehrt übergeben muss, wenn er aus dem Amt scheidet. Er wacht daher sorgfältig über alles, ohne innerlich daran gebunden zu sein. Die Sinne, die Intelligenz und der Verstand (mind) sind die Möbelstücke, die euch anvertraut sind. Behandelt sie pfleglich. Wenn eines davon versehentlich beschädigt wird, so macht den entsprechenden Eintrag in der Bestandsliste, erklärt die Umstände und hofft auf Gnade.

40. Eifersucht und Ärger sind aus Egoismus geborene Zwillinge. Das Ego *(ahamkāra)* ist ihre Mutter. Vernichtet die Zwillinge und entfernt ‚kara' (in Telugu: scharf gewürzt) von *Ahamkāra,* sodass nur *‚Aham'* – das Ich – übrig bleibt, mit dem ihr das Einssein mit Gott *(aham* brahmāsmi) erfahren könnt. Das ist der Zustand, den es zu erreichen, die Höhe, die es zu erklimmen gilt. ‚Kāra' (der ‚Macher') in Verbindung mit *‚aham'* (ich) ist wie ein Samenkorn, das sich, wenn man es keimen lässt, tausendfach vermehrt und Säcke voller Samen produziert. Es muss im allerersten Augenblick zerstoßen werden.

41. Esst, aber verwandelt die Nahrung in gutes Tun, gute Gedanken und sanfte Worte; handelt, aber fügt anderen dabei kein Leid zu und tragt nicht zu ihrem Unglück bei. Verurteilt euch selbst nicht als schwach, sündig, eingebildet, verdorben, verbrecherisch, gemein und so weiter. Denkt immer daran, dass ihr damit eigentlich mich, der euer inneres Selbst ist,

verurteilt. Lebt so, dass ihr mir mit jedem Atemzug und jedem Schritt näher kommt.

42. Solange ihr in Nichterkenntnis *(avidyā)* lebt, solange ihr ungeübt und unwissend seid, könnt ihr die Seligkeit nicht kosten; sie ist unerreichbar. Dann seid ihr noch mit dem dreisträngigen Seil gebunden: mit dem schwarzen Strang der Dunkelheit und Stumpfheit *(tamas),* dem roten Strang des Tatendrangs *(rajas)* und dem weißen Strang der Ausgeglichenheit *(sattva)*. Weigert euch zu glauben, dass ihr gebunden seid, und das Seil wird abfallen. Lebt so, dass ihr eurer inneren Natur kein Unrecht antut. Das bedeutet, in der ununterbrochenen Betrachtung eurer Seelenverwandtschaft mit anderen und im Einssein mit dem Universum zu leben. Tut anderen Gutes, seid freundlich zu der euch umgebenden Natur, sprecht sanft und freundlich, werdet wie ein Kind: frei von Neid, Hass und Habsucht. Wenn euer Ego die Türschwelle der Familie oder Gruppe hinter sich lässt und sich denen, die außerhalb stehen, freundlich zuwendet, dann habt ihr den ersten Schritt getan, um die Schwelle der Verblendung *(māyā)* zu überschreiten.

43. Fünf Hüllen umschließen euer wirkliches Selbst *(ātman)* und verhindern die Offenbarung seiner Herrlichkeit. Lasst diese Hüllen rein und glänzend werden. Die körperliche Hülle (annamayakosha) muss durch gute, reine Speise gereinigt werden; die Sphäre der Lebenskraft (prānamayakosha) durch ruhiges, stetiges Atmen und durch ein ausgeglichenes Temperament; die Hülle des Geistes (manomayakosha) durch heilige Gedanken und Gefühle, damit sie vom Einfluss der Sinne befreit und von Freud und Leid nicht mehr berührt werden; die Hülle der Erkenntnis

(vijnānamayakosha) durch das Nachsinnen über die transzendentale Wirklichkeit, und die Hülle der Seligkeit (ānandamayakosha) durch die Versenkung in die Glückseligkeit der Gotterkenntnis.

44. Erkennt vor allen Dingen diese Wahrheit: Sai ist in allen. Wenn ihr einen anderen hasst, dann hasst ihr Sai; wenn ihr Sai verachtet, dann verachtet ihr euch selbst. Wenn ihr jemandem Schmerz zufügt, denkt daran, dass der andere euer Selbst in anderer Gestalt und mit anderem Namen ist. Neid verursacht denen Schmerz, die beneidet werden. Warum solltet ihr gelb vor Neid werden, wenn der Wohlstand eines anderen grünt und blüht? Warum der Futterneid, wenn ein anderer sich satt isst? Werft das Laster des Neids ab, freut euch, wenn andere glücklich sind. Das erfreut Gott mehr als alle *Mantras,* die ihr rezitiert, all die Blumen, mit denen ihr sein Bild schmückt, und sogar mehr als die Stunden, die ihr in Meditation und mit der Rezitation seines Namens verbringt.

45. Die Zunge sollte nichts Schlechtes sagen, die Augen nach nichts Schlechtem Ausschau halten und die Ohren nichts Schlechtes hören wollen. Die Gegenwart Gottes heiligt jedes Wesen. Nichtachtung eines anderen gleicht der Nichtachtung Gottes. Wenn ihr der Sitte folgt und andere mit „Brüder und Schwestern" anredet, müsst ihr auch das Bewusstsein pflegen, dass Gott der Vater ist und ihr einander Brüder und Schwestern seid. Diese Bruderschaft ist wirklicher und bindet fester als Blutsverwandtschaft, denn der väterliche Besitz, der eure Erbschaft ist, kann geteilt werden, ohne dass der Anteil des Einzelnen in irgendeiner Form geschmälert wird. Wenn die Fülle (pūrna) von der Fülle abgezogen wird, ist das Ergebnis immer noch die Fülle.

46. Ein grüner Kürbis versinkt im Wasser, aber ein getrockneter schwimmt. Trocknet aus, befreit euch von allen Bindungen und Wünschen, gebt eure Sorgen und Ängste auf, dann könnt ihr ungefährdet auf den Gewässern des Werdens und Vergehens schwimmen. Selbst Wasser kann als Dunst zum Himmel aufsteigen. Macht euch leicht, verliert Gewicht, werft Ballast ab, damit ihr immer höher aufsteigen könnt. *Yoga* wird definiert als die Beruhigung der Impulse (cittavrittinirodha), die das innere Bewusstsein des Menschen in Erregung versetzen. Diese Impulse vergrößern den Ballast. Seid frei von jedem Verlangen, das euch nach unten zieht; habt einzig und allein den Wunsch, der Wahrheit von Angesicht zu Angesicht gegenüberzustehen. Diese Wahrheit leuchtet in euch und wartet darauf, entdeckt zu werden. Wie der Wäscher, der knietief im Wasser steht und doch am Verdursten ist, so leidet der Mensch, obwohl das Allheilmittel ganz nah ist.

47. Wenn ihr mit aller Aufrichtigkeit um Hilfe bittet, werdet ihr sicher eine Antwort bekommen. Gebt jedes niedere Verlangen auf und bittet aus der Tiefe eures gequälten Herzens. Betet nicht mit den Lippen, wie ihr es jetzt meist vor dem Altar tut, der in einer Ecke eurer Küche errichtet ist. Ihr betet zu Gott, schaut aber dabei auf die Töpfe, in denen das Essen kocht, und atmet hungrig die Düfte ein, die von den würzigen Speisen ausgehen. Eure Gedanken an Gott werden durch eure Abhängigkeit von den Sinnesobjekten (vishayavāsanā) zunichte gemacht. Es besteht ein ungeheurer Zwiespalt zwischen dem, was ihr sagt, und dem, was ihr tut; zwischen dem, wozu ihr fähig wäret, und dem, was ihr vollbringt. Ihr habt sicher von Uttarakumara gehört, der in Wirklichkeit ein Feigling war, aber damit angab, dass er alle Feinde im Handumdrehen überwinden könne. Er konnte

stundenlang darüber reden, wie Schlachten theoretisch zu schlagen seien, hatte aber keinerlei praktische Erfahrung. Das innere Motiv, dem die Tat entspringt – das ist es, was Gott in die Waagschale wirft.

48. Beurteilt selbst eure spirituelle Entwicklung und entscheidet, in welche Schulklasse ihr gehört. Dann entschließt euch, von dieser Klasse in die nächste aufzusteigen. Tut euer Bestes, und ihr werdet die Gnade Gottes gewinnen. Verlegt euch nicht aufs Feilschen und gebt auch nicht auf. Es ist genug, einen Schritt nach dem anderen zu tun, solange jeder von ihnen euch dem Ziel näherbringt und nicht davon wegführt. Hütet euch vor den Fallstricken des Ego in Form von Stolz auf Vermögen, Position, Bildung und so weiter. Sucht nicht nach Fehlern in anderen, sondern in euch selbst. Freut euch, wenn ihr seht, dass es anderen gut geht; teilt eure Freude mit anderen.

49. Ihr braucht kein blökendes Schaf, kein Pferd und auch keine Kuh als Opfer darzubringen, sondern müsst eure eigene Tiernatur, eure animalischen Gelüste, euren Geiz, Hass und eure Bosheit opfern. Opfert diese, und ihr erntet den Himmel unerschütterlichen Friedens. Ein Schaf zu töten, ist ein billiger Trick, auf den niemand hereinfällt. Ihr müsst vielmehr die Schafsnatur in euch töten, das feige Tier, das sich in der Masse wohlfühlt und der blinden Wut des Mobs erliegt.

50. Die Wünsche, die am Geist (mind) festkleben, sind Flecken, die das innere Bewusstsein des Menschen verunreinigen. Beherrscht die Sinne und gebt ihrem beharrlichen Verlangen nach Befriedigung nicht nach. Wenn eine Leiche auf dem

Scheiterhaufen verbrannt wird, werden sowohl die Leiche als auch der Scheiterhaufen zu Asche. Ebenso löst sich der auf die Welt bezogene Geist mit seinen Wünschen, Gedanken und Gefühlen auf, wenn die Sinne negiert werden. Wenn sich der Geist aufgelöst hat, stirbt die Verblendung, und die Erlösung ist da.

51. Im Kampf gegen die inneren Feinde unterscheiden sich die Menschen. Jeder erntet die Früchte seiner spirituellen Praxis *(sādhana)* und die Früchte seiner Handlungen in diesem und in früheren Erdenleben. Das Leben ist keine mathematische Gleichung, in der zwei mal zwei immer vier ist. Für manche mag es drei, für andere fünf sein, je nachdem welchen Wert sie der Zwei beimessen. Außerdem muss jeder seinen spirituellen Weg von dort aus fortsetzen, wo er sich befindet, in dem ihm angemessenen Tempo, im Schein des Lichtes, das jeder in seiner eigenen Hand hält. *Ravanas* Untertanen, die Dämonen (rākshasa), waren zu eingebildet, um sich vor dem Herrn zu verneigen. Sie setzten zu viel Vertrauen in die Macht der Waffen und ihre zahlenmäßige Überlegenheit und ließen die feinere, aber stärkere geistige Kraft außer Acht, die Berge versetzen, Meere überbrücken und den Zorn der Elemente besänftigen kann.

Ihr müsst euch bemühen, euren eigenen Charakter zu analysieren und die Fehler zu finden, von denen er heimgesucht wird. Versucht nicht, den Charakter anderer zu beurteilen und deren Fehler zu entdecken. Diese Selbstkritik ist sehr wichtig, denn sie bringt die Unzulänglichkeiten zu Tage, die eure spirituelle Entwicklung beeinträchtigen können. Ihr kauft Kleidung in gedeckten Farben, damit Staub und Schmutz nicht so zu sehen sind. Weiß ist unpraktisch, denn jeder Fleck fällt ins Auge. Versucht jedoch nicht, euren eigenen Schmutz in der Dunkelheit zu verbergen, schämt euch eures verdorbenen Charakters und strengt euch an, ihn so schnell wie möglich zu läutern.

52. Ihr habt den menschlichen Körper bekommen, um eine großartige Aufgabe damit zu erfüllen: Gott zu finden, der in ihm wohnt. Lasst ihr ein gut ausgestattetes, fahrbereites Auto in der Garage stehen? Das Auto ist dazu da, dass man sich hineinsetzt, losfährt und eine Reise unternimmt. Nur dann lohnt es sich, es zu besitzen. Genauso ist es mit dem Körper. Geht vorwärts, auf das Ziel zu. Lernt, die Fähigkeiten des Körpers, der Sinne, des Intellekts und des Denkens zum Erreichen des Zieles zu nutzen und marschiert darauf zu.

53. Ein Richter des Obersten Gerichtshofes mag zu Hause mit seinem Enkelkind spielen, sich auf den Boden knien, damit der kleine Kerl auf seinen Rücken klettern kann, und dann auf allen Vieren kriechen, während das Kind „hüh, hott!“ ruft. Dadurch wird seine Stellung als Richter, derer er sich stets bewusst ist, aber nicht beeinträchtigt. So müsst auch ihr euch immer der großen Aufgabe bewusst sein, zu deren Erfüllung ihr gekommen seid, und dürft sie nicht durch kleinliche, sinnlose Gedanken, Worte oder Taten entweihen.

54. Erkenntnis ist nicht gleichbedeutend mit Sein. Ihr müsst versuchen, das Gelernte in tägliches Leben umzusetzen. Ein moralisch integeres Leben ist das beste Rezept für ein glückliches Leben.

55. Messt der Welt nur zweitrangige Bedeutung bei. Ihr müsst eure Hauptaufgabe darin sehen, ihren Schlingen

zu entkommen. Erst wenn ihr weint und die Puppen wegwerft, wird die Mutter des Universums (jagadjananī) herbeieilen und euch trösten. Sehnt euch aus der Tiefe eures Herzens, sehnt euch mit eurem ganzen Sein. Lasst keinen Rest (shesha) von Abhängigkeit in eurem Geist sein; nur so könnt ihr die Gnade Gottes – *Vishnu* –, der auf der überirdischen Seelenschlange ruht (sheshashāyin) erhalten.

Schert euch nicht um den Zynismus der weltlich Gesinnten. Sie versuchen vielleicht, euch auf Abwege zu bringen; weg von der königlichen Straße des Unterscheidungsvermögens *(viveka)* und der Losgelöstheit *(vairāgya)*. Selbst *Avatare* sind Zielscheiben für Kleingeister, die darin schwelgen, ihr Gift über die Großen auszuschütten. Wie sollten dann alle anderen, die versuchen, ihre Liebe auszudehnen und das ganze Universum in ihre Sicht einzubeziehen, ihren Angriffen entgehen?

56. Das Schicksal eines Landes wird durch den Charakter seiner Bevölkerung bestimmt, und der Charakter kann nur durch spirituelle Praxis, nämlich den schwierigen Weg der Regulierung des Verhaltens und der Zähmung der Begierden, verbessert und gereinigt werden. Gott ist der Erzieher und Wächter, und als solcher muss er warnen und bestrafen, um den Menschen schlechte Angewohnheiten abzugewöhnen. Wenn notwendig, wird der Wächter Schmerzen zufügen, die als Heilmittel und Korrektiv wirken.

Begrenzt, beherrscht, reguliert, setzt Sperren und Schranken – das ist der Weg zum Erfolg. Wenn die Menschen ihren Gedanken, Worten und Taten freien Lauf lassen, hat das unweigerlich Unglück zur Folge. Die heiligen Schriften heißen *‚Shāstra'*. Das bedeutet: ‚Das, was die Grenzen festlegt.' Durch Regeln wird das

Interesse an der Kunst des Lebens geweckt. Stellt euch ein Fußballspiel ohne Regeln vor! Der Ball ist nie im ‚Aus', es gibt kein Foul, keine Ecke, kein Abseits, keine ‚Hand', nichts, anhand dessen man entscheiden könnte, wer gut und wer schlecht spielt, wer gewinnt und wer verliert. Das Spiel verliert seinen Reiz, es wird ein Höllenspektakel, ein Kampf jeder gegen jeden. Die Verhaltensregeln müssen von allen eingehalten werden, besonders aber von Politikern, Herrschenden, Bürgern, Bürgermeistern, Klostervorstehern, Gelehrten und anderen, die als Vorbilder und Führer dienen und daher eine größere Verantwortung tragen.

57. Ärger, Bosheit, Habsucht und Neid sind die Hindernisse auf dem Weg der Liebe und Zusammenarbeit. Sie ziehen den Menschen von der Ebene des Göttlichen auf die des Tieres herab. Ertragt andere geduldig und verständnisvoll; seid tolerant und mitfühlend. Sucht das Verbindende und nicht das Trennende. Verbreitet eine Atmosphäre der Brüderlichkeit und vertieft eure Freundlichkeit durch Kenntnisse. Dann wird das Leben lebenswert, darüber besteht kein Zweifel.

58. Ich rate euch, nicht auf offensichtliche Lügen zu hören, die auf dem Boden der Bosheit und der Habsucht gedeihen, sondern eine Gemeinschaft Gleichgesinnter *(satsanga)* zu bilden und zusammenzukommen, um euch über Wahrheiten auszutauschen und spirituelle Gespräche zu führen, heilige Schriften zu studieren und über die Herrlichkeit Gottes zu sprechen. Was für einen Zweck hat es, wertvolle Zeit mit Skandalen und der Kritik am Verhalten anderer zu verschwenden? Sich in Neid, Bosheit, Hass und Ärger über andere zu ergehen, ist ein schlechter Zeitvertreib, der auf einen selbst zurückfällt. In jedem Einzelnen lebt

derselbe göttliche Funke. Deshalb ist Kritik an eurem Nächsten gleichbedeutend mit Kritik an Gott.

Das Spiel des Lebens ist es wert gespielt zu werden, aber es ist nur reizvoll, wenn Grenzen und Regeln festgelegt sind, die für Ordnung sorgen. Stellt euch ein Fußballspiel ohne Regeln und Begrenzung des Spielfeldes vor. Es wäre ein Kampf jeder gegen jeden, ein Chaos, bloßer Aufruhr. Niemand könnte sagen, wer gewinnt. Der Weg der Rechtschaffenheit (dharmamārga) und der Weg zu Gott (brahmanmārga) sind die Grenzen des Spielfeldes. Die Tugenden kämpfen gegen die negativen Tendenzen. Spielt das Spiel und beachtet die Warnungen vor ‚Foul' und ‚Aus'.

59. Begierde *(kāma)* und Ärger *(krodha)* sind die beiden Erzfeinde des Menschen, die seine göttliche Natur untergraben und ihn in den Sumpf ziehen. Die Erzählung des *Ramayana* rankt sich um den Ärger der Dienerin Manthara und die Lüsternheit von *Ravanas* Schwester Surpanakha. In der Geschichte eines jeden Menschen geht es um diese beiden elementaren Leidenschaften. Wenn die ersten Anzeichen dieser schlechten Einflüsse in euren Geist (mind) einzudringen drohen, haltet inne und untersucht nüchtern das Wesen der Begierde, ihren Ursprung und mögliche Folgen für euch und andere. Werdet euch in der Stille und Einsamkeit über diese Dinge klar.

60. Das proportionale Verhältnis der drei Grundflüssigkeiten Blut, Schleim und Galle und das Vorherrschen der einen vor den anderen entscheidet über die physische Gesundheit des Menschen. Ebenso hängt die geistige Gesundheit des Menschen von dem Verhältnis der drei Grundeigenschaften und dem Vorherrschen der einen über die anderen ab. So wie ihr aus

Furcht vor Krankheit bestimmte Regeln einhaltet, müsst ihr euch auch an geistige Begrenzungen und Vorschriften halten, um inneren Frieden, Zufriedenheit, Freude, Begeisterung und Glauben zu genießen. Ihr müsst euren eigenwilligen Verstand bremsen, damit er euch nicht ins Unglück stürzt. Bewegt euch immer im kühlen Schatten zweier Faktoren: Furcht vor der Sünde und Furcht vor Gott. Ihr seid euch nicht bewusst, dass ihr in Wahrheit eurem Wesen nach voller Frieden *(shānti)* und Glückseligkeit *(ānanda)* seid, dass ihr im Grunde Wahrheit, Ewigkeit und Reinheit *(satya,* nitya und nirmala) verkörpert. Die Sorgen und Ängste, die euch plagen, werden verursacht, weil ihr die Erinnerung daran verloren habt.

Dem göttlichen Plan zufolge solltet ihr jeden Augenblick eures Lebens voller Frieden und Glückseligkeit sein. Aber ihr vergesst die Quellen, die in euch sprudeln, die dem Göttlichen entspringen, das im Altarschrein eures Herzens wohnt, und wünscht euch sehnlichst die Dinge, die euch vermeintlich fehlen.

61. Ihr seid aus den entferntesten Winkeln unseres Landes, aus jedem Staat, aus allen Sprachgebieten hier zusammengekommen, um eure geistigen und körperlichen Fähigkeiten für die Erfüllung der großen Aufgabe zu bündeln und zur Verfügung zu stellen, die Millionen von Brüdern und Schwestern für Jahrhunderte Nahrung und verbesserte Lebensverhältnisse bringen wird. Das ist eine große Chance für euch alle, die weltweit nur wenigen geboten wird. Auch jene, die über große Fähigkeiten verfügen, haben selten eine solche Möglichkeit. Der See, der diese Schlucht mit dem Flusswasser des Krishnas füllen wird, wenn ihr den Damm gebaut habt, wird euer selbstloser Gottesdienst *(nishkāmakarma),* ein Ozean gewaltiger Anstrengung, sein. Ihr alle

werdet ihn sehen und seine Tiefe, Kühle und Kraft spüren. Das wird euch glücklich machen, inspirieren und das Gefühl geben, ein sinnvolles, erfülltes Leben gelebt zu haben.

Führt diese heilige Aufgabe nicht innerlich unbeteiligt aus, sondern voller Glauben *(shraddhā)* und mit liebevoller Hingabe *(bhakti)*. Mit eurem Glauben und eurer Gottesliebe werdet ihr den Lauf dieses mächtigen Flusses, der sich sein Bett seit Urzeiten in diesen harten Fels gegraben hat, bändigen, und ihr werdet seinem Rasen und Toben zum Vorteil von Mensch und Tier einen Riegel vorlegen. Der Mensch kann dank seiner Fähigkeiten und seines Wagemuts dieses eigensinnige Kind der Natur zum Anhalten bringen und es dann weiterlaufen lassen. Diese Aufgabe wird leichter, wenn der Mensch seinen Eigensinn und Egoismus, Ärger und Neid, seine Bosheit und Habsucht und die wilde Flut seiner Leidenschaften bezwingt. Dämmt sie in eurem Herzen ein und leitet sie auf fruchtbare Felder. Nutzt die Kraft, die sich in diesen Eigenschaften verbirgt, um bessere Ergebnisse auf dem Feld eurer spirituellen Übungen zu erzielen. Pflanzt Frieden *(shānti)* und Liebe *(prema)* auf diesen Feldern an. Das ist der Ackerbau, den der Suchende nach der Wahrheit *(sādhaka)* kennt und den auch ihr mit Leichtigkeit erlernen könnt, denn es ist eine uralte Wissenschaft, die eure Vorväter von alters her anwandten. Ich bin gekommen, um euch daran zu erinnern und noch einmal zu sagen, wie notwendig es ist, diesem Weg zu folgen.

62. Welchen Dienst erweist das Meer mit all seinen Wassermassen? Es kann nicht den Durst eines einzigen Menschen stillen. Wem nutzt es, wenn ein Geizhals hundert Jahre alt wird? Das ist meine Botschaft an euch: Tragt euren Ärger, Kummer und Schmerz nicht öffentlich zur Schau. Seid fröhlich und verbreitet

Fröhlichkeit. Heitere Sanftmut ist das einzige Opfer, das Gott wohlgefällig ist.

63. Seid still! Das wird andere zum Stillsein anhalten. Gewöhnt euch nicht an, zu schreien oder laut und lange zu reden. Reduziert Kontakte auf ein Minimum. Verbreitet überall, wo ihr seid, eine Atmosphäre stiller Nachdenklichkeit. Es gibt Menschen, die in einem ununterbrochenen Tohuwabohu leben, in einem Wirbelsturm von Lärm. Ob sie auf einer Ausstellung oder Messe, im Hotel, einem Tempel oder in *Prasanthi Nilayam* sind – sie schwatzen ohne Punkt und Komma. Sie kommen nicht weit auf ihrem Weg zu Gott.

64. Hören (shravana), über das Gehörte meditieren (manana) und das, was der auf diese Weise transformierte Verstand eingibt, in die Tat umsetzen (nididhyāsana), das ist die Methode, mit der *Ravanas* Wesensart bekämpft werden muss. Welche ist diese Wesensart? Es ist Begierde *(kāma),* Sinneslust, Gier, zügelloses Verlangen nach Dingen der Sinneswelt, Egoismus und der Rest der verhängnisvollen Brut.

65. Was genau ist eure Pflicht? Ich will es zusammenfassen. Erstens: Umsorgt eure Eltern mit Liebe, Ehrerbietung und Dankbarkeit. Zweitens: Sprecht die Wahrheit und folgt der Rechtschaffenheit (satyam vada dharmam cara). Drittens: Rezitiert in jeder freien Minute den Namen Gottes und habt seine Gestalt vor Augen. Viertens: Redet niemals schlecht über andere und versucht nicht, Fehler in anderen zu finden. Und schließlich: Fügt anderen niemals in irgendeiner Weise Schmerz zu.

66. Verehrt die Weisheit *(jnāna)* wie euren Vater; habt zur Liebe ein so inniges Verhältnis wie zu eurer Mutter; lebt mit der göttlichen Ordnung *(dharma)* in so enger Beziehung wie mit eurem Bruder; verlasst euch auf das Mitgefühl *(dayā)* wie auf euren eigenen Sohn. Das sind eure wirklichen Verwandten. Geht mit ihnen, lebt mit ihnen, vernachlässigt sie nicht und lasst sie niemals im Stich.

67. Egoismus, Stolz und Gier müssen aus dem Herzen entfernt werden. Wahrhaftigkeit *(satya),* Rezitation der Namen Gottes *(japa)* und Meditation *(dhyāna)* stellen das Pflügen und Eggen des Feldes dar. Liebe *(prema)* ist das Wasser, das in den Boden einsickern muss, um ihn locker und fruchtbar zu machen. Der Name Gottes ist die Saat, Gottesliebe *(bhakti)* ist der Keim, Verlangen *(kāma)* und Ärger *(krodha)* sind das Vieh, und Disziplin ist der Zaun, der es fernhält. Die Ernte ist Glückseligkeit *(ānanda).*

68. Jegliche Faulheit, in welcher Form sie auch auftritt, muss aus dem Charakter des Menschen ausgemerzt werden. Das ist der erste Schritt auf dem Weg des Menschen (mānava), sich in ein göttliches Wesen (mādhava) zu verwandeln.

69. Jene, die ihre Eltern verehren und für sie sorgen, sind gottesfürchtig und fromm; sie sind Gläubige (āstika), denn sie glauben an Dankbarkeit, Liebe, Zuneigung, Pflicht, Rechtschaffenheit und so weiter. Diese Eigenschaften genügen, um sie vor dem Verderben zu bewahren.

70. Was das Herz für den Körper, ist der Tempel für das Dorf und die Gemeinde. Das Bauen von Tempeln, das Aufstellen heiliger Statuen darin und das Abhalten von Gottesdiensten und heiligen Ritualen sind gute Werke. Sie sind eine Übung im Dienen. Sie geben Gelegenheit, Opfer zu bringen und von Bindungen frei zu werden. Sie sind eine Art spiritueller Bußübung *(tapas)*.

71. Man braucht eine Brücke, die aus unbeirrbarer Disziplin (nishthā) besteht, um die Wasserfluten von Geburt und Tod sicher zu überqueren. Es muss eine feste, widerstandsfähige Brücke sein. Ihr fallt sonst in die tosenden Fluten und werdet ins Meer geschwemmt, wo die Haie Sinneslust und Zorn ihr Unwesen treiben.

72. Zeigt mehr Brüderlichkeit, redet weniger, sanfter und mit mehr Selbstbeherrschung. Zeigt, dass ihr sowohl Niederlage als auch Sieg mit ruhiger Gelassenheit hinnehmen könnt.

73. Die Sinne sind die Bösewichte. Sie erzeugen in euch die falsche Vorstellung, ihr wäret mit dem Körper identisch. Beherrscht sie so, wie man den Bullen mit dem Nasenring, das Pferd mit der Trense und den Elefanten mit dem Mahut-Haken lenkt. Als die *Pandavas* gegen Ende ihrer Wanderschaft den Himalaja überqueren mussten, war *Dharmaraja* immer noch nicht frei von innerer Unruhe, und er bat *Krishna,* sie zu begleiten. Beim Abschied gab *Krishna* ihm eine Notiz mit dem Hinweis, diese immer dann zu lesen, wenn Freude oder Kummer ihn stark bewegten. Die Botschaft lautete: „Auch dies ist nicht von Dauer." Das ist eine Methode, Gemütserregungen zu beruhigen.

74. Die Antwort auf die Frage „Wer bin ich?" zeigt den Weg, der zum inneren Frieden führt. Das Ich ist das Fundament, auf dem ihr das Bewusstsein eurer Göttlichkeit und das Gebäude der göttlichen Ordnung errichtet. Diese Wirklichkeit kann durch gute Werke *(karman)* und Nähe zu Gott *(upāsana),* durch Taten und Hingabe, die reinigend und klärend wirken, erfahren werden. Wie der Dampf, der die Lokomotive antreibt und damit schwere Waggons auf den Schienen bewegt, durch Feuer und Wasser erzeugt wird, so wird das höhere Wissen *(jnāna)* durch rechtes Handeln und Gottesverehrung erzeugt. Dieses Wissen bewegt das Leben des Menschen problemlos auf den Schienen des Friedens und der Freude vorwärts. Rechtes Handeln und Liebe zu Gott befreien von Bindungen, lehren euch den wahren Sinn aller Werte und lassen euch erkennen, dass man inneren Frieden nur gewinnen kann, wenn man sein Gemüt von der materiellen Welt abwendet und es ihm nicht gestattet, sich an den giftigen Gräsern sinnlicher Vergnügen zu weiden.

75. Es gibt keinen Besitz, der glücklicher macht als die Zufriedenheit. Esst euch satt, mehr könnt ihr nicht essen. Wenn ihr jedoch gezwungen werdet, mehr zu essen, wird es eine Qual. Es gibt eine Grenze, die ihr nicht überschreiten könnt, ohne euch selbst zu schaden. Findet euer eigenes Maß, eure Grenzen, die Schranken, die euch gesetzt sind, und handelt danach. Seid nicht eifersüchtig auf diejenigen, die ein volleres Maß haben, deren Grenzen weiter gesteckt und deren Schranken nicht so eng sind. Steht fest auf der Stufe, die ihr durch eure spirituellen Bemühungen *(sādhana)* erreicht habt, und wendet dann eure Aufmerksamkeit der nächsten zu. Habt das Ziel klar vor Augen und geht weiter.

76. Die Älteren müssen darauf bedacht sein, auf dem Gebiet der spirituellen Praxis den ihnen anvertrauten jungen Männern und Frauen, die zu ihnen aufschauen und Führung erwarten und in deren Augen sie Helden sind, ein Vorbild zu sein. Sie müssen sich mit Eifer und Begeisterung einer spirituellen Disziplin unterwerfen, den Namen Gottes rezitieren und regelmäßig meditieren. Im Unglück müssen sie standhaft sein und Gutes und Trauriges als Gaben Gottes annehmen. Nur dann können die ihnen anvertrauten Kinder lernen, glücklich und in Frieden zu leben. Die Eltern gleichen den beiden Leibwächtern eines Maharadschas. Ihre Aufgabe ist nicht damit erfüllt, dass sie prunkvoll geschmückt einherstolzieren. Sie müssen ihn, der ihrer Obhut anvertraut ist, beschützen. Wenn die beiden Leibwächter ihre Pflicht auch nur im Geringsten vernachlässigen und nicht immer aufmerksam und wachsam sind, besteht für den König große Gefahr. So müssen auch Eltern ihrem Kind zuliebe an sich selbst arbeiten. Vorbild ist wirksamer als Vorschriften.

77. Der Geist (mind) sollte von Angst und Sorgen, Hass und Furcht, Habsucht und Stolz frei sein. Er sollte von Liebe zu allen Lebewesen erfüllt sein und in Gott ruhen. Ihr müsst die Jagd nach äußeren Vergnügen aufgeben und dürft es keinem niederen Gedanken erlauben sich einzuschleichen. Euer ganzes Denken muss sich ausschließlich mit der richtigen Disziplinierung des Geistes befassen.

Nun ein Wort zu den körperlichen Übungen: Benutzt den Körper, seine Stärke und Fähigkeiten, um anderen zu dienen, Gott anzubeten und zu lobpreisen, um Orte zu besuchen, die von seinem Namen geheiligt sind, um die Sinne vom verderblichen Weg abzuhalten und sie auf den Weg zu Gott zu führen. Er muss durch den

Dienst an Kranken und Notleidenden, das Einhalten moralischer Grundsätze und andere positive Handlungen geheiligt werden.

Man muss auch die verbale Disziplin befolgen. Redet nicht zu viel, macht keine großen Sprüche, beteiligt euch nicht an Verleumdung und übler Nachrede, sprecht niemals in barschem Tonfall, sprecht sanft und mit Zartgefühl; habt, wenn ihr redet, immer das Wissen um den Höchsten im Hinterkopf.

Wenn auch nur eine der drei spirituellen Übungen – körperliche Disziplin (tapas), mentale Disziplin und verbale Disziplin – fehlt, kann die innewohnende göttliche Leuchtkraft kein Licht ausstrahlen. Die Lampe, der Docht und das Öl sind notwendig, damit das Licht brennen kann. Der Körper ist die Lampe, der Geist das Öl und die Zunge der Docht. Alle drei müssen in gutem Zustand sein.

78. Alles, was ihr mit diesem Körper tut, führt zur Wiedergeburt im Körper. Jede Handlung, ob gut oder schlecht, kann mit einem Samenkorn verglichen werden. Damit wir keine Samen ausstreuen, müssen alle Handlungen ohne jedes Verlangen ausgeführt werden. Sie sollten nur zur Freude und zum Wohlgefallen Gottes verrichtet werden. Wenn ihr ein Zimmer ausfegt, dann denkt daran, dass ihr das tut, um euer Herz, den Altarschrein Gottes, zu reinigen. Wenn ihr jemandem helft oder ihm Schaden zufügt, dann seid euch bewusst, dass ihr selbst es seid, dem diese Behandlung zuteil wird. Dann werdet ihr es euch nie erlauben, anderen zu schaden.

79. Wenn es euch gelingt, Vertrauen in euer Selbst zu entwickeln, und ihr dann versucht, die Herrschaft über eure Sinne zu erlangen, könnt ihr euer ganzes Leben lang Gott nah

sein und schließlich in ihn eingehen. Alle Organe des Körpers werden von der Zunge dominiert. Wenn es euch bloß gelingt, den Gaumen zu zähmen, übermäßiges Essen und Reden zu vermeiden und keine Worte zu gebrauchen, die besser unausgesprochen blieben, werdet ihr euren Gesundheitszustand verbessern und inneren Frieden *(shānti)* finden.

80. Ihr müsst euch klarmachen, was euer Herz öffnet und was Unruhe schafft. Dann haltet an Ersterem fest und gebt Letzteres auf. Denn wenn ihr euch wie ein verrückt gewordener Affe auf zwielichtigen Pfaden herumtreibt, seid ihr zur völligen Verwirrung verurteilt, wie ihr euch auch dreht und wendet. Was ist denn der Grund für all die Probleme und Unzufriedenheiten, unter denen so viele Menschen heute leiden? Es ist der unangemessene Gebrauch, den sie von ihren Sinnen machen.

81. Die Größe eines jeden hängt nicht von Macht, Geld oder Stellung ab, sondern davon, ob es ihm gelingt, sich charakterlich zu bessern. Ihr müsst deshalb vor allen Dingen gute Eigenschaften und Tugenden in euch fördern.

82. Wenn ein Mensch auf eine Art und Weise arbeitet, die es seinem Ego erlaubt, ihn – auf welchem Gebiet auch immer – zu beherrschen, so wird ihn das nicht nur in eine gefährliche Lage bringen, sondern ihm auch erhebliche Schwierigkeiten bereiten. Das Ego verhält sich wie der Schatten. Am Morgen haben wir aufgrund der schräg einfallenden Sonnenstrahlen einen langen Schatten. Je höher die Sonne am Himmel steigt, desto kürzer wird er. So ist auch die Größe eines Egoisten etwas, das im Laufe der Zeit immer mehr abnehmen muss.

83. Der Fehler, vor dem ich euch als Allererstes warnen möchte, ist die Unfähigkeit, den Erfolg anderer zu akzeptieren. Neid ist die größte aller Sünden. Eitelkeit, Neid und Egoismus sind miteinander verwandt. Sie sägen an den Wurzeln der wahren Natur des Menschen.

84. Wenn ihr einen Tempel aufsucht, dann seht ihr zwar das Heiligtum vor euch, aber eure Gedanken sind bei euren Schuhen, die ihr am Eingangstor stehen lassen musstet. Das zeigt, wie es um eure Konzentrationsfähigkeit bestellt ist. Jede Kleinigkeit muss sorgsam bedacht werden, sonst werden eure spirituellen Anstrengungen *(sādhana)* vergeblich sein.

85. Verwendet sechs der vierundzwanzig Stunden eines Tages für eure persönlichen Bedürfnisse, sechs Stunden für den Dienst an anderen, sechs Stunden für Schlaf und sechs Stunden für das Verweilen in der Gegenwart Gottes. Diese sechs Stunden werden euch stählerne Kraft verleihen.

86. Benutzt diese Tage dazu, euch die Gestalt Gottes, zu deren Verehrung ihr euch entsprechend eures innersten Sehnens entschieden habt, günstig zu stimmen. Schreibt nicht diesem oder jenem Tag oder Stern einen schlechten Einfluss zu. Jeder Tag ist gut, wenn ihr ihn für Gott verbringt; jeder Stern ist gut, vorausgesetzt, sein Licht führt euch zu Gottes Füßen. Das ist mein heutiger Rat für euch.

Die Menschen streben nach Glück, und wenn sich die Möglichkeit bietet, uneingeschränkte Glückseligkeit zu erlangen, dann begeistern sie sich für die Idee. Aber schon bald sind sie der Anstrengung überdrüssig. Sie suchen Abkürzungen, verlassen sich auf andere, die ihnen ihre Last abnehmen sollen, und erwarten eine reiche Ernte als Gegengabe für geringen Arbeitseinsatz. Im Ringen um spirituellen Fortschritt sind aber strenge Disziplin und fester Glaube unerlässlich. Das bloße Anhören und selbst das Halten von Vorträgen bringen keinen Erfolg. Für das Erwerben einer solchen Disziplin muss man lernen, die Sinne, die den Geist (mind) auf lustvolle Vergnügen der materiellen Welt lenken, zu beherrschen. Für das Festigen eures Glaubens müsst ihr lernen, euren eigensinnigen Geist zu beherrschen, der euch durch Bilder, die er mit falschen Farben malt, von einem Leben zum nächsten locken will.

87. Es gibt eine bestimmte Technik, durch die der unsterbliche Funke entdeckt werden kann. Sie erscheint vielleicht schwierig, aber jeder Schritt vorwärts macht den nächsten leichter. Wenn der Geist durch Disziplin vorbereitet ist, hat er die Fähigkeit, die göttliche Wurzel des Menschen und der Schöpfung schlagartig zu erkennen. Es gibt keine Abkürzung auf dem Weg zur Vollendung. Man muss alles Gepäck, das man bisher angesammelt hat, loswerden, um unbeschwert reisen zu können. Sinneslust, Habsucht, Ärger, Bosheit, Überheblichkeit, Neid und Hass, all diese Lieblingseigenschaften müssen abgeschüttelt werden. Es reicht nicht, Ansprachen von Sai Baba zu hören und aufzuzählen, bei wie vielen ihr schon anwesend wart. Tausende sind jetzt hier um mich versammelt, aber die Zahl ist ohne Bedeutung. Es zählen nur jene, die wenigstens eine der Lehren, die ich als besonders wichtig bezeichne, in die Praxis umsetzen.

88. Analysiert eure Worte, Taten und Gedanken und legt die schlechten, die euch und anderen schaden, ab. Strebt

stattdessen nach Seelenstärke (sahana), innerem Frieden (shānti) und Wahrhaftigkeit (satya). Jetzt flattern eure Gedanken noch umher und machen mal hier, mal dort bei den verschiedensten Dingen im ganzen Universum halt. Euer Verstand weigert sich, bei einem Gedanken allein, bei Gott, zu verweilen. Wie die Fliege, die sich auf Sauberem wie auf Schmutzigem niederlässt, aber sich selbst das Vergnügen versagt, auf glühender Asche zu sitzen, so flieht der Verstand vor jedem Gedanken an Gott. Die Fliege wird vernichtet, wenn sie auf der Glut landet. Ebenso wird der Verstand aufgelöst, wenn er bei Gott verweilt, denn er ist nichts weiter als ein Stoffmuster aus Wünschen, das aus Kette und Schuss desselben Garns gewoben ist. Wenn Gott – *Rama* – in den Sinn (mind) kommt, ist darin kein Platz mehr für Wünsche – *Kāma.* Die Wünsche verflüchtigen sich, wenn Gott vom Verstand Besitz ergreift. Da es sich bei Wünschen um den Grundstoff handelt, aus dem der Verstand (mind) besteht, hört er auf zu existieren, und ihr seid frei. Diese Stufe wird Überwindung, Verschmelzung oder Zerstörung des Verstandes genannt (manonigraha, manolaya oder manonāshana).

89. Der Mensch muss zu Gott werden, zu dem Gott, von dem er kam. Darum muss er seine Bindung an die Welt lösen, aber nicht, indem er sich von der Welt abkehrt, sondern indem er als Werkzeug in den Händen Gottes in ihr bleibt; indem er alle egoistischen Neigungen, die ihre Häupter in ihm erheben, bekämpft, indem er sich einzig an den Weisungen Gottes, an der göttlichen Ordnung *(dharma),* orientiert. Der Wissenschaftler Edison arbeitete so konzentriert an der Lösung der Probleme, die ihm zu schaffen machten, dass er tagelang Speisen und Getränke, die ihm durch die Tür ins Labor geschoben wurden, unberührt

ließ. Mit der gleichen Konzentration und derselben Gewissheit *(shraddhā)* müsst ihr eure spirituellen Übungen *(sādhana)* durchführen.

90. Die *Veden* und andere heilige Schriften spenden das Licht, mit dem der Mensch den Weg finden kann, aber für die Blinden bleibt es immer dunkel, wie hell das Licht auch scheint. Für jene, die ihren Glauben verloren haben, ist der Weg ein einziges Stolpern, Wanken und Fallen. Die heiligen Schriften und die *Veden* weisen auf die Hilfsmittel hin, mit denen man das Geheimnis dauerhafter Freude entschlüsseln kann. Der Mensch versucht jedoch, schattenhafte Freuden und flüchtiges Vergnügen zu finden, Freuden, die mit Unrecht und Leid befrachtet sind. Er versucht, mit einem durchlöcherten Eimer Wasser zu schöpfen. Die Sinne verursachen das Auslaufen der eben geschöpften Freuden. Sie sind wilde, unerzogene Gesellen, die ihren Meister, den Verstand, dem sie dienen sollten, herumkommandieren. Ihr müsst Herr eures Verstandes (mind) werden, dann werden die Sinne euch dienend zu Füßen fallen. Der Verstand ist König, die Sinne sind seine Soldaten. Jetzt regieren noch die Soldaten den König, weil er auf sie, statt auf seinen Premierminister, die höhere Intelligenz *(buddhi),* hört. Lasst eure höhere Intelligenz die Verantwortung übernehmen, dann werden die Sinne sofort gezwungen, sich ins Lager zurückzuziehen, und der Geist kann sich befreien. Euer wirkliches Selbst *(ātman)* ist die Sonne am Firmament des Herzens. Im Augenblick ist das Licht der Sonne durch die dichten Wolken des Verlangens nach Dingen der materiellen Welt und sinnlichen Vergnügen verdunkelt. Lasst die starken Winde reumütiger spiritueller Disziplin die Wolken vertreiben, damit das Selbst *(ātman)* in strahlendem Glanz leuchten kann.

91. Der Klang spiritueller Formeln *(mantra)* hat die Kraft, Impulse und Neigungen zu verwandeln. *Mantra* bedeutet: Das, was rettet, wenn man es im Geist bewegt. Lasst die *Mantras* immer in euren Gedanken kreisen. Das wird euch von unüberlegtem Reden und hohler Konversation, von Klatsch und sinnlosem Geschwätz abhalten. Redet nur, wenn das, was ihr zu sagen habt, sehr wichtig ist; redet so wenig wie möglich. Redet sanft und ohne Vorbehalte oder Umschweife.

92. Loslösung *(vairāgya)* bedeutet nicht, dass ihr Haus und Hof verlassen und euch in die Einsamkeit der Wälder zurückziehen müsst. Es gibt keine Gewähr dafür, dass Haus und Hof euch nicht in die Stille und Einsamkeit des Waldes folgen werden, denn wenn ihr im Geiste an weltlichen Wünschen festhaltet, könnt ihr ihnen nicht entkommen, indem ihr einfach eine räumliche Distanz zu ihnen herstellt. Auch wenn ihr euch im Dschungel aufhaltet, könnt ihr in Gedanken auf dem Marktplatz sein. Ebenso könnt ihr durch spirituelle Praxis mitten im Gewühl des Marktes Frieden in eurem Herzen haben. Euer Geist kann euch eine stille Zufluchtsstätte bereiten, euer Denken und Fühlen aber auch zu einem komplizierten Flechtwerk verknoten. Er bindet, und er löst Bindungen. Ihr könnt auf dem Meer des Lebens nur dann sicher segeln, wenn das Boot nicht leck ist. Wenn jedoch durch die „Lecks" Wunsch, Ärger, Geiz, Verblendung, Stolz und Eifersucht Wasser ins Boot eindringt, sinkt es, und ihr werdet hoffnungslos ertrinken. Verhindert, dass sich das Boot mit Wasser füllt; stopft alle Löcher, dann habt ihr nichts zu befürchten. Die Lebensreise gibt euch die Gelegenheit, die Herrschaft über eure Sinne zu erringen, umfassender zu lieben, eure Erfahrungen zu vertiefen und euch unabhängiger werden zu lassen.

93. In der Wirklichkeit *(satya)* gibt es keine Halbwahrheit *(mithyā)*. In der Welt der Erscheinungen jedoch, die nur bedingt wirklich ist, müsst ihr nach der Wahrheit suchen und sie erfahren. Das kann euch gelingen, wenn ihr euren Geist von allen Verformungen und Veränderungen befreit. Sorgt dafür, dass sich seine augenblickliche Verwirrung auflöst, und macht, dass er sich in einen Himmel verwandelt, auf dem Millionen von Vögeln und Tausende von Flugzeugen, die über ihn hinwegfliegen, keine Spuren hinterlassen. Seid unbeeinflusst, unberührt und ungebunden. Das ist die spirituelle Übung *(sādhana)*, welche die Wahrheit enthüllt.

94. Anhaftung, Zuneigung und Erwartungen verursachen Voreingenommenheit, Parteinahme und Täuschung. Sie verbergen die Wahrheit und trüben den Verstand. Anhaftung (rāga) ist eine Krankheit (roga). Es bekommt einem *Yogi* nicht, eine besondere Anhänglichkeit zu empfinden. Er muss von Vorlieben, Vorurteilen und Liebhabereien frei sein. Wenn ihr euch an eine bestimmte Person, Gewohnheit oder Eigenheit bindet, ist es schwer, sich davon wieder zu lösen. Es geht euch dann wie dem armen Dorfbewohner, der in die Fluten sprang, um, wie er glaubte, ein Bündel Lumpen herauszuholen, das ihm wertvoll erschien. In Wirklichkeit aber war es ein Bär, der vom wilden Wasser mitgerissen worden war. Als der Mann nach dem vermeintlichen Bündel griff, wurde er seinerseits von ihm ergriffen und so festgehalten, dass er nicht mehr entkommen konnte. Auch der Mensch springt hinein, um sich etwas zu holen, von dem er meint, es sei etwas Kostbares, aber dann wird er selbst gefangen und gebunden.

Die Heiligen dieses Landes haben deshalb die Menschen gelehrt, dass sie Kinder der Unsterblichkeit, Schatzkammern des

Friedens, der Freude, Wahrheit und Gerechtigkeit sind, dass sie Herren ihrer Sinne und damit auch der äußeren Welt sind, die sie daher nicht in die Irre führen kann wie eine Fata Morgana. Natürlich kann der Mensch einige Wünsche haben, nach einer gewissen Bequemlichkeit streben und den Versuch machen, zufrieden zu sein – aber dies alles muss wie bei einem Kranken sein, der nach einem Medikament verlangt. Hunger ist die Krankheit, die durch Nahrung geheilt wird, und Durst die Krankheit, die durch ein Getränk geheilt wird. Essen und Trinken, Wohnung und Kleidung müssen als zweitrangige Hilfsmittel betrachtet werden, die den Bedürfnissen des Geistes (spirit) und der Erziehung der Gefühle, Leidenschaften und Impulse untergeordnet sind. Sie dürfen nur den Platz von Pfeffer und Salz auf dem Esstisch einnehmen. Ein Linsengericht braucht nur ein wenig Salz. Man darf nicht mehr Salz nehmen als Linsen, ja nicht einmal ebenso viel. So müssen auch die Bemühungen um die Erhaltung der Gesundheit und des Wohlbefindens gerade genügen, um die spirituelle Praxis zu ermöglichen – nicht mehr und nicht weniger.

95. Es ist ein Zeichen von Torheit, über Missgeschicke und Missetaten zu grübeln, die man einst begangen hat und sich damit zu bestrafen, dass man keine Nahrung zu sich nimmt. Das ist eine sehr kindische Art der Wiedergutmachung. Was nutzt es, den Körper schlecht zu behandeln, wenn es das Denken ist, das berichtigt werden muss?

96. Nehmt die Welt wie sie ist und erwartet nicht, dass sie sich euren Bedürfnissen oder Maßstäben anpasst. Die Täuschung *(māyā)* umhüllt das Gute mit dem Makel des Schlechten und lässt das Böse im Glanz des Guten glitzern. Unterschei-

det, so gut ihr könnt, zwischen Recht und Unrecht und verfeinert zunehmend eure Unterscheidungsfähigkeit. Ringt um den Sieg, das ist das Beste, was ihr tun könnt. Nur wenige können sagen: „Ich habe gesiegt." Euer Gewissen kennt die wirkliche Quelle der Freude. Es wird euch anspornen, den rechten Weg einzuschlagen. Eure Aufgabe besteht darin, es als ‚Führer' anzunehmen und nicht jedes Mal ungehorsam zu sein, wenn es gegen eure Launen Einspruch erhebt.

97. Passt auf, dass die Erfolge, die ihr durch die Besserung eures Charakters, die Überwindung übler Gewohnheiten und das Aufnehmen einer regelmäßigen Disziplin erzielt habt, nicht durch ordinäre Gesellschaft, loses Geschwätz, zynische Kritik oder Nachlässigkeit wieder verloren gehen.

98. Der Mensch sucht stets das Glück, indem er danach strebt, seine Wünsche zu befriedigen. Wenn sie erfüllt werden, ist er fröhlich, wenn nicht, ist er traurig. Das Schlimme ist, dass Wünsche wie ein Freudenfeuer brennen und nach immer mehr Brennstoff verlangen. Ein Wunsch führt zu zehn weiteren Wünschen, und der Mensch versucht bis zur Erschöpfung die Forderungen seiner Wünsche zu befriedigen. Er muss vom Weg niemals endender Wünsche auf den Weg innerer Zufriedenheit und Freude zurückkehren.

99. Bildet euch nicht ein, ihr wäret alt und krank, schwach und hinfällig geworden. Manche zählen die dahineilenden Jahre, jammern über ihr zunehmendes Alter und zittern feige aus lauter Angst vor dem Tod. Aber denkt daran: Eine gute Stimmung ist der Himmel, Verzweiflung die Hölle. Seht zu, dass ihr

immer eine Arbeit habt, tut sie so gut, dass ihr Freude daran habt. Verblendung ist der Staub, der sich außen auf das Glas der Laterne setzt und das Licht abdunkelt. Die Bindung an Objekte der Sinneswelt und an das Vergnügen, die sie bereiten, ist der Ruß, der an der Innenseite der Laterne klebt und auch dazu beiträgt, das Licht abzudunkeln. Reinigt die Laterne jeden Tag mit der Rezitation des Namen Gottes *(nāmasmarana),* dann wird das Licht für euch selbst und andere leuchten. Darum sucht euch eine gute Beschäftigung und guten Umgang. Das wird euch in eurer spirituellen Entwicklung helfen. Eine gute Atmosphäre ist für die Gottsuchenden sehr wichtig. Aus diesem Grund suchten sie in alten Zeiten den *Aschram* eines Weisen oder Heiligen auf. Dort hatten sie die einzigartige Gelegenheit, in gute Gedanken, gute Gesellschaft und gutes Tun einzutauchen.

100. Wenn der Fuß ausrutscht und man sich verletzt, kann die Wunde heilen. Wenn jedoch die Zunge ausrutscht, wird die Wunde, die dem Herzen eines anderen zugefügt wird, das ganze Leben lang eitern. Die Zunge neigt dazu, vier große Fehler zu begehen: die Unwahrheit sagen, Anstoß erregen, andere kritisieren und zu viel reden. Damit es Frieden *(shānti)* im Herzen des Individuums und in der Gesellschaft gibt, müssen diese Fehler vermieden werden. Das Band der Brüderlichkeit wird gefestigt, wenn die Menschen wenig und freundlich reden. Deshalb empfehlen die heiligen Schriften den Gottsuchenden das Einhalten des Schweigegeblübdes. Ihr seid alle Gottsuchende auf verschiedenen Abschnitten des Weges, und deshalb ist das auch für euch eine wertvolle Disziplin.

101. Ich sage immer, dass die Reinheit der Sprache auch zur Reinheit der Gedanken führt. Deshalb bestehe ich auf ruhigem, freundlichem und wenigem Sprechen – dem sattvischen *(sāttvika)* Sprechen ohne Ärger, Erregung und Hass. Diese Art des Sprechens führt weder zu Streit und Uneinigkeit noch zu erhöhtem Blutdruck. Sie fördert gegenseitige Achtung und Liebe. Und ich sage es noch einmal: Macht euch nicht in zynischer Weise über die guten Taten und die spirituelle Praxis *(sādhana)* anderer lustig. Erkundigt euch, aber beleidigt niemanden. Respektiert die Ernsthaftigkeit anderer und achtet die Älteren, die mehr Erfahrung haben als ihr. Benehmt euch gut, wenn ihr in Gesellschaft seid und verbreitet ringsum Brüderlichkeit und Freude.

102. Es ist nicht nötig, sich in den Wald oder eine Höhle zurückzuziehen, um Selbsterkenntnis zu erlangen und seine niedere Natur zu besiegen. Es ist in der Tat unwahrscheinlich, dass ihr in der Einsamkeit in Zorn geratet, und deshalb ist der dort erlangte Sieg vielleicht gar nicht echt und von Dauer. Gewinnt den Lebenskampf mitten in der Welt, aber ohne in ihre Fangarme zu geraten. Das ist ein Sieg, zu dem man euch beglückwünschen kann.

103. Die Annahme, dass in der *Shivarātri*-Nacht das Wachbleiben das Wichtigste sei, ist nicht nur Torheit, sondern sogar schädlicher Selbstbetrug. Die Leute versuchen dem Schlaf zu entgehen, indem sie Karten spielen oder ununterbrochen Kinos und Theateraufführungen besuchen. Das ist nicht das spirituelle Bemühen *(sādhana),* auf das es in dieser Nacht ankommt. Es ist eine Verhöhnung des Gelübdes der Schlaflosigkeit. Das erniedrigt euch und unterstützt nur Schlechtigkeit und Faulheit, Hinterhältigkeit und Heuchelei.

104. Grübelt niemals über die Vergangenheit nach. Wenn euch Kummer überkommt, ruft euch nicht ähnliche Geschehnisse aus der Vergangenheit in Erinnerung, denn das wird euren Gram nur noch vergrößern. Erinnert euch stattdessen lieber an Augenblicke, in denen euch jeder Kummer fern war und ihr glücklich wart. Schöpft aus solchen Erinnerungen Trost und Kraft und schwingt euch hoch hinaus über die wogende Flut der Trauer.

Man nennt Frauen „schwach“, weil sie sich viel leichter von Ärger und Sorgen überwältigen lassen als Männer. Ich rate ihnen, sich besonders anzustrengen, beides zu überwinden. Die Rezitation des Gottesnamens *(nāmasmarana)* ist das beste Gegenmittel dafür.

105. Es besteht kein Mangel an Büchern, die beschreiben, wie man Kummer überwinden kann. Die *Gita* ist zu sehr geringem Preis in allen Sprachen erhältlich. Das *Bhagavatam,* das *Ramayana* und andere Bücher werden täglich zu Tausenden verkauft, aber es gibt keine Anzeichen, dass sie gelesen und verstanden werden. Am Geruch, der aus dem Mund kommt, kann man erkennen, was jemand gegessen hat, nicht wahr? Aber Gewohnheiten, Verhalten und Charakter der Leser dieser Bücher haben sich nicht gebessert. Egoismus und Gier wuchern immer noch; der Hass hat nicht nachgelassen und Eifersucht zehrt an der Lebenskraft des Menschen.

106. Die Kuh frisst Gras und trinkt Wasser, und daraus entsteht ihre süße, nahrhafte Milch. Ebenso sollten die Erfahrungen, die ihr mit Hilfe eurer Sinne gemacht habt, in euch die Süße der Freundlichkeit, die Reinheit der Hingabe und die nährende Stärke des Friedens entstehen lassen.

107. Manche Menschen, die ernsthaft nach spirituellem Fortschritt streben, legen ein Schweigegelübde ab, das ‚Mauna' genannt wird. Zu was ist das gut? Was ist eigentlich ‚Mauna'? Es ist die Erleuchtung der Seele! Wie kann es diese geben, wenn nicht das Selbst *(ātman)* zu leuchten beginnt? Nur den Mund zu halten ist noch kein Schweigen. Manche geloben zu schweigen, schreiben aber alles auf, was sie sagen wollen, oder deuten nacheinander auf die Buchstaben des Alphabets! Das ist falsch verstandenes Schweigen, Pseudo-Mauna! Es ist nur eine andere Form des pausenlosen Redens! Es ist nicht nötig, nach der Stille zu suchen. Stille ist immer in euch. Ihr müsst nur alles, was sie stört, fernhalten.

Das soll nicht heißen, dass es nicht nutzt, den Mund zu halten. Wenn ihr schweigt, um alle äußeren Störungen von euren spirituellen Übungen fernzuhalten, könnt ihr eure Gedanken besser entwickeln, stört niemanden und entgeht der Kritik und Sorge der anderen. Außerdem könnt ihr euch besser konzentrieren; eurem Gehirn bleiben unnötige Belastungen erspart und es kann Kraft schöpfen. Mit einem derart gestärkten Kopf könnt ihr den Namen Gottes besser rezitieren. Das sind alles Vorteile, die euch in eurer spirituellen Praxis *(sādhana)* zugutekommen.

108. Wenn ihr euch über jemanden ärgert und Zorn in euch aufwallt, geht wortlos fort, trinkt ein Glas kaltes Wasser oder wiederholt den Namen Gottes, um euch zu beruhigen. Ihr könnt euch auch eine Weile aufs Bett legen, bis der Zorn verraucht ist. Wenn ihr wütend seid, werdet ihr den anderen beschimpfen, und dieser wird das Gleiche tun. Die Gemüter erhitzen sich und richten bleibenden Schaden an. Denkt daran, dass fünf Minuten Ärger die zwischenmenschliche Beziehung für die Dauer von fünf

Generationen schädigen. Lasst die Zunge, die an den bitteren Geschmack der Niemfrucht weltlicher Triumphe und Katastrophen gewöhnt ist, die Süße des Gottesnamens *(nāmasmarana)* kosten. Experimentiert eine Weile damit, und ihr werdet von dem Ergebnis überrascht sein. Frieden und Stabilität werden sich in euch und um euch herum ausbreiten. Praktiziert diese einfache Übung, und Freude wird euch erfüllen. Teilt diese Freude mit anderen.

109. Die Nacht wird vom Mond beherrscht. Der Mond hat sechzehn Phasen. Wenn er abnimmt, wird er jeden Tag um einen Bruchteil kleiner, bis er in der Neumondnacht ganz verschwindet. Danach vergrößert er sich jeden Tag ein wenig, bis er in der Vollmondnacht wieder ganz zu sehen ist. Der Mond ist die Gottheit, die über den Geist herrscht. Im *Rigveda* heißt es: „Aus dem Geist des Höchsten *(purusha)* wurde der Mond geboren (candramā manaso jātah).“ Es besteht eine enge Verwandtschaft zwischen dem menschlichen Geist (mind) und dem Mond; beide sind der Abnahme und Zunahme unterworfen. Das Abnehmen des Mondes ist das Symbol für das Abnehmen des ruhelosen menschlichen Geistes, der beherrscht, geläutert und schließlich aufgelöst werden muss. Jede spirituelle Übung *(sādhana)* sollte auf dieses Ziel ausgerichtet sein. ‚Mano-hara‘ heißt: Der Geist muss getötet werden, dann wird der Schleier falscher Vorstellungen *(māyā)* zerreißen, und das Göttliche wird sich offenbaren. Während der dunklen Hälfte des Monats nehmen der Mond und sein symbolisches Gegenstück im Menschen, der Geist (mind), täglich um einen Bruchteil ab. Der Einfluss beider lässt nach, und in der vierzehnten Nacht ist schließlich nur noch ein winziger Rest übrig. Wenn der Gottsuchende eine kleine zusätzliche Anstrengung macht, kann selbst dieser Rest aufgelöst werden, und

die Überwindung des Geistes (manonigraha) ist vollbracht. Die vierzehnte Nacht der dunklen Hälfte des Monats wird ‚die Nacht *Shivas‘ (shivarātri)* genannt. Diese Nacht sollte ohne Essen, Schlaf und jegliche Ablenkung mit Meditation über *Shiva* und dem Singen seines Namens verbracht werden. Dann ist der Erfolg gewiss. Einmal im Jahr, in der Nacht, die man *‚Mahāshivarātri‘* nennt, wird eine besondere spirituelle Anstrengung empfohlen. Durch die Beseitigung der Schlacken, die in Form von Wünschen und Begehren den Geist verunreinigen, wird aus dem todgeweihten Leib (shava) der höchste unsterbliche Herr *(shiva).*

110. Der Tod verfolgt euch auf Schritt und Tritt wie ein Tiger im Urwald. Verschwendet also keine Zeit mehr und bemüht euch, Trägheit und Ärger abzulegen. Bleibt in allen Stürmen ruhig und pflegt Umgang mit ausgeglichenen Menschen. Verbreitet um euch den zarten Duft heiliger Gedanken, die voller Liebe zu allen Wesen sind.

111. Habt ein weiches Herz, dann wird euer spirituelles Bemühen *(sādhana)* schnell Erfolg haben. Sprecht mit sanfter Stimme und immer nur von Gott – das ist der Prozess, durch den der Untergrund aufgelockert wird. Entwickelt Mitgefühl und Sympathie, dient eurem Nächsten, habt Verständnis für die Qualen der Armut, Krankheit, Trauer und Verzweiflung; teilt Lachen und Weinen mit anderen. Auf diese Weise wird euer Herz weich; das ist es, was eurem spirituellen Streben *(sādhana)* zum Erfolg verhilft.

Ein Magnet zieht Eisen an; das ist ein physikalisches Gesetz. Wenn das Eisen jedoch von Rost bedeckt ist, bleibt die Kraft des Magneten, die mit der Gnade Gottes verglichen werden kann, wirkungslos. Das Verlangen nach sinnlichen Vergnügen hat die Wirkung von Rost. Es gleicht dem feuchten Staub, der den Rost verursacht. Der Rost wird das Eisen vollkommen verändern und es schließlich ganz zerfallen lassen.

112. Was sind die Kennzeichen der ersten beiden Glieder des *Rājayoga, Yama* und *Niyama?* Jedes von ihnen hat zehn Stufen. Erst wenn ihr diese gemeistert habt, könnt ihr zur Erlösung gelangen.

Zu *Yama* gehören Gewaltlosigkeit (ahimsā), Wahrhaftigkeit *(satya),* Nichtstehlen, Nichtbegehren (asteya), Enthaltsamkeit *(brahmacarya),* Mitgefühl *(dayā),* Aufrichtigkeit (arjavam), Nachsicht (kshamā), Beständigkeit (dhriti), Mäßigkeit im Essen (mitāhāra) und Reinheit (shuci).

Zu *Niyama* gehören geistige Disziplin *(tapas),* Zufriedenheit (santosha), das Achten auf die innere Stimme Gottes (āstikyabuddhi), Wohltätigkeit (dāna), Gottesverehrung (īshvarapūja), das Studium der heiligen Schriften (vedantavakyashravana), Bescheidenheit (lajja), Intelligenz, Urteilskraft (mati), das Rezitieren der Gottesnamen *(japa)* und das Eingehen von Selbstverpflichtungen (vrata). Das sind die Grundmauern des Palastes der Erlösung. Jeder, der nach Vervollkommnung strebt, muss diese Stufen erklimmen.

113. Auf dem spirituellen Weg gibt es vier Stadien. Zuerst seid ihr im Königreich Gottes (sālokya). Ihr müsst den Befehlen des Königs gehorchen, ihm treu sein, seinen geringsten Wunsch respektieren und ihm aufrichtig dienen, euch ihm ohne Vorbehalt ergeben. Auf der nächsten Stufe seid ihr Kammerherren oder Diener (sāmīpya). Ihr haltet euch in seiner Nähe

auf und entwickelt göttliche Eigenschaften. Auf der nächsten Stufe (sārūpya) nimmt der Suchende die göttliche Gestalt an, das heißt, er steht auf der Stufe eines Bruders oder engen Verwandten des Königs, der berechtigt ist, königliche Gewänder und Abzeichen zu tragen. Und schließlich, auf der vierten Stufe (sayūthya), besteigt der Kronprinz den Thron und wird selbst König. Der Untertan ist ein Körperteil, der König ist das Herz. Der Verstand (mind), der diesen Einen nicht erkennt, ist ein welkes Blatt, das bei jedem Windstoß hochfliegt und wieder herabsinkt, wenn der Wind nachlässt.

114. Manche geistig schwache Menschen möchten in ihrer Hingabe zu Gott ihren Körper opfern. Das ist ein armseliges Opfer, das sie nicht ans Ziel bringen wird. Euer Bestreben sollte es sein, von eurer Umwelt unberührt zu bleiben. Wenn ihr aber euren Körper vernichtet, werdet ihr vielleicht wiedergeboren, um dasselbe *Karma* noch einmal zu durchleben.

115. Es ist wie mit Wärme und Kälte: In der kalten Jahreszeit sehnt ihr euch nach Wärme und in der heißen Jahreszeit nach Kühle. Genauso verhält es sich mit dem Kontakt der Sinne zu ihren Objekten. Solange es die Welt gibt, lässt sich ein solcher Objektkontakt nicht vermeiden. Solange die Bürde vergangener Existenzen noch auf euch lastet, könnt ihr dem Einfluss von Freud und Leid nicht entgehen. Ihr solltet jedoch das Geheimnis ergründen und die Kunst und Disziplin erlernen, wie ihr diesen Einfluss vermeiden oder ihn mühelos ertragen könnt.

116. Ihr müsst das, was ihr gehört habt, gut überdenken und versuchen, es zu verstehen und zu entscheiden, wie

viel davon ihr in die Praxis umsetzen werdet. Zuhören allein wird euer Herz nicht läutern und heiligen. Ihr müsst darüber nachdenken und euch hineinversenken. Dies wird *Manana* – Reflexion – genannt. Nach *Manana* kommt Nididhyāsa – die Vertiefung des Gehörten durch Meditation. Erst durch die Meditation wird das Zuhören (shravana) euch Nutzen bringen. Neunundneunzig Prozent aller Menschen glauben, es genüge etwas zu hören, und versuchen nicht darüber nachzudenken und zu meditieren. Das Zuhören (shravana) kann mit dem Kochen verglichen werden, das in der Küche geschieht. Das Auftragen und Essen der Speisen entspricht dem Nachdenken *(manana)* und die Verdauung nach dem Essen der meditativen Erkenntnis (nididhyāsa). Alle drei Vorgänge sind notwendig, damit der Körper ernährt und gekräftigt wird.

117. Der Geist eines *Yoga*-Meisters sollte so ruhig sein wie die Flamme einer Lampe, die auf einer windgeschützten Fensterbank steht. Wenn ihr das leiseste Anzeichen von Unruhe wahrnehmt, müsst ihr eure Gedanken zügeln und dürft ihnen nicht erlauben umherzuwandern. Entwickelt das Bewusstsein, dass ihr in allem seid, und fühlt, dass alles in euch ist, dass ihr mit allem eins seid. Dann könnt ihr mit allen Arten von *Yoga* beginnen und werdet darin erfolgreich sein. Dann seid ihr frei von den Unterscheidungen zwischen ‚ich' und ‚den Anderen' oder zwischen Selbst *(ātman)* und Überselbst *(paramātman)*. Die Freuden und Leiden anderer werden dann zu euren eigenen.

118. Wenn ihr keine Geduld besitzt, ist euer Ärger völlig nutzlos. Er schadet euch sogar. Euer Ärger, der durch Mangel an Geduld entsteht, macht euch nur noch unglücklicher. Ihr

werdet diese Art von Ärger nur zu beherrschen lernen, wenn ihr geistige Ausgeglichenheit entwickelt.

119. Ihr solltet die Zügel, die ihr eurem Geist anlegen müsst, fest in der Hand halten. Sie dürfen nicht locker gelassen werden. Die Lehre weist darauf hin, dass der richtige Weg, Gott zu erreichen, in der Beherrschung des Geistes besteht. Wenn ihr Körper und Geist, die nichts weiter als Schaumblasen auf dem Wasser sind, zu viel Wichtigkeit beimesst, vergeudet ihr euer ganzes Leben.

120. Der *Vedanta* lehrt, dass spirituelle Übungen *(sādhana)* nicht mehr nötig sind, sobald ihr den Urgrund von allem, was ihr seht, erkannt habt. Einen Topf, der ein Loch hat, könnt ihr niemals mit Wasser füllen. Ebenso wenig kann euer Kopf, so sehr ihr euch auch bemüht, jemals mit heiligen Gedanken gefüllt werden, solange Löcher in Gestalt vieler Wünsche vorhanden sind. Nur wenn keine Löcher mehr da sind, können eure Bemühungen Früchte tragen und euch zu Gott führen.

121. Ärger, Stolz und andere Leidenschaften ziehen den Menschen auf die Stufe eines Geistesgestörten und manchmal sogar auf die eines Tieres herab. Es ist deshalb dringend notwendig, dass ihr euren analytischen Verstand (vijnāna), die Intuition (prajnāna) und Weisheit (sujnāna), die im Menschen verborgen sind, erkennt, sie in die richtigen Kanäle leitet, und so die höchste Bewusstseinsstufe der Glückseligkeit erreicht. Die Ursache aller Probleme, aller Verwirrung und Unruhe ist die Tatsache, dass ihr die Herrschaft über eure Sinne verloren habt. Ihr lasst ihnen ungezügelten Lauf. Wenn ihr ihnen keine Fesseln anlegt und sie

nicht zähmt, seid ihr nicht in der Lage, richtig zu urteilen und kühl, ruhig und vernünftig zu denken. Auf diese Weise werdet ihr oft irregeführt und zu falschen Handlungen veranlasst. Ärger ist wie Rauschgift; er bringt euch dazu, das Falsche zu tun; er ist der Ursprung aller Sünden. Er ist ein mächtiger Dämon. Ärger führt zu allen anderen Sünden. Wie ihr wisst, gingen alle Verdienste, die sich der Weise *Vishvamitra* in Tausenden von Jahren asketischen Lebens und durch spirituelle Übungen erworben hatte, in einem einzigen Augenblick des Ärgers verloren.

122. Solange der Mensch Wünsche hat, kann er der Wiedergeburt nicht entgehen. Erst wenn er vollkommen wunschlos und ohne Verlangen ist, wird er ab diesem Tag von der Wiedergeburt befreit. Der Mensch muss sich ganz Gott hingeben, um diesen heiligen Weg der Wunschlosigkeit beschreiten zu können. Bevor man fähig ist sich Gott hinzugeben, muss man gewisse Hindernisse überwinden. Jeder sieht ein, dass man in dieser Welt nicht ohne Weiteres das Haus eines reichen, einflussreichen Menschen betreten kann, ohne einer Prüfung unterzogen zu werden. Ein Wächter wird am Eingangstor fragen, in welcher Angelegenheit man den Hauseigentümer sprechen will. Wenn schon bei einer Person mit begrenzter weltlicher Macht solche Maßnahmen getroffen werden, um den Eintritt in ihr Haus zu erschweren, wen kann es dann wundern, dass es einschränkende Vorschriften für den Eintritt in den Palast Gottes gibt, dessen Macht unbegrenzt ist? Wer den Palast der Erlösung betreten will, wird am Eingangstor zwei Wächtern begegnen. Dieser Eingang ist der Ort, an dem ihr euch selbst überantwortet. Er könnte ‚Tor der Hingabe' heißen. Die beiden Wächter heißen ‚Anstrengung' (shrama) und ‚Geduld' *(dama)*. Das bedeutet, dass ihr euch anstrengen und in

Geduld üben müsst. Das sind also die beiden Torhüter. Wie groß euer Wunsch auch ist, euch Gott ganz hinzugeben, ohne Anstrengung und Geduld könnt ihr seinen Palast nicht betreten.

123. Für gewöhnliche Menschen ist es nicht leicht, in der Stunde des Todes ihre Gedanken ausschließlich auf Gott zu richten. Das setzt langes, intensives Training voraus und erfordert, dass man gewisse Vorbedingungen erfüllt hat. Der Geist (mind) muss durch bestimmte Disziplinen vorbereitet worden sein; er muss fest in der Einheit verankert sein (yogayukta). Aber selbst das genügt nicht. Er muss alle anderen Gedanken als nieder, untergeordnet und sogar als zuwider abgetan haben. Dieser Widerwille gegenüber allen anderen Dingen sollte ständig zunehmen. Wenn diese beiden vorhanden sind, wird der Gedanke an Gott mit Sicherheit da sein und durch die letzten Augenblicke hindurch anhalten.

Deshalb ist euer Geist (mind) das Allerwichtigste. Wenn der Geist verdirbt, dann verdirbt auch alles andere. Der Mensch bewegt sich ebenso schnell wie seine Gedanken und immer in die Richtung, in die seine Gedanken gehen. Man muss sich gute Gewohnheiten und spirituelle Disziplin aneigenen, um den Geist zu zähmen und zu erziehen.

Die Aufgabe des Gurus

1. Gurupūrnimā ist ein heiliger Tag. Es ist der Tag, an dem wir den Weisen *Vyāsa* ehren. Er hat der Menschheit das kostbare Juwel der Verehrung des persönlichen Gottes (saguna) geschenkt und ihr darüber hinaus die Hoffnung und Zusicherung gegeben, dass der Mensch (mānava) eins mit Gott (mādhava) werden kann, dass der Mensch *(nara)* der Höchste *(nārāyana)* werden kann, dass die individuelle Seele *(jīva)* die Allseele *(brahman)* werden kann oder vielmehr, dass die Einzelseele in Wirklichkeit die Allseele ist. Das *Bhagavatam* und das *Brahmasūtra* sind großartige Texte, die diese wertvollen Grundsätze wiedergeben.

Der Mensch ist eine Zusammensetzung aus zwei Strängen, die beide aus demselben Grundstoff bestehen: *Māyā,* die Welt der Erscheinungen, und Mādhava, der göttliche Herr; Moha, die Verblendung, und Rama, die Quelle aller Freude; Deha, der materielle Körper, und Dehi, der Bewohner des Körpers; Jada, leblose Materie, und Cit, reines Bewusstsein; Sharīra, die vergängliche Gestalt, und Sharīri, die verkörperte Seele; *Jīva,* die individuelle Seele, und *Brahman,* die Allseele. Wie bei den Mahlsteinen einer Mühle, von denen der eine fest und der andere beweglich ist, so ist *Brahman* das Ruhende, die Basis, und *Jīva* das sich Bewegende, Kreisende, das von dem anderen Abhängige. Der *Guru* ist der

Lehrer, der die grundlegende Unwissenheit beseitigt, die das Wissen um die Wahrheit vor euch verbirgt. Der Tag des Vollmondes wurde zu seiner Verehrung bestimmt, denn das Wissen beendet die brennende Qual und verbreitet wohltuende Kühle im Verstand (mind) des Menschen. *Vyāsa* wird als *Narayana* selbst, als eine Inkarnation des Höchsten verehrt, denn wer, außer Gott, könnte zu solcher Erleuchtung inspirieren?

Wenn ihr der Familie treu ergeben seid, so seid ihr Diener der Familie; wenn ihr Gott treu ergeben seid, so seid ihr Diener Gottes. Aber denkt nicht an den Lohn, den ihr bekommt. Streitet und feilscht nicht um Lohn und Belohnung. Nur gedungene Arbeitskräfte verlangen Lohn und erklären, sie seien arm. Seid Verwandte, Glieder der Familie, Söhne und Töchter Gottes, dann obliegt es ihm, für euer Wohlergehen zu sorgen. Versucht Gott so nah wie möglich zu sein, so nah wie seine nächsten Angehörigen. Rechnet nicht aus, wie viele Stunden ihr in seinem Dienst verbracht habt, und klagt nicht, er habe euch nicht entschädigt. Bleibt immer in seinem Dienst, das heißt: Seid gut und tut Gutes.

2. Der *Guru* ist derjenige, der entdeckt, dass ihr einen falschen Weg eingeschlagen habt, der in immer tiefere Dunkelheit führt. Denn er kennt den rechten Weg und liebt jene, die sich bemühen, den Strapazen der Nacht zu entrinnen, aber kein Licht haben, das ihre Schritte beleuchtet. *Gurupūrnimā* ist der Tag, an dem wir uns in Dankbarkeit an den Ersten unter den *Gurus* erinnern. Man nennt ihn *Narayana,* denn er ist die Verkörperung der transzendentalen Wirklichkeit. Wenn ihr außerhalb von euch selbst keinen *Guru* findet, könnt ihr darum beten, und *Narayana* in eurem Inneren wird euch den Weg zeigen und euch führen. Es ist immer besser, von diesem inneren *Guru* geführt zu werden, weil

die meisten, die behaupten *Gurus* zu sein, sich weltlichen Vergnügen hingeben oder durch Gier, Eifersucht und Bosheit gefesselt sind. ‚*Guru*' bedeutet auch ‚schwer'; viele haben aber nur körperliches und kein spirituelles Gewicht!

3. Das Ziel jedes menschlichen Strebens ist das Erreichen des Einen, das jenseits all dieser Vielheit liegt. Ohne dieses Eine zu erlangen, kann der Mensch weder inneren noch äußeren Frieden finden, gleichgültig wie oft er das *Mantra* ‚Frieden' *(shānti)* wiederholt. Der *Guru* öffnet dem Jünger die Augen für den unsichtbaren Strom, der die vielen scheinbar voneinander unabhängigen Geräte wie die Glühbirne, das Mikrophon, den Ventilator, den Kühlschrank, das Aufnahmegerät, den Herd und so weiter aktiviert. Ihm gebührt eure Dankbarkeit. Er ist wie der Fremde, der zu einem armen Mann kommt und verkündet, dass unter seiner Hütte ein kostbarer Schatz verborgen liege, den er besitzen könne, wenn er einige Minuten darauf verwende, ihn auszugraben! Der Weise *Vishvamitra* ersann das *Gāyatrī-Mantra* als wirkungsvolle Arznei für den Suchenden auf dem spirituellen Weg. Auch er verdient unsere Verehrung, denn diese Arznei erweckt eure höhere Intelligenz *(buddhi)* und verleiht euch Unterscheidungsvermögen *(viveka),* Schärfe des Verstandes (vicakshana) und Losgelöstheit *(vairāgya).* Das sind die drei Merkmale, die den Menschen auszeichnen und ihn weit über andere Tiere erheben.

4. Der *Guru* wird euch die Gestalt Gottes nahebringen, die zu eurem Temperament und den Tendenzen eures Geistes (samskāra) passt. Sollte ein *Guru* euch mit einer Drohung drängen, eine bestimmte Art spiritueller Übungen *(sādhana)* aus-

zuführen und erklären: „Das ist mein Befehl“, dann könnt ihr ihm sagen, die Hauptsache sei, dass ihr zufrieden seid, nicht er. Ihr müsst eure spirituellen Übungen in einer Atmosphäre der Freude und Zufriedenheit ausführen.

5. Einige der Großen erklären, dass der *Guru* Vater und Mutter sei; dass er *Brahmā*, *Vishnu* und *Maheshvara* in einem sei.

Im Licht der absoluten Wirklichkeit des Selbst *(ātman)* ist das richtig. Aber heutzutage sind solche *Gurus* selten. Ihr könnt von dem *Guru* als Vater, Mutter, Gott und so weiter sprechen, weil ihr ihn liebt und achtet, das ist alles. Aber wie kann er das wirklich sein? Ihr sagt vielleicht, dass er so liebevoll wie eine Mutter und so beschützend wie ein Vater sei. Wie steht es aber mit denen, die euch diesen Körper gegeben und euch aufgezogen haben, noch bevor ihr einen *Guru* hattet? Das Erste und Allerwichtigste ist die Dankbarkeit gegenüber den Eltern. Dient ihnen, macht sie glücklich, respektiert sie. Achtet zweitens euren spirituellen Lehrer, den *Guru,* weil er euch den Weg zeigt, sich um euren Fortschritt kümmert und an eurem Wohlergehen interessiert ist. Drittens: Verehrt Gott als den Zeugen aller Dinge, als Herrn des Erschaffens, Bewahrens und Vergehens und als den allmächtigen Einen. Gott allein kann als universelle, allgegenwärtige Gestalt und universeller Freund und Beschützer betrachtet werden. Alle anderen dürfen nur ihrer individuellen Stellung gemäß behandelt werden: die Mutter als Mutter, der Vater als Vater, der *Guru* als *Guru*. Sie können wahrlich nicht alle eins sein. Denkt gut darüber nach. Wenn ihr nach Erkenntnis des Selbst (ātmasākshātkāra) strebt, müsst ihr eure Meditation auf die Gestalt Gottes, auf die Verkörperung des Absoluten *(ātman)* ausrichten, die ihr am meisten liebt, aber nicht auf das Bild eures *Gurus*. Das wäre unangemessen. Gott steht über dem *Guru*. Natürlich müsst ihr dessen Worte als Grundlage betrachten und davon ausgehend versuchen, zum Ursprung aller Dinge vorzustoßen. Das wird eure Mühe mit Erfolg krönen.

Angenommen jemand verlangt von euch, einen Kieselstein wie einen Edelstein zu behandeln. Natürlich gehorchen manche gezwungenermaßen, weil sie sich durch die Anweisung gebunden fühlen und akzeptieren es. Aber ist ihr Gefühl dann echt? Es ist kein Zeichen von echter Meditation, eine Vorstellung außerhalb und eine andere innerhalb zu haben. Solange ein solcher Konflikt nicht aufgelöst ist und die äußere Vorstellung mit der inneren nicht übereinstimmt, werdet ihr in der Meditation keine Stabilität haben und auch nicht erfolgreich sein.

6. Wer das Licht des höchsten Selbst *(ātman)* in euch entzündet, indem er euch lehrt, was recht und gut ist, der euch hilft, den Grundsätzen zu folgen, die in den heiligen Schriften enthalten sind, und der euren unruhigen Geist beruhigt, kann als der richtige *Guru* angesehen werden. Das Wort ‚Gu' bedeutet Dunkelheit oder Unwissenheit, und ‚Ru' steht für deren Beseitigung. Das heißt, der *Guru* vertreibt Dunkelheit und Unwissenheit mit dem Licht der Weisheit. Das ist die Funktion eines *Gurus*. ‚Gu' bedeutet auch: ‚Einer, der jenseits aller Dinge und Eigenschaften ist', und ‚Ru' ist einer, der keine Gestalt hat (rūparahita). Gott allein hat weder Eigenschaften noch Gestalt.

7. Es gibt eine Geschichte, in der ein König, sein Minister und sein Diener bei stürmischer See eine Bootsfahrt unternahmen. Der Diener geriet angesichts all des Wassers um ihn herum in Panik. Er gebärdete sich so wild, dass das Boot zu ken-

tern drohte. Da ergriff der Minister den Mann, stieß ihn ins Wasser und tauchte ihn trotz seines Angstgeschreis mehrmals unter. Erst als er rief: „Ins Boot! Ich will ins Boot!“, wurde er hineingehievt. Sobald er wieder im Boot saß, wusste er, dass er vor dem Wasser in Sicherheit war. Ebenso ergeht es euch. Ihr seid in Gottes Hand, und doch habt ihr Angst vor den Fluten des Lebens (samsāra). Erst wenn ihr die Nöte des Lebens erfahren habt, erkennt ihr, welche Sicherheit der Glaube an Gott euch gibt.

Das Auge ist nur zweieinhalb Zentimeter groß und kann doch die Sterne sehen, die Millionen von Meilen entfernt sind. Aber ist es das Auge, das sieht? Kann das Auge sich selbst sehen? Nein. Durch solche Fragen müsst ihr versuchen, andere und vor allem euch selbst kennenzulernen. Ihr seid sehr neugierig, was andere betrifft. Selbst zufällige Bekanntschaften, zum Beispiel Leute, die ihr im Eisenbahnabteil kennenlernt, fragt ihr gleich nach Familienangelegenheiten, Besitz und Herkunft. Dabei kennt ihr nicht einmal eure eigene Herkunft, euren Besitz, euer Erbe und eure Stellung in der Welt. Ihr seid Nachfahren des Stammvaters der Menschheit *(manu),* der die ethische Grundordnung festlegte, die auch euer Eigentum ist. Gott wohnt in eurem Herzen, und deshalb seid ihr eurem Wesen nach göttlich. Ihr entsagt all diesem Reichtum und lauft herum, als ob ihr arm und schwach wäret. Ihr braucht einen Spiegel, um eure Augen zu sehen; um euch selbst in eurer angeborenen Größe sehen zu können, braucht ihr einen *Guru*.

8. Der Mensch besitzt sowohl ein Gedächtnis als auch die Fähigkeit des Vergessens. Beides sind sehr nützliche Gaben. Das Vergessen ist vielleicht noch wichtiger für ihn, denn sonst würde er den Verlust von Millionen von Eltern und Verwand-

ten aus Millionen früherer Erdenleben zu beklagen haben. Der Mensch erinnert sich grollend an die vielen Beleidigungen und Kränkungen, die ihm in diesem Leben widerfuhren. Aber zum Glück vergisst er sie wieder. Später erinnert er sich nur an die Dinge, die sich ihm als wichtig und entscheidend eingeprägt haben, zum Beispiel das Datum seines Hochzeitstages, die Namen derer, die ihm Geld schulden, und so weiter. Es ist ein Unglück, dass er das Allerwichtigste und Entscheidendste seiner Laufbahn auf dieser Erde vergessen hat, nämlich den Schlüssel zu ewigem Glück und zur Erlösung: seinen wahren Namen und seine wahre Identität!

Der Mensch kann es sich nicht leisten zu vergessen, wer er ist und zu welchem Zweck er hier ist. Er muss Antworten auf die folgenden Fragen kennen: „Wer bist du? Wer bin ich? Wohin werde ich gehen? Woher bin ich gekommen? Was ist Sinn und Zweck des ewigen Werdens und Vergehens? Gibt es eine feste Grundlage, ein Ziel, eine Richtung oder einen, der die Richtung weist?“ Diese Fragen können nicht aus dem Denken des Menschen verbannt werden. Sie kommen und verfolgen ihn, wenn er alleine mit etwas Großartigem und Ehrfurchtgebietendem in der Natur in Berührung kommt oder wenn er ein schreckliches und schockierendes persönliches Erlebnis hat. Es ist nicht weise, solch wertvolle Augenblicke verstreichen zu lassen und wieder zum täglichen Einerlei überzugehen, ohne den Fragen, die sie aufgeworfen haben, nachzugehen.

Aber der Mensch vergisst; er ignoriert. Er hält das Unwirkliche für das Wirkliche. Er lässt sich durch den Anschein täuschen; er schaut nicht hinter den Vorhang. Er führt sich selbst und andere in die Irre. Er hält Löschkalk für Butter, nur weil beide weiß sind – doch was für ein Unterschied in Qualität und Wirkung! Der Säugling lutscht am Daumen und empfindet dabei große Befriedigung. Wir wissen, dass der Daumen weder süß ist noch irgendeinen Geschmack hat, und doch weint der Säugling, wenn man ihm den Daumen aus dem Mund nimmt. Der Säugling selbst hat die Süße in seinen Daumen hineingelegt. Ebenso ist das Glück, das man in der Welt findet, der Welt gar nicht eigen. Es ist subjektiv und nur eine Projektion auf die Welt, eine Projektion des Glücks, das vom Selbst kommt, dem *Atman,* dem Ursprung und Ziel von allem. Der Säugling bildet sich ein, der Daumen sei ein äußeres Objekt, das ihm Vergnügen bereite, aber er ist nur ein Teil von ihm.

Der *Guru* warnt und weckt auf. Er enthüllt die Wahrheit und ermutigt euch, auf sie zuzugehen. Wenn jemand weder ein Sehnen verspürt, noch ein fragendes Herz oder einen suchenden Verstand hat, kann man nicht viel machen. Den Hungrigen kann man speisen, doch wer keinen Hunger hat, der wird die Speise ablehnen und als etwas Überflüssiges verwerfen. Der *Guru* ist ein Gärtner, der sich um die Pflanze kümmert, aber bevor er das tun kann, muss der Same gekeimt haben. Er fügt der Pflanze nicht irgendetwas Neues hinzu; er hilft ihr nur, gemäß ihrer eigenen Bestimmung vielleicht schneller und üppiger zu wachsen, doch nie gegen ihre eigene Natur. Er überwindet Armut, indem er auf die Schätze hinweist, die im Inneren des Menschen verborgen liegen. Er unterrichtet ihn in Methoden, wie er sie bergen kann, und ruft ihn zur Wachheit auf, die er braucht, um sie am vorteilhaftesten für sich zu nutzen.

9. Welche Werke *(karman)* und Arten der Verehrung *(upāsana)* für den Einzelnen richtig sind, hängt sowohl von den Pflichten *(dharma)* ab, welche die momentane Lebensphase ihm auferlegt, als auch von der Grundeigenschaft *(guna),* die bei

diesem Menschen vorherrscht. Selbst göttlicher Nektar *(amrita)* wird euch schaden, wenn ihr ihn durch die Nase trinkt! Für jeden Suchenden gibt es eine bestimmte Art, sein Leben zu führen, eine Methode, innere Erhebung zu erfahren und einen Weg des spirituellen Fortschreitens, der sich von dem anderer unterscheidet. Der wahre *Guru* weiß, was am besten zu euch passt. Das bedeutet nicht, dass er Partei ergreift oder voreingenommen ist. Es bedeutet nur, dass er gütig und rücksichtsvoll ist, denn er besteht nicht darauf, dass alle Menschen sich in dieselbe Jacke zwängen müssen.

10. Gebt euer Ego auf und widmet Gott jeden Augenblick und all euer Tun. Er hat der Menschheit Erlösung von Leid und allem Übel versprochen. Wenn man die Menschen fragt, wo Gott ist, zeigen sie zum Himmel oder verweisen auf eine weit entfernte Region. Das ist der Grund, warum er sich nicht manifestiert. Erkennt, dass er in euch, bei euch, hinter euch, vor euch und um euch herum ist. Er ist die Barmherzigkeit selbst und stets bereit und bestrebt, eure Gebete zu erhören, wenn sie aus reinem Herzen kommen.

Derjenige, der euch von diesem alles durchdringenden Gott erzählt, ist der wirkliche *Guru,* nicht einer, der euch Erlösung verspricht, wenn ihr ihm eure Geldbörse zu Füßen legt. Lasst euch nicht von solch weltlichen Menschen, die voll Egoismus und Gier sind, irreführen. Betet zu Gott, er möge euren Geist erleuchten, eure höhere Intelligenz erwecken und selbst euer *Guru* sein. Vom Altarschrein eures Herzens aus wird er euch den rechten Weg weisen. Viele der heutigen *Gurus* legen mehr Wert auf den Zaun als die Feldfrüchte. Durch Überbetonung von Regeln und Einschränkungen behindern sie die spirituelle Praxis, die sie eigentlich unterstützen sollten. Sie bestehen verbissen auf der Beachtung längst überholter Vorschriften, während sie den eigentlichen Sinn und Zweck, dem sie galten, verloren gehen lassen. Sie stellen die Rolle des Schicksals und der Folgen früherer Taten *(karman)* groß heraus, ohne den Menschen zu trösten und ihm gleichzeitig die überwältigende Macht der Gnade Gottes vor Augen zu führen.

11. Hört auf, über Menschen zu reden, die vom Weg abgekommen sind. Sprecht davon, wie es ist, den rechten Weg zu finden. Gebt die Verbindung zu negativ Gesinnten auf und gewöhnt euch an, Orte aufzusuchen, wo es weder Sinneslust, Gier noch andere Begehrlichkeiten gibt. Sucht nach dem *Guru,* dessen Liebe alle einschließt.

12. Im Universum gibt es drei Wesenheiten, mit denen der Mensch es zu tun hat: Gott *(paramātman),* Natur *(prakriti)* und Mensch *(jīvātman)*. Gott muss angebetet und verehrt werden; er muss vom Menschen durch das Mittel der Natur erkannt werden. ‚Natur' ist der Name für all die verschiedenen Dinge, die im Menschen den Eindruck von der Macht und Herrlichkeit Gottes hinterlassen. Man nennt sie auch *‚Māyā'*. Sie ist das Gewand Gottes, das seine Schönheit und Majestät sowohl verbirgt als auch offenbart. Der Mensch muss lernen, die Natur nicht für seine Bequemlichkeit oder sein Vergnügen unter völliger Missachtung des Gottes zu nutzen, der die Quelle all seiner Freuden ist. Er sollte die Natur vielmehr dazu nutzen, die Intelligenz zu verstehen, die das Universum lenkt. Wie wächst ein Baum oder blüht eine Blume? Wie gewinnt man Erkenntnisse über die Sterne und den Weltraum, wenn nicht durch die Inspiration der Freude und der Intelligenz, die Er, der im Inneren wohnt, schenkt? Nähert euch der Natur in demütiger, andachtsvoller Weise, dann wird eure Zukunft

sicher sein. *Ravana* begehrte *Sita,* welche die Natur versinnbildlicht, und brachte sie gewaltsam an sich. Diese Selbstsucht und Gier ließ ihn in den tiefsten Abgrund stürzen. Hätte er den Gott hinter der Natur, *Rama,* begehrt, wäre ihm ewiges Glück zuteil geworden.

Alles heutige Leid der Menschheit kann auf diese falschen Werte zurückgeführt werden. Man darf nicht den zweiten Schritt vor dem ersten tun. Helft euch zuerst selbst, dann anderen. Heutzutage beginnen die Menschen, anderen auf dem spirituellen Weg zu helfen, ohne ihn selbst zu gehen. So fallen beide, der Führer und der Geführte, in die Grube. Sorgt zuerst für euch selbst, das heißt: Entdeckt, wer ihr wirklich seid, woher ihr kommt, wohin ihr geht und warum ihr hier seid. Wenn ihr die Antworten auf diese Fragen in den heiligen Schriften, den Worten der Weisen und durch eigene unbestreitbare Erfahrung gefunden habt, dann könnt ihr es wagen, andere zu führen. Aber die meisten sind gar nicht darin geübt, das Wahre vom Unwahren, das Zeitliche vom Ewigen, das Richtige vom Falschen und das sozial Nützliche vom sozial Schädlichen zu unterscheiden. Sie verwerfen alle alten Sitten und Gebräuche, alte Texte und Riten als nutzlos, ganz einfach, weil diese alt sind, und sie nehmen neue Sitten und Formen an, nur weil diese neu sind. Die Zeit ist ein guter Prüfstein. Alles, was der Kritik der Jahrhunderte, der Einwirkung vieler fremder Kulturen und der Anziehungskraft fremder Gewohnheiten standgehalten hat, muss in seinem Kern wahr und gültig sein.

13. Ihr braucht spirituelle Führer, die frei von Selbstüberschätzung, Hochmut, Hass und Gier sind; Führer, die selbst den ganzen Weg gegangen sind.

14. Die *Gita* erörtert keine Familien- oder Sozialprobleme. Sie zeigt dem spirituell Suchenden den Weg, der zu vollkommener Vereinigung mit dem ihm innewohnenden Göttlichen führt. Der Grund dafür, dass menschliches Leben höher als das der Tiere, ja selbst höher als das der Götter gepriesen wird, ist, dass es nur dem Menschen möglich ist, durch seine Erfahrung der materiellen Welt Antworten auf Fragen nach seinem eigenen Ursprung, seiner Bedeutung und seinem Ziel zu erhalten. Die *Shāstras* sind die heiligen Schriften, die aufzeigen, was man tun muss, um den Verstand (mind) von falschen Vorstellungen zu befreien, sodass sich die Antworten in ihm widerspiegeln können. Aus den heiligen Schriften geht klar hervor, dass Frieden *(shānti),* Glückseligkeit *(ānanda)* und Weisheit *(jnāna)* die eigentlichen Grundlagen, die wirkende Wirklichkeit dieser Welt sind. Was man tun muss ist, den Schirm zu entfernen, der das Leuchten verbirgt, die Blende wegzuschieben, die die Sicht auf die Wahrheit verdeckt.

15. Ebenso wie die Seidenraupe aus sich selbst heraus einen Kokon spinnt, der ihr Grab wird, baut sich der Mensch mit seinem eigenen Verstand (mind) einen Käfig, in dem er gefangen ist. Es gibt aber einen Fluchtweg, den euch der *Guru* lehren oder der Gott in eurem Inneren euch offenbaren kann. Sucht Zuflucht bei den spirituellen Übungen *(sādhana),* die euch helfen werden. Beendet die Rollen des Clowns und des Narren, die ihr seit uralten Zeiten spielt! Nehmt die Rolle des Helden (englisch: hero) an, nicht die der Null (zero)! Vergesst die Vergangenheit und fürchtet euch nicht vor etwaigen Fehlern oder Enttäuschungen. Entscheidet euch und handelt!

Es gibt *Gurus,* die euch raten, ein Tagebuch zu führen, in das ihr täglich jedes Unrecht schreibt, das ihr begangen habt. Sie verlangen, dass ihr dieses als geistige Übung lesen und dann versprechen sollt, euch zu bessern. Aber durch das Schreiben und Lesen prägen sich eure Fehler nur noch mehr in euer Bewusstsein ein. Es ist besser, die schlechten Gedanken durch gute zu ersetzen und das Bewusstsein zu reinigen, indem ihr an gute Taten und heilige Dinge denkt. Vergesst alles, an was ihr euch nicht erinnern wollt. Erinnert euch nur an das, was der Erinnerung wert ist. Das ist der natürliche und gesunde Weg, um spirituellen Fortschritt zu erzielen.

16. Spirituelle Übungen *(sādhana)* müssen unter der Leitung eines Wissenden begonnen werden, der euren Gesundheitszustand und eure Gemütsart gut kennt. Übermäßige Begeisterung und jede Störung des Gleichmaßes sollten vermieden werden. Wenn das Unterscheidungsvermögen nicht richtig angewandt wird, können spirituelle Übungen zu einem Fallstrick werden. Versehentliches Überheizen des Brennofens verdirbt die Ziegel. Einige Handvoll Waschsoda zu viel, und die ganze Wäsche ist ruiniert, und eine etwas zu lange Unterhaltung mit der Nachbarin lässt einen ganzen Topf Reis anbrennen, sodass man alles wegwerfen muss. Wachsamkeit, Sorgfalt und Umsicht sind sehr wichtig für den Gottsuchenden. Spirituelles Bemühen *(yoga)* verwandelt sich aus Mangel an ständiger Selbstprüfung oft in Krankheit (roga).

17. Der *Guru* gibt euch eine spirituelle Formel *(mantra),* die ihr wiederholt. Auch wenn ihr deren tiefere Bedeutung nicht versteht, so wirkt sie doch reinigend auf euer Gemüt. Wenn ein Bauer einen Antrag bei einer Behörde stellen will, geht er zu einem Anwalt, der weiß, in welcher Form der Antrag gestellt werden muss. Er setzt ein Schriftstück in der Amtssprache auf und

gibt es dem Bauern, der es seinerseits bei der Behörde einreicht. Dieser versteht nicht, was da geschrieben steht, doch er verlässt sich auf die Intelligenz und Erfahrung des Experten, der in diesem Fall sein *Guru* ist.

18. Gott ist in euch! Ihr aber seid wie eine Frau, die fürchtet, sie habe ihre Halskette verloren oder sie sei gestohlen worden, bis sie an einem Spiegel vorbeikommt und sieht, dass die Kette an ihrem Hals hängt. So werdet auch ihr erkennen, dass Gott in euch ist, wenn ein *Guru* euch daran erinnert.

Disziplin in der Ernährung

1. Ihr müsst die Natur als von Gott erfüllt, als von Gott geformt, als Gott selbst ansehen, der sich in diesen Formen, Gerüchen und Tönen manifestiert. Wir sehen unser Gesicht im Spiegel, weil die Lichtstrahlen von der Oberfläche des Spiegels zurückgeworfen werden. Ihr seid die Widerspiegelung der Gottesstrahlen, die vom Spiegel, der Natur, zurückgeworfen werden. Wenn der Spiegel nicht wäre, würde das Individuum nicht als getrennte Wesenheit existieren. Entfernt den Spiegel, dann wird das ‚Du' mit dem ‚Er' verschmelzen, und es bleibt das ‚Wir'. Es ist die materielle Welt *(prakriti),* die euch veranlasst zu glauben, dass ihr der Körper (deha) wäret. Ihr glaubt, dass ihr, ebenso wie alles andere in der Welt, Name und Gestalt wäret. Diese Vorstellung hat zu übermäßiger Beschäftigung mit dem Körper und folglich zu Kummer und Leid geführt. Der Grundsatz, dass Nahrung nur ein Mittel ist, um den Hunger zu stillen, wird weitgehend außer Acht gelassen, und der Mensch wird zum Sklaven der Zunge und des Gaumens. Alle vierundzwanzig Stunden des Tages werden damit verbracht, für den Körper zu sorgen: Krankheitsvorsorge, Gesundheitsförderung, Aufbau der Muskeln und so weiter. Gott, der im Tempel eures Körpers wohnt (dehi) und der erkannt und verehrt werden sollte, wird keinerlei Beachtung geschenkt. Die

Waage, auf der ihr steht, um mit Stolz euer Gewicht festzustellen, lacht euch wegen eures albernen Benehmens aus. Sie belächelt eure Überschätzung körperlicher Siege; sie warnt euch vor zu großem Interesse an belanglosen Erfolgen. Sie weiß, dass der Tod auf der Lauer liegt, um euch hinwegzuschnappen, gleichgültig wie hoch oder niedrig euer Gewicht auch ist. Entwickelt eine Vision eures wahren Selbst, nicht von eurem Körper. Konzentriert euch auf den Schöpfer statt auf das Geschöpf.

2. Die in den *Veden* enthaltene Kultur Indiens lehrt, dass man die Sinne beherrschen und von guter, reiner *(sāttvika)* Nahrung leben muss, um zu Selbsterkenntnis und Erlösung zu gelangen. Deshalb haben die Weisen *(rishi)* in der indischen Tradition seit undenklichen Zeiten reine Nahrung zu sich genommen und ausschließlich klares fließendes Wasser getrunken. Sie hielten ihren Verstand vollkommen rein, und das befähigte sie, den göttlichen Geist (spirit) zu erfassen.

3. Mäßigkeit im Essen, Sprechen, Wünschen und Wollen, Zufriedenheit mit dem Wenigen, das man durch ehrliche Arbeit verdienen kann, Eifer, anderen zu dienen und allen Freude zu bereiten – das sind gemäß der Wissenschaft des jahrtausendealten *Ayurveda* die stärksten Lebenselixire und die besten Mittel zur Erhaltung der Gesundheit.

4. Ihr müsst euch davor hüten, zu viel zu essen, denn damit ruiniert ihr eure Gesundheit. Ein kranker Körper schwächt den Geist, und das Gehirn kann nicht ordentlich arbeiten.

5. Rein *(sāttvika)* sollte nicht nur die Nahrung sein, die ihr durch euren Mund aufnehmt, sondern ebenso die Luft, die ihr durch die Nase einatmet, die Objekte, die eure Augen erblicken, die Klänge, die ihr mit den Ohren hört, und die Dinge, die ihr mit Händen und Füßen berührt. Zu einer sattvischen Diät gehört alles, was ihr durch die Türen der fünf Sinnesorgane aufnehmt. Das Anhören hässlicher Klänge, das Ansehen hässlicher Dinge und das Berühren von allem, was unrein ist, laufen einer reinen Diät zuwider.

6. Alles, was ihr mit den Sinnen aufnehmt, muss rein und makellos sein: Töne, Anblicke, Eindrücke, Ideen, Lehren, Berührungen, Einwirkungen – alles muss Ehrfurcht, Demut, Gleichmut, Ausgeglichenheit und Einfachheit fördern.

7. Der Verstand (mind) ist der Schlüssel zu Gesundheit und Glück, und deshalb muss man eine Ernährung wählen, die keinen nachteiligen Einfluss auf ihn ausübt. Neben der Aufnahme reiner *(sāttvika)* Nahrung muss man dem Verstand eine spezielle Diät in Form von Meditation, Anrufung des Gottesnamens und so weiter geben. Dadurch wird der Verstand gefestigt und gesund erhalten.

8. Durch Einschränkung und Veränderung der Ernährungsweise könnt ihr den Grundstein für ein spirituelles Leben legen. Ihr müsst ausgleichende *(sāttvika)* Nahrung aufputschender *(rājasa)* Nahrung vorziehen. Durch berauschende Getränke verliert ihr die Herrschaft über Gefühle und Leidenschaften, Impulse und Instinkte, Sprache und Bewegungen und sinkt womöglich auf die Ebene des Tieres herab. Indem man Fleisch isst, entwickelt

man eine Neigung zur Gewalttätigkeit und wird anfällig für viele Krankheiten. Der Verstand agiert mehr, wenn man aufputschende *(rājasa)* Nahrung zu sich nimmt. Ganz und gar unbeherrschbar wird der Verstand, wenn man passiv und krank machenden *(tāmasa)* Speisen den Vorzug gibt. Wer stets mit dem Wesen Gottes (rāmatattva) in Einklang sein will, muss auf die Nahrung achten, die sowohl vom Körper als auch dem Verstand aufgenommen wird.

9. Ihr müsst vorsichtig mit der Ernährung sein, die ihr zu euch nehmt, denn die Zunge (jihvā) und die Geschlechtsorgane (guhya) sind die beiden großen Feinde des Menschen. Die Begierden nach Essen und Sex reißen euch ins Verderben. Lasst davon ab, die Zunge und ihr Verlangen zu befriedigen; werdet nicht das Opfer von Gelüsten oder Appetit. Nehmt nur reine *(sāttvika)* Nahrung zu euch, esst mäßig und in guter *(sāttvika)* Gesellschaft. Bleibt immer Herr eurer Sinne.

10. Alles, was man isst, muss rein sein und frei von subtilen negativen Einflüssen, die von den Menschen ausgehen können, welche die Zutaten besorgen, die Speisen zubereiten und servieren. Ja, all das muss der Gottsuchende *(sādhaka)* beachten. Auch der Ort, an dem man lebt, hat einen subtilen Einfluss auf den Charakter und das Denken. *Ramakrishna* hat über den Frieden gesprochen, den man an Orten wie Mathura, Benares und anderen heiligen Stätten empfindet. Obwohl jeder Meter des Ganges auf seiner langen Reise zum Meer heilig ist, liegen einige Orte an seinen Ufern, zum Beispiel Rishikesh, Haridwar, Kashi, Prayag und so weiter, die besonders stark mit spirituellen Schwingungen aufgeladen sind. Sie helfen dem Suchenden, sein Bewusstsein auf allen Ebenen zu läutern.

11. Hingabe muss auf verschiedene Weise ihren Ausdruck finden. Denkt zum Beispiel an die Speisen, die ihr esst. Bringt sie zuerst Gott dar, bevor ihr davon esst, dann werden sie rein und stärkend. Jede Handlung wird rein und machtvoll, wenn sie zur Verherrlichung Gottes ausgeführt wird.

12. Drei Reinheiten sind zu beachten: Reinheit der Zutaten, Reinheit des Kochgeschirrs und Reinheit der Menschen, welche die Speisen zubereiten und auftragen.

Es reicht nicht, wenn die Lebensmittel rein und von guter Qualität sind. Sie müssen auch auf faire, ehrliche Weise erworben worden sein. Kein unfairer, unredlicher Verdienst, kein ungerechtfertigter oder betrügerischer Gewinn darf für den Erwerb von Nahrungsmitteln verwandt werden. Sie sind sonst gleich von Anfang an verdorben. Die Herkunft, ebenso wie der Prozess der Verarbeitung wie auch der Zweck müssen gleichermaßen rein sein. Das Kochgeschirr muss rein und frei von Belag sein. Die Person, welche die Speisen austeilt, sollte nicht nur sauber gekleidet sein, sondern auch reine Gewohnheiten, einen guten Charakter und gutes Benehmen haben. Sie sollte, während sie die Speisen serviert, frei von Hass, Ärger und Sorgen sein und nicht Gleichgültigkeit, sondern Frische und Fröhlichkeit verbreiten. Und sie sollte bescheiden und voller Liebe sein. Während sie die Speisenden bedient, darf sie keine schlechten Gedanken hegen. Mit äußerlicher Sauberkeit oder Charme kann man schlechte Gedanken und Gewohnheiten nicht kompensieren. Der Suchende nach der Wahrheit *(sādhaka),* der Konzentrationskraft braucht, muss diese Tatsachen beachten, sonst werden die subtilen Einflüsse der schlechten Gedanken des Kochs und der Servierenden ihn während der Meditation heimsuchen. Seht zu, dass ihr euch nur mit guten Menschen umgebt. Äußerlicher Charme, berufliches Können und geringe Lohnforderungen dürfen nicht dazu verleiten, Köche und Gehilfen einzustellen, die das Wohl des Hauses gefährden. Prüft ihre Gewohnheiten und ihren Charakter sorgfältig. Die Speisen, die ihr esst, sind ein sehr wichtiger Bestandteil der körperlichen und geistigen Gegebenheiten, mit denen ihr auf dem spirituellen Gebiet ringen müsst. Die Reinheit der Gedanken kann und muss sowohl von der Reinheit des Körpers als auch von der Reinheit einer seiner wichtigen Funktionen, der Sprache, ergänzt werden. Spirituelle Übungen *(tapas)* erfordern körperliche, geistige und sprachliche Disziplin.

13. Nahrung (anna) bildet die Grundlage für den Körper und seine Lebensenergie; beides wird durch sie erhalten. Eure Nahrung bestimmt die Stufe, die ihr erreichen werdet – sei es eine hohe oder eine niedrige. Auch wenn heutzutage auf Disziplin und geregeltes Verhalten hingewiesen wird, so wird doch die Ernährung völlig außer Acht gelassen. Wie großartig und gelehrt, wie bewandert in den Lehren des *Vedanta* und wie erfolgreich in ihrer Verbreitung ein Mensch auch ist, wenn er die strengen Regeln nicht einhält, die für die Ernährung als Grundlage des Körpers und seiner Funktionen gelten, wird er keinen Erfolg haben. Der Reinheit der Lebensmittel, der Lauterkeit des Kochs und derer, welche die Speisen servieren, wird keine Beachtung geschenkt. Man ist zufrieden, wenn der Magen gefüllt und der Hunger gestillt ist. Der erste Tempel, der nach Sonnenaufgang besucht wird, ist das Gasthaus, wo ein gutes Frühstück serviert wird! Wie kann sich ein solcher Vielfraß konzentrieren? Wie kann er sicher sein, dass in einem Restaurant die Reinheit der Lebensmittel, die Reinheit der Zubereitung und der Bedienung gewährleistet ist? Wer kümmert

sich um diese Dinge? Und dann beklagen sich die Menschen, dass sie keine Fortschritte in ihrer Konzentrationsfähigkeit bemerken, sondern noch verwirrter sind! Die erwünschte Wirkung kann nur eintreten, wenn für die entsprechenden Ursachen gesorgt wurde. Mit bitteren Zutaten kann man keine Süßspeise zubereiten!

In der *Bhagavadgita* sind genaue Vorschriften für Essen (āhāra) und Sport (vihāra) festgelegt. Nur wenige beachten diese Lehren, weil sie für unwichtig gehalten werden. Es gibt Menschen, die schwören auf die *Gita,* legen sie stundenlang aus und predigen sie, aber nur wenige setzen ihre Lehren in die Tat um. Die Verse hallen in ihrem Kopf wider, aber sie sind nicht in der Lage, mit philosophischer Freude die Konsequenzen daraus zu ziehen. Glück *(ānanda)* und Frieden *(shānti)* stellen sich nur ein, wenn die Ernährung und sportlichen Aktivitäten rein und lauter sind.

14. Durch reine *(sāttvika)* Ernährung können Körper und Geist gestärkt werden. Speisen dürfen nicht zu salzig, zu scharf, zu bitter, zu süß oder zu sauer sein und dürfen nicht kochend heiß gegessen werden. Speisen, die Durst verursachen, müssen gemieden werden. Die allgemeine Regel ist Mäßigkeit und Zurückhaltung. In Wasser gekochte Speisen sollten am nächsten Tag nicht mehr gegessen werden. Selbst Gebratenes sollte verbraucht werden, bevor es einen unangenehmen Geruch entwickelt.

15. Aufputschende *(rājasa)* Nahrung ist das Gegenteil von reiner *(sāttvika)* Nahrung. Sie ist zu salzig, zu süß, zu scharf, zu sauer, zu aromatisch. Solche Nahrung erregt und berauscht.

Reguliert eure Essgewohnheiten. Beherrscht die Begierden des Gaumens und der Zunge. Esst nur reine *(sāttvika)* Speisen, denn sie fördern innere Ausgeglichenheit. Geht in eurer Freizeit Beschäftigungen nach, die ebenfalls erhebend und ausgleichend sind. Auf diese Weise bleiben euch körperliche und geistige Gesundheitsschäden erspart. Ertragt Unglück, Verlust, Enttäuschungen und Niederlagen tapfer und mit innerem Gleichmut, dann kann euch keine depressive Stimmung erdrücken. Ich muss euch sagen, dass ich mich freue, wenn jemand von euch leidet, denn das gibt ihm die Gelegenheit, seine Intelligenz und seine Wertbegriffe unter Beweis zu stellen. *Harishcandra,* ein König, der sich trotz qualvoller Plagen, die er mit einer einzigen Lüge hätte verhindern können, streng an die Wahrheit hielt, erlitt eine Reihe furchtbarer Schicksalsschläge: Armut, Exil, Verfolgung durch seine Gläubiger, Verkauf seiner Gemahlin, seines Sohnes und seiner selbst in die Sklaverei und eine erniedrigende Arbeit, die ihm von seinem Herrn und Gebieter, dem Oberaufseher des Leichenverbrennungsplatzes in Benares, zugewiesen wurde. Er konnte aber nicht gebeugt oder gebrochen werden, sondern hielt standhaft an seinem Gelübde fest, sich niemals zu einer Unwahrhaftigkeit hinreißen zu lassen.

16. Innere Sauberkeit sollte euer erstes Ziel sein. Wo säubert man ein Trinkgefäß gründlicher: an der Außen- oder der Innenseite? Ihr mögt die feinsten Gemüse und besten Zutaten und Gewürze haben, ein Meister der Kochkunst sein und einen vorzüglichen Herd besitzen, aber wenn das kupferne Kochgefäß innen nicht verzinnt ist, wird das Gericht ungenießbar und es kann denjenigen, der es isst, vergiften. Gute Taten (satkarman) und segensreiche Gewohnheiten (sadācāra) bewahren das ‚Gericht' vor der Berührung mit dem ‚Kupfer'. Das dreimal tägliche Beten des *Gāyatrī-Mantras* und anderer Gebete wird das Herzge-

fäß, in dem die Gefühle, Impulse und Instinkte ‚gekocht' werden, ‚verzinnen'. Gebete, die vor Sonnenaufgang, mittags und bei Sonnenuntergang gesprochen werden, können alle Triebe zähmen, so wie der Tierbändiger den wilden Elefanten zähmt und für den Zirkus abrichtet. Versäumt nicht, das Beste aus dieser Möglichkeit zu machen.

Für das Erreichen der vier Ziele des menschlichen Lebens – Rechtschaffenheit *(dharma),* Wohlstand *(artha),* Wunscherfüllung *(kāma)* und Befreiung *(moksha)* – bedarf es grundsätzlich eines gesunden Körpers und Geistes (mind). Kranksein heißt, dass man sich unwohl fühlt, dass man durch eine Erschütterung des eigenen Temperaments, des Gleichgewichts oder der inneren Gelassenheit gestört ist, was sich auf den körperlichen wie auch den geistigen Zustand auswirkt. Dafür gibt es zwei Ursachen: falsches Essen und falsche sportliche Aktivitäten.

Es ist klüger, Krankheiten vorzubeugen statt nach Heilmitteln zu suchen, nachdem das Übel eingetreten und außer Kontrolle geraten ist.

Ein *‚Yogi'* ist ein zufriedener, in Gott zentrierter Mensch. Ein *‚Bhogi'* ist eine Person, die in Vergnügen schwelgt, welche die Sinne befriedigen. Ein *‚Rogi'* ist einer, der von Krankheit geplagt wird.

Die Menschen könnten länger und gesünder leben, wenn sie nur minimale Mengen äßen. Regelmäßige Gebete, zweimal täglich, geben Kraft und Mut und helfen, Krankheiten zu widerstehen. Wenn euch jemand ein Glas Wasser reicht, bedankt ihr euch sofort. Wie viel mehr Dankbarkeit solltet ihr Gott entgegenbringen, der über euch wacht und alles Böse abwehrt, das euch zu überwältigen droht! Jede Tätigkeit muss Gott geweiht sein, dann wird sie euch körperliche und geistige Gesundheit schenken.

Selbst einer Maschine wird Ruhe gegönnt; sie kann nicht ununterbrochen laufen. Was soll man dann erst über diesen überaus empfindlichen, komplex organisierten menschlichen Körper sagen! Fastet einen Tag in der Woche. Das tut eurem Körper und auch eurem Land gut. Trinkt nur Wasser, sodass alle Schlacken ausgeschwemmt werden. Tiere und Vögel halten sich nur durch Diät gesund. Nur ein gesunder Mensch kann es sich gestatten, seinen Körper zu vergessen. Er kann all seine Gedanken auf Gott ausrichten und dadurch glücklich werden. Krankheit ist die unvermeidliche Folge von Trägheit und Laschheit; Gesundheit ist immer das Ergebnis eines disziplinierten, arbeitsreichen Lebens. Verrichtet alle euren persönlichen Dienste selbst, das wird eurer Gesundheit ganz bestimmt zugutekommen. Zufriedenheit ist das beste Lebenselixir. Benutzt euren Körper als Boot, um das Meer des Lebens mithilfe der beiden Ruder – Liebe zu Gott und Freiheit von Anhaftungen – zu überqueren.

17. Niemandem ist daran gelegen, jahrelang dasselbe Kleid zu tragen. Der Tod ist nichts weiter als das Ablegen alter Kleider. Wenn sogar ein *Avatar* seinen Körper verlässt, nachdem seine Aufgabe erfüllt ist, wie könnte dann der Mensch dieser unvermeidlichen Auflösung entgehen?

18. Trinkt Milch oder Joghurt, esst Früchte und Nüsse. Sie erzeugen aufbauende, tugendhafte und spirituelle Gedanken.

19. Der Verstand (mind) tanzt nach der Pfeife der Nahrung, die der Mensch zu sich nimmt. Die Qualität der Nahrung bestimmt die Ausrichtung des Verlangens, das die Weichen für das Fließen des Gedankenstroms stellt. Das ist der Grund,

weshalb die *Gita* und alle anderen spirituellen Texte für den aufwärts strebenden Suchenden reine *(sāttvika)* Ernährung empfehlen. Denken (mind) ist gleichbedeutend mit: wollen, wünschen, streben (samkalpa). Als das Formlose nach Form verlangte, entstand das Universum. Der Verstand (mind) verkörpert also das schöpferische Prinzip *(māyā),* das den allerersten Wunsch hatte Viele zu sein. Wenn er nun mit aufputschenden *(rājasa)* Dingen, mit Leidenschaften, starken Gefühlen, mit Aktivität und Abenteuer gefüttert wird, galoppiert er los und stürzt sich voller Verlangen in die Welt. Das stößt den Menschen immer tiefer in den Sumpf. Durch Speisen, die müde und matt machen, berauschen, die Vernunft abstumpfen und Trägheit bewirken *(tamasa)* wird der Verstand unempfindsam, unbeweglich und für die Höherentwicklung des Menschen unbrauchbar.

Die Qualität der Speisen hängt von den Schwingungen ab, mit denen sie durch die Art der Gedanken, die von den Menschen ausgehen, welche mit den Speisen in Berührung kommen, sie zubereiten und servieren, aufgeladen sind. Die Gesellschaft, in der man isst, der Ort, die Gefäße, in denen gekocht wird, die Gefühle der Menschen, die kochen und servieren – all das hat einen subtilen Einfluss auf die Wesensart und die Emotionen dessen, der die fertige Speise zu sich nimmt. Weil die Weisen Indiens das erkannt hatten, legten sie für alles, was mit dem Essen zusammenhängt, ebenso viele Gebote und Verbote fest wie für die verschiedenen Stadien des spirituellen Weges.

Allergie entsteht durch unangenehme Gerüche oder indem man etwas berührt oder kostet, was einem eigentlich zuwider ist. Ein gesunder Geist sichert einen gesunden Körper und umgekehrt. Beide sind voneinander abhängig. Zum Glücklichsein braucht man Gesundheit. Aufputschende *(rājasa)* Speisen befeuern die Emotionen; passiv machende *(tāmasa)* Speisen führen zu Trägheit und Schlaf; ausgleichende *(sāttvika)* Nahrung befriedigt.

20. Dem Menschen ist nicht bewusst, dass es ein großes Unbekanntes gibt, das er mit seinen unzulänglichen fünf Wahrnehmungssinnen nicht erfassen kann. Ein Beispiel: Von jedem Wesen und Ding gehen ständig ununterbrochen Millionen von winzigen Teilchen und Millionen von Schwingungen aus. Bestimmte Substanzen, zum Beispiel Kampfer, verflüchtigen sich so stark, dass ein Klumpen davon innerhalb von ein paar Tagen verschwindet. Die Körper anderer Menschen wirken durch diese Ausstrahlung auf uns ein, und ebenso wirken wir auf andere ein. Natürlich werden das Wachstum des Körpers, seine Gesundheit und Kraft auch durch den Umgang, den man pflegt, beeinflusst. Diese Emissionen intensivieren sich, wenn sich Schmutz anhäuft, Abwässer ansammeln und Abflüsse verstopft sind. Sanitäre Richtlinien haben den Zweck, die Entstehung und Verbreitung von Krankheiten durch solche Missstände zu verhindern.

In den heiligen Schriften der *Hindus* werden fünf Arten von Bädern vorgeschrieben, um die körpereigene Abwehr gegenüber den Ausstrahlungen anderer zu erhalten und zu stärken: das Schlammbad, das Sonnenbad, das Wasserbad, das Luftbad und das Aschebad. Bei Letzterem wird der Körper als Zeichen der Verehrung *Shivas* mit einer Schicht aus feiner Asche *(vibhūti)* bedeckt. Die Asche schützt den Körper, wenn er mit unreinen Dingen in Berührung kommt, und vor den negativen Auswirkungen der Ausstrahlungen, die von anderen ausgehen. Außerdem heiligt und reinigt sie die Ausstrahlung dessen, der mit Asche bedeckt ist, denn sie erinnert ihn stets an das unvermeidliche Ende aller Dinge, die man als die eigenen betrachtet, mit Ausnahme von Gott, dem Herrn, der einzigen Wirklichkeit. Die „Unberührbarkeit" als gesellschaftliche Verhaltensnorm muss ihren Ursprung in der Erkenntnis dieser Tatsache gehabt haben.

Der grobe Anteil der Nahrung wird als Kot ausgeschieden; die feineren Bestandteile gehen in Muskeln, Blut und so weiter über, während die allerfeinsten in Geist und dessen Aktivitäten umgewandelt werden. Die Weisen haben bestimmte Speisevorschriften festgelegt, um das spirituelle Streben zu fördern und gegenteilige Tendenzen zu verhindern. Der Mund ist die Eintrittspforte des Herrenhauses, unseres Körpers. Was können wir vom Inneren des Hauses und den Bewohnern erwarten, wenn der Eingang schmutzig ist? Reinheit kommt gleich nach Göttlichkeit. Viele Weise und Heilige kümmerten sich allerdings wenig um ihre körperliche Sauberkeit, da sie sich andauernd auf der höheren Ebene der göttlichen Wirklichkeit befanden. Grundsätzlich aber muss der Körper sorgfältig und liebevoll gepflegt werden, denn er ist ein wertvolles Geschenk; eine außerordentlich komplizierte, aber gut koordinierte Maschine, die dem Menschen für eine lobenswerte Aufgabe zur Verfügung gestellt wurde. Auch ihr Äußeres soll sauber sein und die Anmut der Güte ausstrahlen.

Die Andacht vor eurem Hausaltar, die Rezitation von Hymnen, das Singen zur Ehre Gottes – das alles sendet Schwingungen aus, welche die Atmosphäre reinigen und so alle „Nahrung", die ihr in euch aufnehmt, desinfizieren.

Ebenso hat der Anblick von Tempeln und Gebäuden, die mit Göttlichkeit aufgeladen sind, von Statuen und Skulpturen, die das Geheimnis und die Majestät Gottes in seinen verschiedenen Gestalten darstellen, eine heilsame Wirkung auf die Charakterbildung und die Richtung, in welche die Gewohnheiten und Einstellungen gehen, denn ihr Anblick macht euch bewusst, wie winzig klein der

Mensch ist angesichts der Größe der göttlichen Schöpfung.

Kurukshetra ist das Feld der Nahrung, denn ‚Kuru' heißt ‚Nahrung'. Unter Nahrung versteht man alles, was man in sich aufnimmt, entweder durch die Speiseröhre oder die Sinne. Das Essen (āhāra) beziehungsweise die Nahrung (anna) bestimmt das Wesen der Impulse, Gefühle und Leidenschaften. Sie müssen in die richtigen Bahnen gelenkt und veredelt werden, damit sie dem Ziel der Befreiung von Furcht und Leid dienen können. Kshetra, das Feld der Nahrung, das heißt der Körper, muss in das Feld der Rechtschaffenheit *(dharma)* verwandelt werden, in das geläuterte Feld der Tugend und des Verzichts auf niedere Wünsche *(vairāgya)*. Dann wird der göttliche Wagenlenker die Verantwortung übernehmen; der Mensch wird erlöst und der Körper zum Feld Gottes. Das ist die Lebensgeschichte eines Menschen, der sich selbst erkannt hat. Er ist in die göttliche Glückseligkeit eingegangen; äußere Geschehnisse berühren ihn nicht; er lebt ganz allein in der Welt inneren Friedens.

Geburtenkontrolle mit künstlichen Mitteln ist ein unsinniger, falscher Schritt. Das ist, als ob man den Kopf abschlüge, weil die Tür zu niedrig ist und man sich beim Eintritt nicht bücken will. Ihr müsst Möglichkeiten erfinden, mehr Nahrung zu produzieren, zum Beispiel durch die Nutzbarmachung des natürlichen Reichtums an Grundwasser. Künstliche Mittel zur Empfängnisverhütung fördern Zügellosigkeit und verbreiten im ganzen Land Promiskuität, die des Menschen unwürdig ist. Jene, die diese gefährliche Taktik empfehlen, sollten lieber zu Selbstkontrolle und Selbstbeschränkung durch *Yoga* und Dienst am Nächsten ermutigen. Diese Methoden werden in den heiligen Schriften von den Weisen empfohlen, denen die verheerenden Folgen unverantwortlicher Vaterschaft oder enttäuschter Mutterschaft bekannt waren. Die unschuldigen, unwissenden Opfer derartiger Beeinflussung können sehr wohl darin geschult werden, ihre niederen Triebe zu beherrschen und lernen, sie zu veredeln und in segensreichere Bahnen zu lenken. Ohne eine geistige Vorbereitung und ohne eigene Entschlossenheit können diese künstlichen Maßnahmen zu Krankheiten, geistiger Verwirrung und anderen Komplexen führen.

Durch Medien Filme, Bücher, Musik und das Verhalten der Respektspersonen werden junge Gemüter in Erregung versetzt und zu Zügellosigkeit verleitet. Durch den Feldzug für die Familienplanung werden sie dazu angeregt, Mittel anzuwenden, die sie der Verantwortung für die Konsequenzen dieser Zügellosigkeit entheben. Das gleicht tatsächlich dem Versuch, die zukünftige Kraft und den Fortschritt der Nation wie eine Kerze an beiden Enden brennen zu lassen. Die beste Methode für Familienplanung ist die seit alters her gültige, nämlich dem Menschen durch spirituelle Disziplin *(sādhana)* die Erkenntnis der ihm innewohnenden Göttlichkeit zu vermitteln.

Die drei Grundeigenschaften

1. *Prasanthi Nilayam* hat drei Tore. Das äußerste, durch das die Menschen mit ihrem Eigensinn, ihren Zweifeln, ihrer Verzweiflung und so weiter eintreten, stellt die Grundeigenschaft *(guna)* der Dunkelheit und Verblendung *(tamas)* dar. Das zweite repräsentiert die Aktivität *(rajas),* und wer hindurchgeht, dessen Augen und Herz erfreuen sich an dem, was sich seinen Blicken bietet und seinen Verstand anregt. Das dritte Tor führt in die Gebetshalle. Dort entwickeln die Besucher die selteneren, reineren Eigenschaften, die man *sāttvika* nennt. Dieser Vergleich fasst den Fortschritt des Suchenden *(sādhaka)* auf seinem Weg zur Selbsterkenntnis kurz zusammen: Von den öden sandigen Wüsten des Verlangens durch die wilden, struppigen Felder des Ärgers und Hasses weiter zum grünen Rasen göttlicher Liebe *(prema).* Er erreicht die weite Landschaft der Glückseligkeit *(ānanda);* er sitzt in Meditation, und die Lebensenergie *(kundalinīshakti)* erwacht in ihm, bis der Lotos des Herzens aufblüht und die heilige Flamme, welche die Dunkelheit der Unwissenheit vertreibt, zu leuchten beginnt. Wie die Bilder in Kinderbüchern dient der Kreis, das Symbol auf der Flagge von *Prasanthi Nilayam,* dazu, euch an das zu erinnern und das zu lehren, worauf ich mit Nachdruck hinweise.

2. Reinheit *(sattva)* des Hörens bedeutet, den Geschichten, Erfahrungen und Botschaften der Weisen und Heiligen, die Gott gesucht und erkannt haben, zu lauschen. Reinheit des Sehens heißt, Menschen zu sehen, die Gott anbeten, Bilder von Heiligen und Weisen zu betrachten und an Festlichkeiten in Tempeln und so weiter teilzunehmen. Leidenschaftliches *(rājasa)* Sehen ist das Anschauen von Szenen des Luxus, von Bildern sinnlicher Freuden, des Prunks und der Zurschaustellung von Macht, Status und egoistischer Autorität. Das Vergnügen an der Beschreibung sinnlicher Szenen und Handlungen und an der Hervorhebung von Macht, Autorität, Gewalt und Tapferkeit, kann als leidenschaftliches Hören *(rājasa)* eingeordnet werden. Andere finden Vergnügen daran, Geschichten über Quälereien, Rohheiten, schauerliche Abenteuer und verwerfliche Taten zu hören. Das sind stumpfe, rohe *(tāmasa)* Menschen. Sie bewundern Grausamkeit und Brutalität, und es macht ihnen Freude, sich mit solchen Bildern zu umgeben. Sie verehren dämonische, blutrünstige Götter und schwelgen in Geschichten von Gespenstern und unheimlichen Kräften.

3. Nach Gott zu suchen, bevor man sein Leben nach moralischen und tugendhaften Grundsätzen ausgerichtet hat, ist so, als wolle man ein Licht entzünden, ohne für eine Lampe, Docht und Öl gesorgt zu haben. Beschafft euch diese drei Dinge, dann könnt ihr ein Licht anzünden, und es wird hell werden. So ist es auch mit dem Licht der Gotterkenntnis.

Dabei müssen Gottsuchende eines beachten: Die Lampe, der Docht und das Öl müssen im richtigen Verhältnis zueinander stehen. Wenn der Docht zu lang oder zu kurz für die Lampe ist, das Öl zu viel oder zu wenig für den Docht, wenn die Lampe zu groß für das Öl oder den Docht ist, kann die Flamme nicht brennen, und es wird kein Licht geben. Ein klares, ruhiges Licht kann nur erzeugt werden, wenn alle drei aufeinander abgestimmt sind. Auch die drei Grundeigenschaften *(guna)* müssen ausgewogen sein, um das optimale Ergebnis, die Befreiung, zu ermöglichen. Sie sind Ketten, und der Mensch ist durch sie gebunden wie eine Kuh, deren Vorderläufe man zusammengebunden hat, deren Hinterläufe ebenfalls zusammengebunden sind und deren Nacken und Hörner durch einen dritten Strick festgebunden sind. Die drei Eigenschaften *(guna)* sind solche dreifachen Fesseln. Wie kann sich das arme Tier frei bewegen, wenn es auf diese Weise gefesselt ist? Reinheit *(sattvaguna)* ist die goldene Kette, Leidenschaft und Tatendrang *(rajoguna)* die kupferne Kette und rohe Stumpfheit *(tamoguna)* die eiserne Kette. Trotz der Unterschiede im Preis des Materials ist ihre Wirkung dieselbe. Alle drei verhindern die Freiheit der Bewegung.

4. In der Neumondnacht *(shivarātri)* muss sich der menschliche Geist (mind) in Nichts auflösen (laya). *Linga* bedeutet jenes, in das die Welt (jagat) sich auflöst, jenes, in das die Schöpfung einmündet. Seht euch das *Linga* genau an. Die drei Grundeigenschaften *(guna)* werden durch den dreistufigen Sockel (pītha) repräsentiert. Das *Linga* oben symbolisiert das Ziel des Lebens. *Linga* bedeutet ‚ein Symbol'; es ist das Symbol der Schöpfung, die das Ergebnis der Aktivitäten der drei Grundeigenschaften *(guna)* und des sie durchdringenden Unendlich-Absoluten *(brahman)* ist, das ihr Sinn und Wert gibt. Wenn ihr das *Linga* verehrt, solltet ihr euch dabei seiner symbolischen Bedeutung bewusst sein.

5. Spirituelle Gesundheit wird durch die Beachtung der drei Grundeigenschaften *(guna)* – Trägheit *(tamas),* Leidenschaft *(rajas)* und Ausgeglichenheit *(sattva)* – erhalten und gefördert; die körperliche Gesundheit durch die drei Grundprinzipien (dosha) – Wind (vāta), Galle (pitta) und Schleim (kapha). Tridosha muss vermieden werden, was bedeutet, dass die drei Körpersäfte nicht beeinträchtigt oder aus dem Gleichgewicht gebracht werden dürfen. Ein gesunder Körper ist das beste Gefäß für einen gesunden Geist (mind). Krankheit erregt und ängstigt den Geist. Das Körperliche und das Geistige sind die beiden Schalen der Waage. Man muss auf beide gleichermaßen achten, zumindest bis eine bestimmte fortgeschrittene Stufe in der spirituellen Entwicklung erreicht ist.

6. Der Mensch leidet unter zwei Arten von Krankheiten: physischen und mentalen. Die körperlichen beruhen auf einem Ungleichgewicht der drei Grundprinzipien (dosha): Vāta, Pitta und Kapha, und die mentalen auf dem Ungleichgewicht der drei Grundeigenschaften *(guna):* Ausgeglichenheit *(sattva),* Leidenschaft *(rajas)* und Trägheit *(tamas).* Es ist eine merkwürdige Tatsache, dass beide durch die Entwicklung von Tugenden geheilt werden können. Körperliche Gesundheit ist die Voraussetzung für geistige Gesundheit, und geistige Gesundheit sichert körperliche Gesundheit. Eine innere Einstellung von Großzügigkeit, Seelenstärke angesichts von Trauer und Verlust, der freudige Wunsch, Gutes zu tun und nach besten Kräften zu helfen – all das wirkt aufbauend auf Körper und Geist. Die Freude, die man durch den Dienst am Nächsten empfindet, wirkt sich auf den Körper aus und befreit von Krankheit. In solch einer engen Wechselbeziehung stehen Körper und Geist.

7. Haltet eure rechte Hand nach oben ausgestreckt vor euch! Ihr werdet sehen, dass der Daumen in eure Richtung zeigt und von den anderen Fingern abgespreizt ist. Der Daumen repräsentiert das Absolute *(paramātman)* – weitab, unberührt von allem. Der Zeigefinger ist die individuelle Seele *(jīvin),* die im Körper wohnt und an die drei Grundeigenschaften *(guna),* die dreisträhnige Machart alles Erschaffenen, gebunden ist. Er versucht sich in alles Mögliche einzumischen, zeigt auf dieses und jenes. Er ist sehr damit beschäftigt Dinge zu identifizieren und kommt dabei nicht über die Gesellschaft der drei anderen Finger hinaus. Aber dreht ihn nur einmal in die andere Richtung, dem Absoluten entgegen, und lasst ihn die Nähe Gottes erreichen! Dann wird er die Verbindung zu den *Gunas* verlieren; er und der Daumen bilden zusammen einen Kreis (cinmudrā), der das Symbol des vollendeten (pūrna), reinen Bewusstseins ist.

8. Vollkommenes, reines Bewusstsein *(kaivalya)* ist der Zustand der Seele, in dem das Göttliche als das Allumfassende, als Wille, Wirken, Glückseligkeit, intuitive Intelligenz, als Sein erfahren wird. Ihr müsst eure Trägheit *(tamoguna)* überwinden, eure Leidenschaften *(rajoguna)* veredeln und Reinheit *(sattvaguna)* kultivieren, damit ihr euch dieses Zustandes der vollkommenen Erlösung erfreuen könnt. Ihr seid durch zwei Tore gekommen, welche die ersten beiden Eigenschaften symbolisieren, und befindet euch jetzt im Bereich der Reinheit *(sattva).* Nun müsst ihr euch die Lektion zu Herzen nehmen, die das Symbol auf der Fahne von *Prasanthi Nilayam* euch lehren will. Es fordert euch auf, das Reich der sinnlichen Gelüste, des Ärgers und des Hasses zu verlassen und die weite grüne Region der Liebe aufzusuchen. Lasst euch dort in konzentriertem, meditativem

Gebet nieder und entfaltet durch die ständige Vereinigung mit dem Göttlichen *(yoga)* die Blütenblätter eures Herzens, sodass ihr den Zustand der Erleuchtung erreichen könnt.

9. Es genügt nicht, die notwendigen spirituellen Übungen *(sādhana)* wie Beten, Wiederholen der Gottesnamen *(japa)* und Meditation *(dhyāna)* zu praktizieren. Sie müssen ausgeführt werden, aber um ihre Wirkung zu verstärken, müsst ihr ein geregeltes Leben führen – ein Leben, das zu guten Gedanken und Taten führt und in dem es einfache, reine Nahrung und lautere Betätigungen gibt. Bis ihr meine Vorschriften ernsthaft und vollständig praktiziert habt, bleibt ihr am besten ganz still. Ihr wisst nicht einmal, was ein Kieselstein ist – wie könnt ihr einen Berggipfel beurteilen?

10. Der Wunsch nach dem Ergebnis eures Handelns ist ein Zeichen für das Vorherrschen von *Rajoguna* – dem Tätigkeitsdrang. Das Aufgeben oder Unterlassen einer Handlung, weil sie euch keinen Vorteil bringt, ist ein Zeichen, dass die Trägheit *(tamoguna)* vorherrscht. Das Vorherrschen von Reinheit und Ausgeglichenheit *(sattvaguna)* kommt dadurch zum Ausdruck, dass sich der Handelnde zwar der Folgen seines Tuns bewusst ist, aber nicht an ihnen haftet und sich keine Gedanken um sie macht.

11. Die Kleidung, die man trägt, und die Worte, die man spricht, entscheiden nicht darüber, ob man ein guter Mensch oder Heiliger (sādhu) ist oder nicht. Das wird davon bestimmt, welche von den drei Grundeigenschaften in einem vorherrschen. Alle Lebewesen haben die Anlage zum Gutsein in sich. Daher ist

das Fördern des Guten in allen Lebewesen das beste Mittel, um das Wohlergehen der Welt zu sichern.

12. Die Sinne müssen dazu erzogen werden, sich von Stumpfheit *(tamas)* und Ruhelosigkeit *(rajas)* zu befreien. Sie dürfen weder träge noch drängend, weder schläfrig noch gefährlich erregt sein. Diese Eigenschaften müssen überwunden werden. Ein Schüler fragte einst seinen *Guru* nach dem Weg, der zu innerem Frieden führt. Der *Guru* antwortete, dass er allen Menschen, Dingen und Ereignissen voller Gleichmut (sahana) und Verständnis begegnen müsse. Nichts solle seine Gelassenheit stören, eine interessierte Reaktion, Abscheu oder Verlangen auslösen. Trachtet nur nach dem Höchsten; verlangt nur nach Gott!

13. Euer Geist (mind) ist immer unstet wie Quecksilber und muss erzogen und im Zaum gehalten werden. Da er in Wirklichkeit die Verkörperung des reinen göttlichen Bewusstseins (caitanyasvarūpa) ist, kann er nur still werden, wenn er in das Göttliche einmündet. Ein See mag mit Eis bedeckt sein; das Eis ist kalte, tote Materie. Wenn ihr es aber beiseiteschiebt und zerbrecht, wird das ureigene Wesen des Wassers, das Bewusstsein, zum Vorschein kommen. Das reine Bewusstsein (caitanya) kennt weder Freud noch Leid. Es ist immer in vollkommenem Gleichgewicht. „Ich bin Das. Nichts berührt mich. Ich bin höchste Intelligenz (dhi), welche gleichbleibende, unberührte, unveränderliche Weisheit *(sama)* ist."

14. Entfernt den Grauen Star, und die Sicht wird klar. Entfernt ebenso die Minderwertigkeitsgefühle, wegen derer ihr euch jetzt wie Zwerge vorkommt. Fühlt, dass ihr Verkörperun-

gen des göttlichen, ewigen Glücksbewusstseins seid. Dann werden all eure Handlungen zum Gottesdienst und zu einer Opfergabe. Ohren, Augen, Zunge und Füße – sie alle werden zu Werkzeugen, die eurer Aufwärtsentwicklung dienen, anstatt Fallen zu sein, die euren Untergang herbeiführen. Verwandelt Trägheit *(tamoguna)* in spirituelle Disziplin (tapoguna) und rettet euch selbst.

15. Indem ihr euch die Lehren des *Bhagavatam* zu eigen macht, verwandelt sich eure Trägheit *(tamas)* in Tatendrang *(rajas)* und wird schließlich zu Reinheit und Klarheit *(sattva)* geläutert. Auch eine Frucht reift unter dem Einfluss von Erde und Sonne in drei Stufen. Zuerst ist sie ganz sauer, dann wird sie süßsäuerlich und schließlich reif und ganz süß. Auch der Mensch wächst durch die Zwillingskräfte: Gnade von außen und Sehnsucht von innen zur ganzen Süße der Glückseligkeit *(ānanda)* und Liebe *(prema)* heran.

16. Ihr kommt nach *Puttaparthi,* nehmt ein Bild von mir mit nach Hause, um es täglich oder jeden Donnerstag andächtig zu verehren. Aber das ist nichts weiter als eine lobende Handlung (satkarman). Das allein wird euch nicht weit bringen. Ihr müsst auch die Eigenschaften von *Sattvaguna* entwickeln: Tugenden, gute Gewohnheiten, eine gute Haltung und gute Charaktereigenschaften. Ohne sie ist euer Leben eine Reihe von Plus- und Minuspunkten, die sich gegenseitig aufheben und als Summe Null ergeben. Wenn ihr den Ausspruch „Das bist Du“ *(tat tvam asi)* anwendet, müsst ihr auch die Charakterzüge dessen annehmen, das ihr zu sein behauptet. Wenn ihr sagt, „Dies und Das“ sei ein und dasselbe, dann ist ‚Dies‘ zu schmähen oder zu ehren dasselbe wie ‚Das‘ zu schmähen oder zu ehren.

17. Stumpfe Trägheit *(tamas)* entspricht den Würmern, die im Abfall kriechen; leidenschaftlicher Tatendrang *(rajas)* ist wie die Fliege, die sich auf Unrat und Schönem gleichermaßen niederlässt; ausgeglichene Reinheit *(sattva)* ist wie die Biene, die nur die wohlriechenden Blüten sucht. Aber alle drei werden von Dingen angezogen, während ihr doch frei von allen Spuren der Anhaftung sein solltet. Wenn das Herz mit Fliegen und Würmern verseucht ist, müsst ihr es mit dem Rezitieren der Namen Gottes ausräuchern.

18. Wir preisen die alten Seher, verwerfen aber ihr Erbe; wir verehren die Texte, die sie uns hinterlassen haben, schlagen aber ihre Lehren in den Wind. Wir legen ihre Grundsätze und Entdeckungen aus, aber machen keine Anstalten sie zu praktizieren! Wir sind Bettler, die in einem Haus aus Gold wohnen. Die Kostbarkeit dieses Metalls, von dem wir umgeben sind, ist uns nicht bekannt. Entdeckt sie, und ihr seid gerettet.

Etwas erwerben zu wollen, das man in Wirklichkeit schon besitzt, wird Prāptaprāpti genannt. Dieses Mikrofon wurde in einem Geschäft gekauft; es war vorher nicht im Besitz des Mannes, der es haben wollte. Aber innerer Friede und Freude sind etwas anderes als das Mikrofon, man kann sie nicht im Laden kaufen. Sie sind bereits im Besitz desjenigen, der sie benötigt. Ein Freund besucht euch, wenn ihr gerade verzweifelt Geld braucht, und ihr wollt ihn bitten, es euch zu leihen. Da findet er ganz zufällig zwischen den Seiten eines Buches aus eurem Regal, das er zu lesen beginnt, einen Zehnrupienschein, den ihr einmal darin aufbewahrt und dann vergessen habt. Es ist euer Geld, aber ihr hattet es vergessen; es war euren Blicken verborgen. Der Freund hat eure Aufmerksamkeit wieder darauf gelenkt, und das ersparte euch die

Erniedrigung, Geld von ihm leihen zu müssen. Das ist ein Beispiel für Prāptaprāpti – einer Sache gewahr zu werden, die man besitzt, von der man aber glaubte, sie nicht zu haben. Der *Guru* offenbart euch den Schatz in eurem Inneren.

19. Wichtiger als der *Guru* ist, dass man das Ziel (guri) hat, Gott zu erreichen. Schon das Streben nach dem Ziel wird eure guten Eigenschaften *(sattvaguna)* stärken und den Einfluss der minderwertigen Eigenschaften *(rajas* und *tamas)* schwächen. Teuflische Bosheit (dānavatva) wird durch *Tamas* hervorgerufen; die menschliche Natur (mānavatva) wird durch *Rajas* stabilisiert; aber nur *Sattva* ermöglicht den Aufstieg zum Göttlichen. *Sattvaguna* begünstigt die Aufwärtsentwicklung des Menschen, sie reinigt seinen Geist und entfernt das Unkraut des Bösen. Wahrhaftigkeit *(satya)* ist die Grundlage von *Sattvaguna,* Wahrheit in Worten, Taten und Gedanken sowie Aktivitäten zum Wohl anderer.

20. Ihr seht jetzt mit dem ‚Eye' (englisch für ‚Auge'), einem physischen Organ, dessen Name aus drei Buchstaben besteht. Die drei Buchstaben stehen für die drei Grundeigenschaften *(guna)* Ruhe *(sattva)*, Tatendrang *(rajas)* und Trägheit *(tamas)*. Seht mit einem geklärten, unvoreingenommenen, gleichmütigen ‚I' (englisch für ‚ich'), dann seht ihr nur Eines. Obwohl ihr euch selbst seht, seid ihr in der Tat alles, was sich als ‚ich' bezeichnet.

Fester Glaube, Vertrauen und Hingabe

1. Natürlich könnt ihr Krankheit und Tod überwinden und Erregung und Angst vermeiden, wenn ihr die verschriebene Arznei einnehmt und die Verordnungen des Arztes befolgt. Singt das Lob Gottes, wenn Kummer und Not euch heimsuchen, denn in solchen Zeiten braucht ihr ihn am meisten. Wenn das Fieber akut ist, müsst ihr mehr und öfters Tabletten einnehmen. Die *Pandavas* kannten dieses Geheimnis des Erfolgs; sie riefen den Herrn immer an, wenn die Umstände sich gegen sie verschworen hatten. Die gewöhnlichen Sterblichen jammern: „Oh, all mein Beten war umsonst; all die Rituale, die ich mit ernsthaften und tiefempfundenen Gefühlen vollzogen habe, halfen nicht." Andere lachen zynisch über das Missgeschick der Gläubigen und versuchen, sie in die trostlose Wüste des Unglaubens zu zerren. Hört nicht auf diese Bösen. Bleibt fest im Glauben verwurzelt; nährt die Wurzeln mit Reue und Gebeten. Nur jene, die Gottesdienste feiern, um andere zu beeindrucken, werden damit aufhören, wenn das Glück sich wendet. Die anderen werden alles, was auch kommt, mit dem überragenden Gleichmut des Heiligen ertragen. Glück oder Unglück ist für sie

nur die eine oder andere Seite der Medaille: der Gnade Gottes.

Diese Standhaftigkeit ist das wahre Zeichen derer, die Sai nachfolgen. Sie können von ihrem erwählten Pfad weder durch Spott noch die Verlockungen des Luxuslebens abgebracht werden. Sie setzen die spirituellen Lehren in die Praxis um und kennen deren unermesslichen Gewinn.

2. Da ihr als Mensch auf die Weltbühne gekommen seid, solltet ihr diese Rolle so gut wie möglich spielen. Man erkennt den Baum an der Frucht. Der menschliche Körper ist der Tempel Gottes. Er ist sein Wohnsitz. Strebt nach der Erkenntnis dieser Wahrheit, entdeckt sie und werdet unvergänglicher Freude teilhaftig – das ist der Weg der Liebe zu Gott *(bhakti)*. Liebt den Höchsten, liebt den Allerliebenswertesten, liebt nichts Geringeres.

3. Wenn ihr ein Leben in geistiger Disziplin *(sādhana)* führt, werdet ihr von den verschiedensten Seiten angegriffen. Messt dem aber keine Bedeutung bei. Zuerst versuchen Verwandte und Freunde vielleicht, euch für weltliche Ziele zu gewinnen. *Krishnas* Onkel mütterlicherseits war sein hartnäckigster Gegner! *Rama* hatte eine Stiefmutter, die ihn in den Dschungel verbannen wollte! Lasst euch nicht von Zynikern und Kritikern, von denen es viele in eurer Familie geben mag, einschüchtern. Dann gibt es die öffentliche Meinung, die den spirituellen Weg in Verruf bringt, euch lächerlich macht oder euch noch Schlimmeres zufügt. Shishupala, Jarasandha und die ganze Meute der Verräter versuchten mit aller Macht, die Mission des Herrn zu ersticken, als er als *Krishna* hier war. Ein anderes Hindernis sind vielleicht auch diejenigen, die Gott in einer anderen Gestalt verehren als in der, die euch die liebste ist. Menschen, die Gott aufgrund ihrer

Familientradition oder aus einer bestimmten Vorstellung heraus in einer bestimmten Gestalt verehren, neigen dazu, diejenigen zu verfolgen, die andere Namen und Gestalten anbeten. Es ist weitaus besser, bei der Verfolgung eines Tigers zu sterben, als zu leben und damit zu prahlen, einen lahmen Schakal geschossen zu haben!

4. Es ist Sein Spiel; die Rolle ist Sein Geschenk, die Texte wurden von Ihm geschrieben. Er führt Regie: Er bestimmt die Kostüme und das Bühnenbild, die Gesten und den Tonfall, den Auftritt und den Abgang. Ihr müsst eure Rolle gut spielen, um Seinen Beifall zu erhalten, wenn der Vorhang fällt. Verdient euch durch eure Leistung und Begeisterung das Recht, immer größere und bedeutendere Rollen zu spielen – das ist der Sinn und Zweck des Lebens.

5. Ihr bekommt die Note, die eure Abschlussprüfung verdient, keine bessere, keine schlechtere. Wenn ihr nur fünf oder sechs richtige Antworten auf hundert Fragen gegeben habt, werden manchmal auch diese gestrichen und ihr bekommt die schlechteste Note. Aber wenn ihr die Mindestpunktzahl zum Bestehen des Examens fast erreicht habt, wird man Gnade vor Recht ergehen lassen und die zwei oder drei Punkte, die euch fehlen, noch dazuzählen, damit ihr in die nächste Klasse versetzt werdet. So ist es auch auf dem spirituellen Weg. Geringer Fortschritt kommt einem Versagen gleich, wohingegen gutes Fortschreiten anerkannt wird, und die Gnade Gottes wird euch helfen, das Ziel zu erreichen.

6. Wenn ihr eine silberne Figur von *Ganapati* besitzt und stattdessen lieber eine von *Krishna* hättet, ist es töricht, die Figur von *Ganapati* mit einem Tuch zu bedecken und zu hoffen, dass sie sich in die von *Krishna* verwandelt! Ihr müsst die Figur zerbrechen und einschmelzen und könnt euch dann an der neuen Gestalt, der Gestalt *Krishnas,* erfreuen. So ist es auch, wenn ihr danach verlangt, in Gott verwandelt zu werden. Euer Verstand (mind) muss dazu im Feuer der Weisheit *(jnāna)* eingeschmolzen werden. Aber das ist nur möglich, nachdem euer Verstand durch die Werkzeuge Dienst am Nächsten, Singen zum Lobe Gottes, Meditation und so weiter in Stücke geschlagen wurde; und diese Werkzeuge müssen durch Entsagung (*vairāgya)* geschärfte Schneiden haben.

7. Ich will euch sagen, was die ersten Schritte auf dem Weg der spirituellen Disziplin sind: Praktiziert Stille. Dann könnt ihr leichter erkennen, wie euer Verstand hinter weltlichem Glück hergaloppiert. Haltet seine Bewegungen an; wendet ihn nach innen, zu dem ruhigen See des Glücksbewusstseins, der sich tief in eurem Herzen befindet! Überwindet eure Furcht, indem ihr euren Verstand in dem Einen festigt, denn Furcht entsteht nur, wenn es etwas Anderes, ein Zweites gibt.

8. Wenn der Einzelne versucht, die Gesellschaft zu verbessern, ohne sich selbst gebessert zu haben, wird das vergeblich sein. Der Versuch muss scheitern. Zuerst müssen wir unser Haus in Ordnung bringen, danach können wir versuchen, das Dorf zu verbessern, dann den Bezirk, die Provinz und schließlich das ganze Land. So müssen wir vorgehen, Schritt für Schritt. Aber ohne zunächst uns selbst zu erkennen, ist es sinnlos, die Gesell-

schaft und das ganze Land verbessern zu wollen. Um die Erfahrung von Sein-Bewusstsein-Glückseligkeit *(sat-cit-ānanda)* zu machen, müssen wir in der Gesellschaft leben. Es ist Torheit, in die Einsamkeit zu gehen, um dort *Sat-Cit-Ānanda* zu erfahren, anstatt unser Heim und die Gesellschaft, in der wir leben, zu verbessern. Gott durchdringt alles; man findet ihn im Herzen aller Lebewesen. Wie kann ein Herz, das seine Mitmenschen nicht lieben kann, Gott lieben? Einerseits beten die Menschen zu Gott, aber andererseits verletzen sie ihre Mitmenschen. Das ist grundverkehrt. Wir werden Gott nur lieben können, wenn wir dazu in der Lage sind, unsere Mitmenschen zu lieben. Ohne die Menschen zu lieben, werden wir in dieser Welt niemals erfolgreich sein.

9. Der Glaube, dass Gott im Herzen wohnt, der Glaube an seine ständige Anwesenheit und Führung wird euch Mut, Tugend und Erleuchtung verleihen. Die heiligen Schriften sagen: Vertraut auf den Arzt, damit ihr von Krankheit geheilt werdet. Vertraut auf das *Mantra,* mit dem euch der *Guru* initiiert hat, denn nur so können eure spirituellen Bemühungen *(sādhana)* Früchte tragen. Glaubt an die Heiligkeit des Tempels, denn nur dann bringt euch eure Pilgerfahrt einen Gewinn. Glaubt an die Voraussagen des Astrologen, wenn ihr ihn schon befragt, denn warum solltet ihr euch sonst mit ihm und seinem Abrakadabra befassen? Glaubt dem *Guru,* denn nur so werden eure Schritte auf dem Weg zur Selbsterkenntnis stetig und sicher sein. Der Glaube an den *Guru* sollte zum Glauben an euer wirkliches Selbst *(ātman)* führen, denn sonst ist der *Guru* nur eine Behinderung.

10. Glaube, Liebe und die Freiheit von Bindungen sind die Säulen, auf denen innerer Frieden *(shānti)* ruht. Glaube ist das Entscheidende. Ohne ihn sind spirituelle Übungen *(sādhana)* leere Riten. Allein durch die Freiheit von Bindungen werden sie wirksam; und Liebe führt direkt zu Gott. Glaube nährt die Qual der Trennung von Gott; Liebe beleuchtet den Weg. Gott gewährt euch, was ihr braucht und verdient; es ist nicht nötig, darum zu bitten, und es gibt keinen Grund zu murren. Seid zufrieden. Nichts kann gegen seinen Willen geschehen.

11. Das Rezitieren des Gottesnamens *(japa)* und die Meditation *(dhyāna)* über seine Gestalt sind Mittel, durch die ihr sogar erzwingen könnt, dass die Gnade Gottes sich euch in der Gestalt und mit dem Namen, nach dem ihr euch sehnt, offenbart. Der Herr muss die Gestalt annehmen, die ihr wählt, und den Namen, der euch gefällt; in der Tat: Ihr selbst bestimmt seine Gestalt. Ändert sie deshalb nicht, sondern bleibt bei der Gestalt und dem Namen, der euch am meisten zusagt, wie lange es auch dauern und wie schwierig es auch sein mag.

12. Ihr braucht euch nicht auf andere zu verlassen, um Erfolg in der Meditation und beim Rezitieren des Gottesnamens zu haben. Ihr braucht auch nicht auf einen Weisen zu warten, um von ihm ein *Mantra* zu bekommen. Betet zu Gott in eurem Inneren, und ihr werdet die Führung erhalten, die ihr braucht.

13. Innerer Frieden wird euch nicht zuteil werden, weil euer Zimmer eine Klimaanlage hat oder euer Sofa weich gepolstert ist. Er hängt nicht von eurem Bankkonto oder den Diplomen ab, die ihr erworben habt. Er kann nur kommen, wenn ihr

die Dämonen (dānava) der Untugenden Verlangen, Ärger, Gier, Verblendung, Stolz und Eifersucht aus euch vertreibt. Alles ist möglich, wenn ihr alles dafür tut, dass das Göttliche in euch sich offenbaren kann.

14. Selbst jene, die alles in reichem Maße besitzen, sind nicht gegen Leiden gefeit. Sie sind deshalb nicht glücklicher als andere. Glückseligkeit *(ānanda)* ist ein innerer Schatz, der durch Losgelöstheit und Disziplin gewonnen wird. Wir müssen einen Plan haben, wie wir Glückseligkeit *(ānanda),* Frieden *(shānti)* und Zufriedenheit (santosha) erlangen können.

15. Gott prüft den Menschen nicht zum Spaß. Er lässt ihn nicht ein Unglück nach dem anderen erleben, weil es ihm gefällt. Abschlussprüfungen werden durchgeführt, um den Grad des Fortschritts zu prüfen, Noten zu geben und Auszeichnungen zu verleihen. Ihr solltet um diese Prüfungen bitten, damit euer Fortschritt festgestellt werden kann.

16. Sät die Samen, die „Namen Gottes" genannt werden, in die gut vorbereitete Erde eures Herzens, düngt sie mit Glauben und errichtet einen Zaun aus Disziplin, um streunendes Vieh fernzuhalten. Ohne den Zaun, der die Ernte schützt, ist die Arbeit des Bauern wie ein Schuss ohne Kugel: ein lauter Knall ohne Beute.

17. Die richtige Disziplin, die ihr euch aneignen müsst, um Wunschlosigkeit *(nishkāma)* zu erreichen, ist die innere Einstellung der Hingabe. Diese ist nur möglich, wenn ihr felsenfest an Gott glaubt. Der Glaube wird durch spirituelle Übungen

(sādhana) gefestigt. Jetzt sind diese für euch nur wie eine Vorspeise, und der Hauptgang ist euer Leben in der Welt. Die Spiritualität aber muss den Hauptgang der Mahlzeit bilden.

18. Das erste Anzeichen eines spirituellen Lebens ist Losgelöstheit *(vairāgya)*. Ohne die Fähigkeit zum Loslassen seid ihr Analphabeten auf dem Gebiet des spirituellen Wissens. Loslösung ist das Abc jeder spirituellen Praxis. Eure innere Freiheit muss stark genug werden, damit ihr eure Bindung durch die Sinne als nicht vorhanden betrachten könnt. Ein paar Minuten des Nachdenkens genügen, um jeden von der Hohlheit weltlichen Reichtums, Ruhms und Glücks zu überzeugen. Wenn ihr wohlhabend seid, werden viele versuchen euch zu gefallen. Solange das Wasserreservoir voll ist, quaken Hunderte von Fröschen rundherum. Sobald es leer ist, stellt sich kein einziger Frosch mehr ein. Ein Sprichwort sagt: Wenn ein Verstorbener wertvolle Schmuckstücke trägt, behaupten viele, sie seien seine Verwandten; besitzt er aber keine Wertsachen, wird niemand um ihn weinen! Wenn ihr immer mehr Geld auf euer Bankkonto einzahlt, überlegt, ob ihr damit nicht auch immer mehr Schwierigkeiten für euch und eure Kinder schafft; Behinderungen, die es euren Kindern erschweren, ein sauberes, einfaches und ehrenhaftes Leben zu führen. Wenn ihr darum kämpft, mit unredlichen Mitteln läppischen Ruhm zu erwerben, denkt daran, wer unter den Hunderttausenden von Mitbürgern heute geehrt wird und wofür! Seht ihr nicht, dass nur diejenigen überall geehrt werden, die Opfer gebracht haben, die verzichten konnten und den schwierigeren Weg der Gotterkenntnis gingen statt den leichteren der Welterkenntnis?

Begrüßt Schicksalsschläge, jedes Unglück und Leid wie das Gold den Schmelztiegel, Hammer und Amboss begrüßt, weil es damit zu einem Schmuckstück geformt werden kann; oder wie das Zuckerrohr das Hackmesser, den Entsafter, Dampfkessel, Kochtopf, Zerstäuber und Trockner begrüßt, weil es damit in den Zucker verwandelt wird, den alle brauchen. Die *Pandavas* lehnten sich niemals gegen das Unglück auf, das sie erdulden mussten. Sie waren glücklich, weil es ihnen half, an *Krishna* zu denken und ihn um Hilfe zu bitten. *Bhishma* vergoss Tränen, als er von Pfeilen durchbohrt auf dem Sterbebett lag. *Arjuna* fragte ihn nach dem Grund, und er antwortete: „Ich weine, weil mir all das Elend, das die *Pandavas* erleiden mussten, durch den Kopf geht." Und weiter sagte er: „Das musste geschehen, um den Menschen dieses Eisernen Zeitalters *(kaliyuga)* eine Lektion zu erteilen: Strebt niemals nach Macht, Stellung oder Mammon, sondern ergebt euch ganz und gar dem Willen Gottes, sodass ihr ewig glücklich und in Frieden seid."

Gott eilt dem Gläubigen schneller entgegen als dieser sich ihm nähern kann. Für jeden Schritt, den ihr tut, kommt er euch hundert Schritte entgegen. Er ist mehr als Vater und Mutter. Von eurem Inneren aus wird er für euch sorgen, so wie er die vielen Heiligen, die auf ihn vertrauten, errettete und sich um ihr Wohlergehen kümmerte.

19. Der Mensch ist krank, aber er greift zu Medikamenten, die ihn nicht heilen können. Stellt euch selbst die Diagnose, entdeckt die Wurzel des Übels und nehmt dann die richtige Medizin; so handeln die Weisen. Rennt nicht zu Quacksalbern und greift nicht zu Pseudoallheilmitteln. Sät die Samen selbstloser Liebe *(prema),* nachdem ihr den Boden eures Herzens bestellt und das Unkraut daraus entfernt habt. Lasst sie in euch wachsen und gießt sie mit dem Wasser des Glaubens; lasst sie zu Geduld

und Gleichmut erblühen, dann werdet ihr später mit Sicherheit die Frucht des inneren Friedens *(shānti)* ernten. Das ist eure Aufgabe; das müsst ihr euch geloben.

20. Ihr müsst von Anfang an aufpassen, dass die Saat, die ihr säen wollt, gut und unverdorben ist. Beginnt keine Arbeit mit schlechten Motiven wie Eitelkeit, Selbstdarstellung, Wetteifer oder Ehrgeiz. Schiebt die Schuld nicht auf Gott, wenn ihr wegen eurer eigenen Fehler und Irrtümer versagt. Betet vor, während und nach der Arbeit, damit das Krebsgeschwür der Selbstgefälligkeit eure Anstrengungen nicht zunichtemacht. Der Büffel hat Hörner, der Elefant Stoßzähne. Aber was für ein Unterschied! Die Stoßzähne sind viel wertvoller. Sowohl Gläubige als auch Ungläubige sind Menschen, aber was für ein Unterschied! Mit Glauben ist der Mensch viel erfolgreicher, mutiger und weiser.

21. Heutzutage kann man sich in jedem Bereich seinen Weg zum Erfolg mit Bestechung erkaufen. Aber die Gnade Gottes kann nicht durch billige Tricks und auch nicht über Abkürzungen gewonnen werden. Gott kann nur auf dem schweren Weg des Ringens, der Entsagung und der strengen Disziplin erreicht werden. Sehnt euch mit ganzem Herzen nach ihm, füllt euren Geist mit seiner Gestalt, Majestät, Herrlichkeit und Gnade an. Das Göttliche ist dem Menschen eingeboren; es wird ihm von selbst bewusst. Dieser ergreifende Kontakt, diese erleuchtende Offenbarung, wird jedoch durch den Schleier der Verblendung *(māyā)* verhindert. Aber auch diese Verblendung ist ein göttlicher Kunstgriff, ein Vehikel, eine Ausdrucksform Gottes, die seine Verkleidung ist (upādhi).

22. Wer mit Ehrfurcht und ernsthafter innerer Beteiligung über die *Veden* und den *Vedanta* spricht, ist es wert, dass man ihm aufmerksam zuhört. Ich bemerke einen großen Fehler in euch. Wenn ich zu euch spreche, lauscht ihr mit angespannter Aufmerksamkeit und großer Begeisterung. Aber wenn Lehrer und Professoren nach ernsthaften Studien und aus der Erfahrung ihrer spirituellen Praxis heraus zu euch über Themen sprechen, die wertvoll für euch sind, sitzt ihr still und pflichtbewusst da, seid aber innerlich unbeteiligt. Das ist nicht richtig. Wasser ist Wasser, ob es aus der Leitung oder einem Brunnen, aus einem Kanal oder einem Staubecken kommt. Was sie euch sagen, ist ebenso glaubwürdig und segensreich. Was euch am Herzen liegen und in eurem Gedächtnis festgehalten werden muss, ist die heilsame Wirkung der Arznei und nicht die Aufschrift auf der Flasche oder der Name und Status des Herstellers oder Händlers. Profitiert von der Medizin, heilt euch selbst, werdet erleuchtet; erkennt eure Wirklichkeit.

23. Nehmt euch vor, an diesem heiligen Tag jede Stunde in Gedanken an die Herrlichkeit Gottes zu verbringen. Tut es zumindest als Pflicht, denn die Seligkeit, die solche Gedanken mit sich bringen, wird euch unbewusst ermutigen, mit größerer Freude fortzufahren. Der Mythologie zufolge wendet sich die Sonne Gott zu. Sie ist der Briefträger, der eure Briefe zu Gott trägt, wenn sie richtig adressiert und mit der Briefmarke der Ernsthaftigkeit versehen sind, und der dafür Gottes Gnade bringt. Legt euer sehnsüchtiges Verlangen in den Briefumschlag namens ‚Entschluss‘ und übergebt ihn jeden Tag der Sonne. Bittet nicht um ein Haus, einen Sohn oder Gold. Bittet um Erleuchtung, damit ihr die Majestät Gottes erkennen könnt. Bittet um Standhaftigkeit in seinem Dienst und seiner Anbetung.

24. Ihr könnt den Sieg nur durch strenge spirituelle Praxis *(sādhana)* erringen. Geistige Übungen sind schwieriger als körperliche. Stellt euch die enorme Anstrengung vor, die es eine Frau kostet auf dem Seil zu tanzen, das unter der Kuppel des Zirkuszeltes gespannt ist; und dafür bekommt sie nur ein paar Rupien. Solche Ausdauer und systematische Übung, die auf einen höheren Lohn ausgerichtet ist, verleiht euch inneres Gleichgewicht, sodass ihr selbst unter widrigsten oder berauschendsten Umständen gelassen bleibt. Die Sinne, die Eindrücke wahrnehmen *(jnānendriya),* sind für diese Art spiritueller Übung wichtiger als die ausführenden Organe *(karmendriya),* und höhere Intelligenz *(buddhi)* ist wichtiger als alle anderen geistigen Fähigkeiten, die dem Menschen gegeben sind. Macht sie zum Meister eures Verstandes (mind), dann werdet ihr nicht scheitern. Ihr scheitert nur, wenn die Sinne die Herrschaft über euren Verstand (mind) gewinnen.

25. Schreitet voran, dem Licht entgegen, dann wird der Schatten hinter euch fallen. Lasst ihr das Licht hinter euch, müsst ihr eurem eigenen Schatten folgen. Kommt jeden Augenblick einen Schritt näher zu Gott, dann wird *Māyā* – der Schatten – hinter euch bleiben und euch nicht mehr täuschen. Seid beständig und entschlossen. Macht keinen Fehler oder falschen Schritt, um ihn dann zu bereuen! Habt zuerst die Disziplin *(tapas),* Entscheidungen mit Bedacht zu treffen. Das ist besser, als später einen Fehler bereuen zu müssen (pashcāttāpa). *Arjuna* erkannte kraft seiner disziplinierten Überlegungen *(tapas)* vor der Schlacht die Folgen des Krieges und fragte *Krishna* um Rat, was er tun solle. Sein ältester Bruder *Dharmaraja* verfiel nach der Schlacht in Trauer und Sorge. Er machte sich erst nach der Schlacht Gedanken und empfand Reue über die erlittenen Verluste.

26. Beständige Liebe zu Gott ist wie ein Moskitonetz: Sie hält die Krankheiten übertragenden Stechmücken namens Irrtum (moha) und Stolz (mada), Lust (kāma) und Hass (krodha), Gier (lobha) und Eifersucht (mātsarya) fern. Vertieft euren Glauben, damit ihr ohne Zweifel zu hegen lieben könnt. Meine „Krankheit“, die am Tag des *Gurupūrnimā*-Festes vorüber war, hat zuerst bei vielen den Glauben ins Wanken gebracht, dann aber den erschütterten Glauben wieder gefestigt. Das ist nicht so gut wie ein Glaube, der unerschütterlich ist, was auch geschehen mag. Wie kann eine Nase, die schon herunterfällt, wenn ihr nur hustet, fest bleiben, wenn ihr niest?

27. Seid beständig in euren spirituellen Übungen *(sādhana)* und zögert niemals, wenn ihr euch dazu entschlossen habt. Wenn der Bus fährt, zieht er eine Staubwolke hinter sich her. Nur wenn er mit einem Ruck anhält, wird der Staub die Fahrgäste einholen. Also bewegt euch und fahrt ständig mit euren spirituellen Übungen fort, dann kann die Staubwolke der materiellen Welt euch nicht umhüllen.

28. Disziplin ist wichtig, besonders wenn es so viele ablenkende Versuchungen wie heute gibt. In diesem Eisernen Zeitalter, in dem Dunkelheit den Geist der Menschen umhüllt, ist auch die kleinste Lampe, die den Weg beleuchten kann, höchst willkommen. Darum rate ich euch zu guten Taten, gutem Benehmen, guter inneren Einstellung und zuversichtlicher Zielsetzung, damit ihr in der ständigen Gegenwart Gottes lebt. Ihr müsst auch bestrebt sein, erhebende Worte anzuhören, über die geistigen Impulse nachzudenken, und wenn ihr ihre Gültigkeit erkannt habt, mit Ehrfurcht darüber zu meditieren. Dies

allein ist aufbauend und segensreich. Jede andere Tätigkeit ist zweitrangig.

29. Anstatt euch mit nutzlosem Geschwätz abzugeben, verherrlicht lieber Gott, geht auf seinen Wegen und betet zu ihm. Verbringt die euch zugeteilten Jahre mit der Kontemplation des Allmächtigen und mit Anbetung, und nicht mit unterwürfigem Lob für die Schwachen, die ihr Leben sinnlos vergeuden. Das Leben ist eine Gelegenheit, die jedem gegeben ist, nicht nur um zu essen und zu trinken, sondern um etwas Größeres und Edleres zu erreichen, nämlich sich selbst zu beherrschen und mit der göttlichen Wirklichkeit eins zu werden.

30. Alle spirituellen Bemühungen haben das Ziel, die Gnade Gottes zu gewinnen. Aus diesem Grund schlagt ihr die Glocke an, wenn ihr im Tempel vor dem Hauptschrein steht. Der Ton soll die Aufmerksamkeit Gottes auf den gerade eingetroffenen Bittsteller lenken. Der Glockenschlag muss von einem ernsthaften, aus dem Herzen kommenden Gebet begleitet sein.

31. Glaube an Gott ist die beste Verstärkung im Kampf um den spirituellen Sieg. Wenn ihr in der Kontemplation der Herrlichkeit Gottes schwelgt, kann euch nichts Materielles locken. Alles andere erscheint als minderwertig; nur die Gesellschaft der Gottesfürchtigen und Demütigen wird euch erfreuen.

32. Mischt euch niemals störend in den Glauben eines anderen ein. Warum wollt ihr andere überzeugen, dass Sai der Höchste ist, wenn doch in Wirklichkeit die Verehrung Gottes in jeder Gestalt und mit jedem Namen eine Verehrung von Sai ist?

33. Die Menschen spinnen sich selbst einen Kokon; sie leiden, weil sie nicht in der Lage sind, herauszuschlüpfen und in die Welt des Lichts einzutreten. Sie sind wie die Affen, die von einem Bettler eingefangen wurden und nun an einem Strick tanzen und Pfennige von den Umstehenden erbetteln müssen. *Shankara* sagte, er opfere *Shiva* gern seinen Affenverstand, damit dieser ihn Kunststücke lehren möge, die Ihm gefallen und nutzen könnten, Almosen zu bekommen. Das heißt, *Shankara* schlug vor, seinen Kopf mit Gedanken an Gott zu füllen, damit der ‚Affe' gezähmt und darauf abgerichtet würde, nur Gottes Absichten zu dienen. Auch ihr müsst eure Gedanken dazu erziehen, Gott zu dienen und nicht Sklaven eurer Sinne zu sein.

34. Es ist möglich, die Gedanken zu beherrschen, so schwierig es auch ist. Das kann durch beständiges Üben (abhyāsa), unerbittliche Selbstprüfung (vicāra) und Loslassen *(vairāgya)* geschehen. Es gibt nichts, was nicht durch ständige Übung erreicht werden könnte. Glaubt an Gott und bemüht euch in der Gewissheit, dass ihr die Macht und Gnade besitzt – dann werden alle Aufgaben leicht zu erfüllen sein.

Die Bedeutung hinduistischer Feste

Feiertage werden im Kalender ausgewiesen, um die Menschen wachzurütteln, die dazu neigen, wieder in Trägheit und Bequemlichkeit zu verfallen, nachdem sie einen gewissen Anlauf in spiritueller Praxis genommen haben. Sie sind wie Sirenenalarm, der in bestimmten Intervallen das ganze Jahr hindurch losgeht, um die Menschen auf die Reise, die vor ihnen liegt, und an das Ziel jenseits des Horizontes hinzuweisen. „Deshalb seid wach, seid wach!", sagen die Weisen; deshalb seid gewarnt! Erwacht, steht auf, bleibt nicht stehen, bis das Ziel erreicht ist.

Die Stunde und die Momente müssen glückverheißend sein, damit der Feiertag Glück und Segen bringt. Deshalb ist es unerlässlich, den Kalender sorgfältig zu studieren. Die Planeten können über die Gnade Gottes aber keine Oberhand gewinnen.

Die Ersteller des Kalenders haben die Jahre berechnet und erklären, dass seit Beginn des Eisernen Zeitalters *(kaliyuga)* fünftausendachtundsiebzig Jahre vergangen sind. Glühende Wahrheitssuchende haben den Schlüssel zu allem Wissen gesucht, zu dem Einen, der, wenn er erkannt ist, alles andere erkennen lässt, zum Göttlichen, das in jedem Atom des Universums latent vorhanden ist; sie haben es als etwas beschrieben, das nicht in Worte zu fassen ist, das jenseits der Reichweite der menschlichen Vorstellung und des Verstehens liegt. Das Göttliche wird in Menschengestalt dargestellt, sodass der Mensch es leichter verstehen und sich ihm nähern kann, um durch kontemplative Betrachtung Glückseligkeit zu erfahren.

Seher, die den hinduistischen Kalender gestalteten, haben die heiligen Festtage zusammengestellt, um mentale Stabilität und emotionale Reinheit zu fördern. Der Glaube an den Schöpfer, den Gestalter, den Bewahrer und den Zerstörer ist für den Pilger auf dieser Erde eine notwendige Ausrüstung. Furcht vor Sünde, Liebe zu Gott – diese beiden verleihen dem Menschen Frieden und Freude, bewahren ihn vor Kummer und gewähren ihm Glückseligkeit. Während des Tiefschlafs ist man sich der Zeit, des Raumes und der Kausalität nicht bewusst. Nur das ‚Ich' existiert weiterhin; das ‚Ich', das Sein-Bewusstsein-Seligkeit ist – *Sat-Cit-Ānanda*. Doch das Ich ist sich während des Tiefschlafs seiner Seligkeit nicht bewusst, es ist sich seiner selbst nicht bewusst. Während der Traumphase schlafen die Intelligenz und die Sinne. Das ist die Gelegenheit für das Ego, und so spielt es während des Schlafs, wenn die Sinne und die Vernunft vorübergehend nicht in Aktion sind, alle möglichen Streiche und Scherze mit der Geistmaterie. Der menschliche Verstand (mind) ist ein Bündel von Entschlossenheit und Zögern, von Wünschen und Zweifeln. Wenn die Grundlage des Ego durch heldenhaft auf dieses Ziel hin ausgerichtete spirituelle Anstrengungen entfernt worden ist, löst sich das ganze Drama von Name und Gestalt in Nichts auf.

1. Gurupūrnimā: Glaubt nicht, die anderen seien verschieden von euch, sie sind nichts anderes als ihr in Gestalt

unzähliger Spiegelbilder. Alle sind Funken derselben Flamme.

Die Inkarnationen Gottes haben die Wahrheit *(satya)* immer wieder auf einer festen Grundlage aufgerichtet. Die Wahrheit versteckt sich, erscheint verdreht, wird zu etwas Verfallendem erklärt. Deshalb kommt der *Avatar* und bekräftigt von Neuem ihre Gültigkeit und ihren Wert. Befasst euch immer mit dem göttlichen Selbst, dem *Brahman,* dann seid ihr dazu berechtigt, Kenner Gottes – *Brahmanen* – genannt zu werden.

Der *Guru* ist ein Seher, der über dem Wirkungsbereich der drei Grundeigenschaften *(guna)* steht. Jemand, der nicht die Ekstase der Erfahrung Gottes kennt, ist kein *Guru,* der euch führen könnte. Kein Brief wird den Adressaten erreichen, wenn nicht die erforderliche Briefmarke darauf klebt. Was die Gebete beim Adressaten – Gott – ankommen lässt, ist die entsprechende Briefmarke – liebende Hingabe *(bhakti).*

Einer, der sich dessen bewusst ist, dass er alle Namen und Gestalten ist, wird einen Klang annehmen, der absolut bedeutungsvoll ist, der alle Namen in sich trägt, und das ist der Klang *OM,* das *Pranava,* das Unwandelbare, Unzerstörbare (akshara). Durch das sich Wandelnde zum Unwandelbaren – so heißt die Reise; vom Vergänglichen zum Unvergänglichen. Auf dieser Reise gibt es drei Stufen oder Stadien: „Ich bin dein“, „Du bist mein“ und schließlich „Ich bin du“. Jeder Gottsuchende muss von dem einen zum nächsten gehen und das Ziel der Reise erreichen. Geht weiter, bleibt nicht stehen. Kommt bei dem Punkt an, wo Kirchen keine Rolle mehr spielen, wo alle Straßen enden, von wo alle Straßen ausgehen. Selbsterkenntnis erreicht man nicht durch einen Trick oder eine List, es gibt keine Abkürzung. Gebete müssen aus dem Herzen kommen, wo Gott zuhause ist, und nicht aus dem Kopf, wo Glaubenssätze und Zweifel aufeinander stoßen.

Gurupūrnimā ist an jedem Tag, an dem der Verstand (mind) des Menschen, dessen beherrschende Gottheit der Mond ist, vollkommen und ganz (pūrna) ist, voll kühlender, erfrischender Strahlen, die er in erster Linie von der Sonne, der spirituellen Intelligenz, erhält. Der Verstand muss Erleuchtung vom Intellekt, der Unterscheidungskraft, beziehen, und nicht von den Sinnen, welche die Kräfte sind, die in die Irre führen. Solange sinnliches Verlangen den Verstand des Menschen trübt, kann er weder Frieden noch Freude genießen.

Entwickelt keine zu große Anhänglichkeit an die Dinge dieser Welt, die einen Reiz auf das fleischliche Begehren und den Durst der Sinne ausüben. Der Tag wird kommen, an dem ihr mit leeren Händen gehen müsst – ohne all die Dinge, die ihr mühevoll angehäuft und stolz euer Eigen genannt habt.

Die Disziplin, die es einzuhalten gilt, gliedert sich in fünf Punkte: Stille, Reinheit, selbstloses Dienen, Liebe und Nichthassen. Jeder dieser Punkte spielt seine ihm zugedachte Rolle in dem Drama, das der Allmächtige entworfen hat. Ihr dürft kein Wesen kränken, beleidigen oder verletzen, denn er ist in jedem Wesen, und die Kränkung, die ihr verursacht habt, wird zu einem Sakrileg.

Ihr begegnet verschiedenen *Samnyasins, Yogis, Gurus,* Ānandas und Babas, Leuten, die in die Höhe fliegen, um sich nach Möglichkeiten umzusehen, etwas für ihren Lebensunterhalt zu ergattern, wie es die Geier tun. Viele steigen nur deshalb in die Höhe, weil sie einen besseren Überblick über die Erde unter sich haben wollen, wie Geier, die hoch auffliegen, um die Stellen auszuspähen, wo Kadaver liegen.

Allein durch Liebe *(prema)* kann der immanente Eine erkannt werden. Liebe ist ein Wort, das häufig missbraucht wird. Jede positive Reaktion auf Anziehung wird Liebe genannt, jedes Gefühl der Anhänglichkeit, wie trivial oder vergänglich es auch sein mag, wird als Liebe beschrieben. Allein das sehnsüchtige Verlangen, zur transzendenten Erhabenheit der Wahrheit zu gelangen, kann mit Recht Liebe genannt werden. Nur jene, die sich des göttlichen Stroms in ihrem Inneren, des *Atman,* bewusst sind, können die Quelle aller Kraft, die in Gestalt des *Avatars* vor ihnen steht, erkennen. Das warnende Signal, der richtige Rat im richtigen Augenblick, wird von dem Geist (spirit) der Rechtschaffenen (janga) im physischen Körper (anga) erteilt. Er erinnert euch daran, wie absurd und gefahrvoll es ist, den Leib mit dem Selbst zu verwechseln; er ermutigt euch, zwischen richtig und falsch zu unterscheiden; er ist Gott, der als höchste Weisheit und ewiger Zeuge in jedem Herzen wohnt und mit dem ihr in der Tiefe der Meditation leicht in Berührung kommen könnt.

Die Gruppe (sanga) von Stimmen rings um den Rechschaffenen (janga) versucht ihn durch ihr Spiel abzulenken. Doch das göttliche Prinzip, das euch auf dem spirituellen Weg führt und behütet, ist das *Linga,* das sich im Zentrum der Gemeinschaft (sangha) befindet, die sich um den Rechtschaffenen (janga) schart. Das *Linga* ist das Kernstück des menschlichen Herzens und der einzige Geber von Seligkeit, Macht und Erleuchtung.

Kultiviert den Blick, der nach innen führt. Dann wird euer Verstand vom kühlenden, tröstlichen Licht der Liebe erleuchtet werden – der Weisheit. Deshalb ist der Mond die Gottheit, die über den Verstand herrscht. Aus diesem Grund hat man die hellste Vollmondnacht des Jahres zum Tag der Dankbarkeit gegenüber allen *Gurus* und vor allem gegenüber Vedavyāsa, dem ersten unter allen *Gurus,* bestimmt. Vertreibt die dunklen Wolken der Unwissenheit und des Egoismus, die das Angesicht der Sonne am Himmel eures Herzens verdecken. Gott wird euch immer nah und lieb und stets bereit sein, euch mit seinem Rat zur Seite zu stehen und euch Mut zu machen. Kultiviert nicht die äußerlichen Zeremonien und Feste, sondern den inneren Weg der Spiritualität, die innere Vision, das spirituelle Verlangen. Die Vision der kosmischen Gestalt Gottes (virāt) wird jenen gewährt, die ihr Ego aufgeben und beim Herrn Zuflucht suchen (wie *Arjuna* es tat) und die voller Achtsamkeit die *Gita,* das Lied, in sich aufnehmen, das der Herr in der Stille singt.

2. Navarātra: Es ist das Fest, an dem man des Sieges der guten Mächte über die bösen gedenkt. Die Verkörperung der göttlichen Energie (parashakti) in ihren verschiedenen Manifestationen – *sāttvika* (mahāsarasvatī), *rājasa* (mahālakshmī) und *tāmasa* (mahākālī) – konnte die Mächte des Lasters, der Bosheit und des Egoismus in einem neuntägigen Kampf besiegen, und am zehnten Tag, dem Tag ihres Sieges, an *Vijayadashamī,* wird der feierliche Abschiedsgottesdient begangen.

Die sechs Feinde des Menschen zehren an den Lebenskräften, die in sein inneres Bewusstsein eingelassen sind. Sie sind die Dämonen, die es zu töten gilt. Ihre Namen sind Sinneslust *(kāma),* Ärger *(krodha),* Gier (lobha), Verblendung (moha), Stolz (mada) und Bosheit (mātsarya). Sie werfen den Menschen auf die Ebene der Dämonen zurück. Es gilt, sie mithilfe der überragenden Alchemie des göttlichen Dranges zu überwinden und zu transformieren. Dann bekommen die neun Nächte des Ringens eine neue Bedeutung; sie sind der Läuterung des Geistes und der Erleuchtung der Seele geweiht. Was für den gewöhnlichen Menschen anziehend wirkt, ist für den *Yogi* uninteressant und ihm unbekannt; was den *Yogi* anzieht, ist für den weltlichen Menschen uninteressant und diesem unbekannt. Das ist das Wesen dieser verrückten Welt.

Die Menschen sind stolz darauf, dass sie weit in den Himmel hinauffliegen und sogar auf dem Mond landen können; aber sie sind außerstande, mit sich und ihren Nachbarn in Frieden zu leben. Ihr Leben auf dieser Erde ist voller Angst und Sorge, aber sie verkünden, sie seien die Krone der Schöpfung und schämen sich nicht einmal. Sie sind unfähig, das Feuer, das in ihnen selbst brennt, zu löschen, aber sehr wohl imstande, mit dem Feuer ihrer Bomben ganze Städte zu verwüsten.

Selbstbeherrschung (svārājya) bedeutet, aufgrund der Erkenntnis des höchsten Selbst *(ātman)* die volle Meisterschaft über die Sinne, den Verstand (mind) und die Intelligenz erlangt zu haben. Ebenso wie ein Thermometer die Körpertemperatur anzeigt, zeugen die Art eures Sprechens, Verhaltens und Benehmens von eurer geistigen Verfasstheit und eurer inneren Einstellung. Sie zeigen an, wie hoch das Fieber der Weltlichkeit ist, das euch erfasst hat. Sie müssen von reiner, ausgeglichener Eigenschaft *(sattva)* sein, unbeeinträchtigt von Leidenschaften und Emotionen wie Hass und Arroganz. Sprecht friedlich und vermittelt anderen Frieden. Was für einen Sinn haben spirituelle Übungen wie Namensrezitation und Meditation, wenn euer Reden und Verhalten nicht einmal das eines wirklichen Menschen ist? Wie könnt ihr jemals hoffen, Gott näher zu kommen, wenn ihr euch im Schlamm wälzt wie die Tiere? Objektive Besitztümer und subjektive Wünsche sind Hürden in dem Rennen, das Gotterkenntnis zum Ziel hat. Lasst den Hauch der Heiligkeit wehen, wie er will; lasst nicht zu, dass die Dunkelheit der blinden Ignoranz ihn entweiht. Das Leben ist eine Brücke über das Meer des Wandels; geht über die Brücke, aber baut kein Haus darauf. Hisst die Flagge des höchsten Friedens über dem Tempel, der euer Herz ist. Besiegt die sechs Feinde, welche die naturgegebene Glückseligkeit des Menschen untergraben; erhebt euch auf die Stufe des *Yoga,* auf der die Wogen geglättet sind, und erlaubt es dem Glanz des inneren Gottes, des Selbst *(ātman),* aus euch hervorzuleuchten, um alle für immer zu umfangen.

3. Mahāshivarātri: Ohne den inneren Motivator ist die Natur macht- und hilflos. Die Welt der Erscheinungen ist nichts anderes als eine Widerspiegelung der göttlichen Wirklichkeit; *Ishvara* ist nichts anderes als eine Widerspiegelung *Brahmans,* der Intelligenz hinter dem Bewusstsein von allem. *Shivaratri* inspiriert uns, diese grundlegende Wahrheit zu erlernen und unser Leben im Lichte dieser Erleuchtung zu gestalten.

Die Gnade Gottes kann nicht durch die Gymnastik des Verstandes gewonnen werden, auch nicht durch die Verrenkungen des *Yoga* oder die Fastenopfer der Askese. Nur Liebe kann sie gewinnen, Liebe, die keinen Lohn sucht, Liebe, die keinen Handel im Sinn hat, Liebe, die dem Allliebenden mit frohem Herzen als Tribut gegeben wird, Liebe, die nicht wankt und weicht. Nur die Liebe kann Hindernisse überwinden, wie viele und wie mächtig sie auch sein mögen. Es gibt keine Kraft, die wirksamer ist als die Reinheit; keine Wonne, die einen zufriedener macht als die Liebe; keine Freude, die erholsamer und belebender ist als die Liebe zu Gott *(bhakti);* kein Triumph, der lobenswerter ist als die vollkommene Hingabe (sharanāgati).

Rechtes Leben, ausgeglichenes Leben, wahres Leben ist das Rezept des *Vedanta.* Das gute, helle Gesicht des *Vedanta* wurde durch Fanatiker und schlechte Interpreten verzerrt. Liebe sollte man nicht aufgrund von Kaste, Glauben, ökonomischem oder intellektuellem Status des Empfängers in Rationen aufteilen.

Welches Hindernis es auch ist, ihr werdet versucht sein euren Griff zu lockern. Aber haltet an Gott fest! Es gibt immer eine Stille nach dem Sturm. Leidenschaft, Erregung, Angst – diese Emotionen sind des wahren Wesens eines Menschen unwürdig. „Wie man fühlt, zu dem wird man (yad bhāvan tad bhavati)." Aufbauen oder Abreißen sind die Aktivitäten eures eigenen Verstandes (mind). Fördert die Haltung, jeden als das ‚Ich' zu sehen, von dem alle bloß eine Welle sind. So könnt ihr euch von Vorurteilen befreien. Gott ist der Chauffeur, der Wagenlenker. Überlasst euch ihm und seid frei von Kummer und Sorgen. Reist sicher und kommt glücklich an.

Shivarātri wird jeden Monat in der vierzehnten Nacht des abnehmenden Mondes gefeiert, da der Mond, der die über den menschlichen Verstand herrschende Gottheit ist, nun nur noch eine Nacht davon entfernt ist, ganz zu verschwinden und keinen Einfluss mehr auf die Erregungen des Verstandes auszuüben. Die vierzehnte Nacht im Monat Magha wird *Mahāshivarātri* genannt, die große Nacht *Shivas*. Sie ist besonders heilig, denn dies ist der Tag, an dem *Shiva* zum Segen der Gottsuchenden die Form des *Lingas* annimmt. *Shiva* wird als die Gestalt Gottes verehrt, die man zur Erlangung von Weisheit *(jnāna)* anbetet, wie auch die *Veden* empfehlen. Verweilt an diesem Tag und in dieser Nacht in Gedanken bei dem Atma-*Linga,* dem Jyotis-*Linga,* dem Symbol des höchsten Lichtes der Weisheit, und seid davon überzeugt, dass *Shiva* in jedem von euch ist. Lasst diese Vision euer inneres Bewusstsein erleuchten. Das äußere Ritual ist vorgeschrieben, um die innere Botschaft zu verdeutlichen. Doch der Mensch zieht den leichteren Weg der äußeren Formalitäten dem Weg der inneren Disziplin und direkten Erfahrung vor. Diese sind aber für den eigentlichen Sinn und Zweck des Festes nicht so bedeutungsvoll.

Ishvara ist ein weiterer Name von *Shiva* und bedeutet, dass er die ganze Macht und Herrlichkeit innehat, die man mit Gott assoziiert. Der Name *Shankara* bedeutet, dass Er durch Gnade die höchste Glückseligkeit bringt. *Shiva* ist die Verkörperung von Wonne *(ānanda);* darum tanzt er den kosmischen Tanz (tāndava), an dem er so viel Freude hat; seine Bühne ist der gesamte Kosmos.

Denkt einmal über die Bedeutung der Gestalt nach, die *Shiva* zur Anbetung durch den Menschen angenommen hat: In seiner Kehle steckt das vernichtende Gift, Hālāhala, das augenblicklich alles Leben zerstören könnte. Von seinem Haupt fließt der heilige Ganges, dessen Wasser jetzt und in alle Ewigkeit alle Krankheiten heilen kann. Auf seiner Stirn ist das Auge des Feuers. Auf seinem Haupt trägt er den kühlenden, Trost spendenden Mond. Um seine Handgelenke, Fußgelenke, Schultern und um den Hals ringeln sich todbringende Kobras, die von seinem lebensspendenden Atem leben. *Shiva* wohnt auf dem Friedhof und auf der Verbrennungsstätte, die Rudrabhūmi heißt – das Land von *Shiva* beziehungsweise Rudra. Diese Stätte ist nicht furchteinflößend, es ist eine glückverheißende Stätte, denn alle müssen ihr Leben am Ende hier abschließen. *Shiva* lehrt euch, dass man dem Tod nicht aus dem Weg gehen und ihn auch nicht verjagen kann. Man sollte ihm frohen Herzens und mit Tapferkeit begegnen.

Es heißt, *Shiva* gehe mit der Bettelschale umher. Damit lehrt er uns, dass man auf dem Weg der Entsagung, der Losgelöstheit und des Gleichmuts angesichts von Glück oder Unglück zu ihm kommt. *Shiva* ist unter dem Namen Mrityumjaya bekannt, der Sieger über den Tod; er ist auch Kāmāri, der Zerstörer der sinnlichen Begierde. Diese beiden Namen weisen darauf hin, dass derjenige, der die Begierde vernichtet, den Tod besiegen kann; denn Begierde gebiert Aktivität; Aktivität gebiert Konsequenzen; Konsequenzen gebären Bindung; Bindung führt zu Wiedergeburt; und die Geburt zieht den Tod nach sich.

Ishvara wird auch durch das *Linga* symbolisiert. Das Wort *Linga* stammt von der *Sanskrit*-Wurzel ‚li' ab, das heißt ‚līyate' – ‚es verschmilzt'; *Linga* ist die Form, mit der alle Formen verschmelzen. *Shiva* ist der Gott, der die Wesen mit der höchsten Gabe beschenkt, die man sich nur wünschen kann: mit dem Universum eins zu werden. Das ist das Ende, der Tod, nach dem man streben sollte, das Ende, das *Shiva* gewähren kann. Erkennt zuerst den Gott in euch; wenn ihr euch dann auf die materielle Welt einlasst, kann euch kein Leid geschehen, denn ihr werdet die gegenständliche Welt als das erkennen, was sie in Wahrheit ist: der Leib Gottes. Gott zu erreichen ist die unausweichliche Aufgabe des Menschen.

Shiva bedeutet Gnade, Segen, Glück, Wohlergehen. Aus diesem Grund wird der Titel *‚Shrī',* der für diese Qualitäten steht, seinem Namen nicht beigefügt (wie zum Beispiel bei den *Avataren Shrī Rama* oder *Shrī Krishna). Shiva* wird als der Lehrer aller Lehrer verehrt, als Dakshinamurti. Die Gestalt *Shivas* an sich ist eine große Lektion in Toleranz und Duldsamkeit. Er verbirgt das Hālāhala-Gift in seiner Kehle, und auf seinem Haupt trägt er den segenbringenden Mond. Der Mensch soll daraus lernen, all seine schädlichen Neigungen von anderen fernzuhalten und alle nützlichen Neigungen, über die er verfügt, zum Wohl anderer zu aktivieren.

Der Mensch ist von seinem inneren Wesen her göttlich; darum sollte er in Gedanke, Wort und Tat die göttlichen Eigenschaften Liebe, Toleranz, Mitgefühl und Menschlichkeit zutage treten lassen. Gott ist die Wahrheit; auch der Mensch muss in Liebe leben und jeglichen Zorn vermeiden.

Es gibt viele, die mit Gott einen Handel eingehen wollen und ihm Opfergaben in Form von Geld oder Gegenständen im Austausch gegen seine Gnade darbringen. Gott kann man nicht gefügig machen, indem man ihm eine Kokosnuss oder einen Geldbeutel mit einhundertundsechzehn Rupien schenkt. In der *Gita* heißt es, Gott gefalle es, wenn man ihm ein Blatt, eine Blüte, eine Frucht oder auch nur einen Tropfen Wasser schenkt. Das Blatt steht für euren Leib, der wie ein Blatt sprießt, grünt, welkt und schließlich vom Zweig herabfällt. Die Blüte ist das Herz, das von den inneren Schädlingen wie Sinneslust und dergleichen befreit ist. Die Frucht steht für den Verstand und die Folgen seiner Bestrebungen, die Gott geweiht werden müssen. Das Wasser ist der Strom von Tränen, die aus den Augen fließen, wenn man bei der Betrachtung der Herrlichkeit Gottes in einen Zustand ekstatischer Wonne gerät. Aus der Übergabe dieser vier besteht der wahre Akt der absoluten Unterwerfung (sharanāgati). Liebt alle Wesen – das genügt; liebt, ohne eine Gegengabe zu erwarten. Auf diese Weise werdet ihr die Einheit erkennen und euch vom Schaden anrichtenden Ego befreien.

Es heißt, *Shankara* (Gott) wohne im Himalaja (himācala). Das bedeutet aber nicht, dass er auf den Gipfeln des Himalajagebirges wohnt. ‚Hima' bedeutet ‚rein, makellos, kühl', ‚acala' bedeutet ‚unerschüttert, bewegungslos'. Das Herz, das rein, makellos, kühl und unerschüttert ist, ist Himācala – der Himalaja. *Ishvara* (Gott) wohnt und tanzt nur in solchen Herzen. *Shankara* liebt die kleine Trommel (damaru); *Brahmā* liebt das Lied der *Veden;* Sarasvati liebt die Vina und *Vishnu* das *Pranava (OM),* das als Urschwingung ertönte, als die Schöpfung in die Existenz kam. All diese Klänge sind nur in unseren Herzen enthalten.

Gott *(paramātman)* wird als ‚der Dreiäugige' – Tryambaka – beschrieben, weil er die Kraft des Wollens (icchāshakti), der Tat (kriyāshakti) und der Erkenntnis (jnānashakti) besitzt. Desgleichen ist auch der Eine, der Sonne, Mond und das allesverzehrende

Feuer trägt, Tryambaka. Um diesen höchsten Gott *(paramātman)* gnädig zu stimmen, muss man sein Ziel durch Werke, die Gott wohlgefällig sind, erreichen. Der Sinn und Zweck aller Werke und Handlungen liegt darin, vom Körperbewusstsein (dehātma bhava) zum Bewusstsein fortzuschreiten, eine individuelle göttliche Seele zu sein (jīvātma bhava), und von diesem Seelenbewusstsein (jīvātmabhava) zum göttlichen All-Bewusstsein (paramātmatattva) weiter fortzuschreiten. Die Symphonie aus Gefühl, klangvoller Melodie und Takt (bhava, rāga, tāla) ist Bha-ra-ta. Das ist die Vereinigung oder Zusammenführung von der Kraft des Wollens, der Kraft der Tat und der Kraft der Erkenntnis (icchāshakti, kriyāshakti und jnānashakti). Wenn wir keinen Nutzen daraus ziehen und uns nicht weiterentwickeln, ist das unser Pech.

Ishvara ist Quelle und Speicher aller Ressourcen, die zum Reichtum gehören. *Ishvara* verleiht den Glanz (aishvarya) der höchsten Erkenntnis *(jnāna)*. *Shiva* ist in allen Gedanken, Worten und Taten enthalten, denn er ist die Energie, Kraft und Intelligenz, die hinter ihnen steht. Gott, der sich als Zeit, Raum und Kausalität manifestiert, ist in euch. Shivo 'ham, Shivo 'ham! – Dies war der Ausruf, der sich aus den Seelen jener erhob, die in Form eines Gedankenblitzes die Wahrheit erkannten, nachdem sie viele Jahre damit verbracht hatten, ihren Verstand (mind) durch disziplinierte Askese *(tapas)* zu läutern. ‚Shivo 'ham' bedeutet ‚Ich bin Gott'.

Heilige Asche, *Vibhuti,* ist im spirituellen Sinn die kostbarste Substanz. *Shiva* verbrannte den Gott der Begierde *(kāma)*, der auch Manmatha genannt wird, da er den Verstand in Erregung versetzt und die Verwirrung, die bereits besteht, noch vergrößert, zu einem Häuflein Asche. Mit dieser Asche bestrich sich *Shiva* und glänzte so in seiner Macht und Herrlichkeit als Besieger der Begierde. Wenn *Kāma* vernichtet ist, regiert *Prema,* die Liebe. Wenn keine Wünsche da sind, die den Geist verdrehen, kann die Liebe frei und vollkommen sein. Die Asche symbolisiert euren Triumph über die quälende Begierde. Asche ist der ultimative Zustand aller Dinge; sie unterliegt keiner weiteren Veränderung. Die Salbung oder Waschung (abhisheka) mit *Vibhuti* will euch dazu inspirieren, eure Begierde zu töten und ihre Asche *Shiva* zum Opfer darzubringen. Asche kann nicht zerfallen, sie trocknet nicht ein, wird nicht schmutzig oder ungenießbar, verliert nicht ihre Farbe, fault nicht. Asche bleibt für immer und ewig Asche. Verbrennt also eure Bosheit, eure Untugenden, eure schlechten Gewohnheiten, betet zu *Shiva* und lasst eure Gedanken, Worte und Taten rein sein. Da jedes Lebewesen die Verkörperung *Shivas* (shivasvarūpa) ist – denn ohne *Shiva* ist ein Lebewesen nichts als ein Leichnam (shava) – muss der Mensch seinem göttlichen Status gerecht werden und entsprechend leben.

Mahāshivarātri ist der Auflösung der Verirrungen des Verstandes (mind) und damit des Verstandes selbst gewidmet, indem man sich *Shiva,* Gott, hingibt. Der Mond wie auch der Verstand (mind), dessen beherrschende Gottheit er ist, haben jeweils sechzehn Phasen. Am Tag von *Shivarātri* sind fünfzehn dieser Phasen vorüber. Vom Mond ist nur noch ein schmaler Strich am Himmel zu sehen. In der darauffolgenden Neumondnacht wird nicht einmal mehr dieser Strich zu sehen sein. Auch der Verstand muss jeden Tag besser beherrscht werden, bis am fünfzehnten Tag die fünfzehn Phasen aufgelöst sind und nur noch ein kleiner Rest übrig geblieben ist, den es in einem Endspurt der Anstrengung zu entfernen gilt.

Bei der rituellen Verehrung *Shivas* benutzt man ein Bilvablatt, das dreigeteilt ist. Es symbolisiert die drei Grundeigenschaften *(guna)* Reinheit *(sattva),* Leidenschaft *(rajas)* und Trägheit *(ta-*

mas), die es zu überwinden gilt, die drei Zeiten (Vergangenheit, Gegenwart, Zukunft), die auch *Shiva* als Dreizack (trishula) in seiner Hand hält, und die drei Dimensionen des Raumes: Erde, Himmel und das Jenseits. Der Griff des Dreizacks steht für das Eine, das sich als die drei manifestiert. Die heiligen vedischen Schriften bezeichnen das höchste Wesen, den *Purusha,* als Glanz, als Licht (jyotis).

Die *Upanischaden* erklären, Gott sei das Zehn-Zoll-Symbol der Zeit (kāla) und des Raumes (desha) – Dashangula-*Svarūpa.* Es ist das *Linga,* die elementare Urform, die den ersten Ausdruck des göttlichen Willens symbolisiert.

Lasst euch nicht von dem täuschen, was ihr seht: Was ihr mit euren Augen nicht seht, ist viel bedeutender. Der Mensch hat in sich alle Seligkeit ebenso wie das nötige Instrumentarium, um sie freizusetzen; aber er ist in der tragischen Unkenntnis seiner eigenen inneren Ressourcen gefangen. Eine ganze Menge von „Verlangen nach Sinnesbefriedigung" muss weggeräumt werden, bevor diese innere Friedens- und Freudenquelle angezapft werden kann. Ihr macht keinerlei Anstalten, das zu tun, und darum gibt es weder Frieden, Liebe noch Wahrheit in der Familie, der Gesellschaft, der Nation und der Welt. Zwillinge gehen verschiedene Wege, denn sie leben in einer rivalisierenden, kriegführenden Welt voller Leidenschaften und Emotionen. Nur wenn Gott das Ziel und der Wegweiser ist, kann es wahren Frieden, Liebe und Wahrhaftigkeit geben. Beständiges Denken an den Namen Gottes ist das Zeichen von Gottergebenheit. Gedankliches Verweilen (smarana) ist genug. Das ununterbrochene Gewahrsein von *So'ham,* der Einheit von ‚ich' und ‚Er', wird Akhanda-hamsa-japa genannt – die pausenlose Rezitation des heiligen *Mantras So'ham.* Sie gibt dem Gläubigen die Sicherheit, von Sorgen, Angst und Kummer verschont zu werden. Wenn der Verstand still und leer geworden ist, gibt es keine Täuschung (moha) mehr, und das Verschwinden (kshaya) von Täuschung (moha) ist Befreiung *(moksha).*

4. Vaikuntha Ekādashī: *‚Vaikuntha‘* bedeutet ‚ohne eine Spur von Trauer oder Schmerz‘; es ist der Ort, an dem vollkommener Friede herrscht; dort gibt es weder Unruhe noch Furcht. Ekādashī bedeutet der elfte Tag der vierzehntägigen Mondphase. Die Phasen des Mondes sind nummeriert, und der Tag nach dem zehnten – Dashamī – wird als Ekādashī bezeichnet. Aber die eigentliche Bedeutung von Ekādashī, der Elfte, ist: Wenn die Sinne – die fünf Handlungsorgane und die fünf Wahrnehmungsorgane, mit denen das Wissen über die gegenständliche Welt gewonnen wird – koordiniert und auf Gott, das Elfte, ausgerichtet werden, handelt es sich wirklich um Ekādashī. Diese tiefere Bedeutung hat auch die Begrüßungsgeste *Namaskar,* bei der man beide Hände vor der Brust nahe dem Herzen zusammenlegt. Die zehn Sinne werden der angebeteten Person mit ganzem Herzen hingegeben.

Dies ist ein Tag, an dem man die niederen Impulse, die aus den dunklen *(tamas)* und leidenschaftlichen *(rājas)* Triebkräften stammen, transzendieren und den reinen *(sattva)* Neigungen zum Emporkommen verhelfen sollte.

Der Mensch muss auf sechsundzwanzig Kategorien achten: die fünf Handlungsorgane *(karmendriya),* die fünf Wahrnehmungsorgane *(jnānendriya),* die fünf Lebenshauche (prāna), die fünf Eigenschaften der Grundelemente – Geruch (Erde), Geschmack (Wasser), Licht (Feuer), Berührung (Luft), Ton (Himmel, Äther) – und die übrigen vier – Denken (manas), Intellekt *(buddhi),* inneres, unterscheidendes Bewusstsein *(citta)* und individuelles

Bewusstsein, Ego *(ahamkāra)*. Die individuelle Seele *(jīvin),* die Welle auf dem Ozean, ist die fünfundzwanzigste Kategorie. Sie hat als sechsundzwanzigste Kategorie die Allseele *(paramātman)* auf der einen Seite und auf der anderen Seite die vierundzwanzigste, das Ego. Sie hat die Aufgabe, alle vierundzwanzig zu erleuchten und sie zur höchsten Realität, der sechsundzwanzigsten Kategorie, der Allseele, *Paramātman,* zu ziehen. Wenn sie ins Licht getaucht werden, verschwinden sie, denn sie können das Licht der Erkenntnis nicht überleben, da sie nur Kreaturen, Abkömmlinge der Dunkelheit und Unwissenheit *(māyā)* sind.

Indem diese vierundzwanzig analysiert und erkannt werden, ist noch nichts gewonnen. Denn sie gehören in den Bereich des relativ Wirklichen, nicht des absolut Wirklichen. Sie sind die Welt des Veränderlichen (jagat), des sich Bewegenden, sich Wandelnden, des Vorübergehenden, des Unwirklichen. Erkennt euer Selbst! Was ihr kennt, ist die Welt, die nichts anderes ist als die Projektion eures Verstandes.

Die vielgestaltige Auskristallisation von *Māyā,* dem allerersten Verlangen, das zum Universum auswucherte – all das ist eine Wechselbeziehung und Kombination der fünf Elemente, zu deren Wahrnehmung der Mensch mit den Sinnesorganen ausgestattet ist: der Nase für den Geruch (Erde), der Zunge für den Geschmack (Wasser), dem Auge für das Sehen (Feuer), der Haut für die Berührung (Luft) und dem Ohr für den Klang (Äther, Himmel). Darum heißt es: „Ich bin nicht der Körper", mit anderen Worten, es wird erklärt, dass die Natur, das Universum, alle erschaffenen Dinge und Wesen, nicht das ‚Ich' oder der *Atman* sind, sondern nur Erscheinungsformen des Ich.

Das Erkennen des Einen kann nicht durch Belehrung, das Hören von Ansprachen oder asketische Übungen herbeigeführt werden. Spirituelle Praxis *(sādhana),* die das Physische ins Metaphysische verwandelt, ist die Wirkung der Sonne, die Meerwasser trinkbar macht.

Tiefschlaf wird oft mit der Einheitserfahrung *(samādhi)* verglichen, da die Sinne, das Denken (mind) und die Vernunft abwesend sind; nur das Ego ist in sich selbst eingetaucht. Es befindet sich im Zustand der Glückseligkeit, aber es ist sich der Glückseligkeit nicht bewusst, denn zu diesem Wissen kommt es nur im Wachzustand. Das also, was Erkennen gewähren kann, ist das Bewusstsein des Wachzustandes und die Glückseligkeit des Tiefschlafs. Konzentriert euch auf den Punkt, an dem beides gleichzeitig da ist; das ist der Augenblick des Sieges.

Einheitserfahrung *(samādhi)* meint einen ausgeglichenen, unbewegten *(sama)* Intellekt (dhi). Wie kann auch nur ein Gedanke entstehen, wenn nur Eines existiert? Das ist *Samādhi* – das Sein, das Bewusstsein, die Glückseligkeit.

5. Makarasamkrānti: Jedes Heim wird saubergefegt. Die Frauen malen mit Mehl glückverheißende Ornamente. In die Mitte des Ornaments legen sie einen kleinen Fladen Kuhdung und darauf eine große gelbe Blüte. Der Kuhdung symbolisiert die Kuh – ‚Go' –, die Gopala, *Krishna,* füttert und hütet. ‚Go' bedeutet auch Wesen, Seele, Individuum. So hat jedes kleinste Detail der Festtagsbräuche einen tieferen Sinn.

An diesem Tag ist es üblich, süßen Milchreis zu essen. Das ist eine Speise von reiner *(sattva)* Qualität, die erhebende Gedanken, Sanftheit und Demut bewirkt. Alles, was man durch Augen, Ohren, Nase und Haut in sich aufnimmt – wodurch euer Durst nach abwechslungsreichen Erfahrungen der gegenständlichen Welt gestillt wird – all das ist Nahrung. Jedes Partikelchen davon muss rein und ausgewogen *(sattva)* sein, damit euer Fortschreiten zur Erkenntnis des göttlichen Selbst schnell und fruchtbringend sein kann.

Der Mond repräsentiert das Gemüt (mind) des Menschen, die Sonne den Intellekt. In einem disziplinierten Menschen müssen beide ausgeglichen sein; es sollte weder das Gefühl noch der Intellekt vorherrschen; er sollte Gefühl haben, das von Intelligenz beherrscht wird. So werdet ihr in Tapferkeit alles hinnehmen, was geschieht – Ehre oder Schande. Heißt jedes Geschehen mit einem „Ja" willkommen.

Von heute an bewegt sich die Sonne nordwärts; sie ist auf dem aufwärts führenden Weg. Im Norden begrüßen euch die Gipfel des Himalajas und laden euch ein zu Unerschütterlichkeit (acala), Reinheit (hima), zu weißer, makelloser Klarheit und zur Kühle der vollkommenen Freude. Wann immer der menschliche Verstand (mind) sich sehnt und diese zu gewinnen sucht, geschieht das auf dem Weg gen Norden, der zum Himalaja führt, der Wohnstätte der Götter; es bedeutet der Sonne zu folgen, dem Leuchten der Intelligenz.

Die Menschen spannen heute Schnüre mit Mangoblättern über ihre Haustür, um Gott in ihr Heim einzuladen. Aber euer Heim ist euer Herz. Hängt die Schnüre mit dem Grün über die Türschwelle eures Herzens. Lasst Gott auf dem Thron eures Herzens Platz nehmen und betet ihn dort mit aller Ernsthaftigkeit an, indem ihr ihm eure Taten, Worte und Gedanken weiht.

Ihr feiert Makarasamkrānti mit einem Festmahl, für das ihr eine Speise aus grünen Erbsen, Reis und Zucker (Jaggery) zubereitet. Die Erbsen sind *Vishnu,* der Reis ist seine Gefährtin *(Shrī,* Fülle und Wohlstand), und der Zucker ist das Prinzip der göttlichen Liebe. Es ist also nicht diese Speise, die das Fest auszeichnet, es ist vielmehr die Kontemplation der Gegenwart Gottes, die im eigensinnigen Verstand des Menschen festen Fuß fassen muss.

Von diesem Tag an, an dem die Sonne in das Zeichen des Steinbocks eintritt – Makarasamkrānti – scheint die Sonne sich von Süden nach Norden zu bewegen, und deshalb wird dieser Sonnwendtag von alters her als glückverheißender Feiertag begangen. Ihr jedoch seid mehr mit eurer eigenen Reise beschäftigt, die mit jedem Sonnenaufgang ihrem Ende einen Schritt näher kommt.

Ihr möchtet gerne den Konsequenzen der Geburt und der Folge des Todes – einer neuen Geburt – entkommen. Ihr wünscht euch Frieden und Freude; um das zu erreichen, müsst ihr euren Verstand so effektiv läutern, dass er so gut wie ausgelöscht ist. Das wird euch nur gelingen, wenn ihr euch mit dem Selbst *(ātman)* identifiziert statt mit dem Körper, der Schmuckschatulle des Selbst, die ihr euch als Belohnung für frühere Taten von Geist und Körper verdient habt.

Sicherlich habt ihr feierliche Umzüge erlebt. Der gewaltige Prunkwagen ist aufwendig mit Wimpeln und Girlanden geschmückt; Gruppen von kräftigen Männern ziehen ihn zur Musik von Pfeifen und Muschelhörnern; Akrobaten, Tänzer und Sänger gehen voran und tragen zur allgemeinen freudigen Erregung bei. Tausende umringen den heiligen Wagen und säumen die Straßen. Natürlich sind sie in den Bann der unterhaltsamen Darbietungen gezogen, aber am glücklichsten sind sie, wenn sie ihre Hände falten und sich vor der Statue auf dem Wagen verneigen können. Alles Beiwerk ist nebensächlich, für manche sogar belanglos. So ist es auch im Leben: Der Körper ist der Wagen, der *Atman* ist die darin eingebettetete Statue. Einnehmen und Ausgeben,

Lachen und Weinen, Verletzen und Heilen und all die akrobatischen Kunststücke des täglichen Lebens sind unbedeutend im Vergleich zur Anbetung Gottes und der Erkenntnis des *Atman*.

Der Körper ist der Wagen, Intelligenz *(buddhi)* der Wagenlenker; Wünsche sind die Straßen, durch die er am Seil der sinnlichen Anhaftungen gezogen wird; Befreiung *(moksha)* ist das Ziel; das alles durchdringende, ursprüngliche Göttliche (mūlavirātsvarūpa) ist der Herr, der im Wagen thront. Der Wagen, der euer Gefährt ist, muss in diesem Sinne behandelt werden. Stattdessen drehen die Menschen wie wild ihre Runden in trostlosen Kreisen, von der Geburt bis zum Tod, von Wünschen gezogen, von Nöten getrieben. Keine Meilensteine markieren ihre Pilgerreise, keine Brücken werden passiert; kein Fortschritt wird registriert. Der Prozess des Reisens an sich wird ignoriert.

Solange ihr keine disziplinierten spirituellen Anstrengungen unternehmt und euch nicht in spiritueller Praxis übt, kann Gottes Gnade nicht auf euch herabkommen. Das sehnsüchtige Verlangen, die Qual des unerreichten Zieles lassen das Herz Gottes schmelzen; das ist die Sehnsucht (avedana), die Gnade an sich zieht. Wenn ihr in eurem Herzen kein Licht erstrahlen und es nicht klar und rein leuchten lasst, bleibt es von Dunkelheit umhüllt; es wird nur Nacht darin sein.

6. Dīpāvalī ist das Fest der Lichter. Auch Wissen wird als Licht gepriesen, aber oft ist es nur ein wabernder Nebel. Allein die Liebe gibt Licht. Leben ist Ausdehnung. Ausdehnung ist die Essenz der Liebe. Liebe ist Gott. Lebt in Liebe. Mit dem Licht einer einzigen Kerze können Millionen von Kerzen angezündet werden, ohne dass das Licht der ersten davon auch nur einen Deut schwächer wird. Mit der Liebe ist es ebenso. Der Sinn

von Dīpāvalī ist es, euch diese Lektion von Licht und Liebe zu lehren. Keine feierliche Zeremonie beginnt, ohne dass man ein Licht entzündet. Wenn das Licht der Liebe leuchtet, manifestiert sich Gott. Lasst das Licht rein und hell leuchten.

Zuerst Gott, dann die Welt, ich zuletzt. Früher oder später müsst ihr ein Gottsuchender *(sādhaka)* werden, damit ihr euch von diesem Kreislauf von Geborenwerden und Sterben befreien könnt! Zurzeit geht alles drunter und drüber, und ihr habt Gott aus den Augen verloren. Ihr könnt an Gott durch den Weg des Wissens (jnānamārga), den Weg der Hingabe (bhaktimārga) oder den Weg des selbstlosen Handelns (karmamārga) festhalten. Gleichgültig, ob ihr erster, zweiter oder dritter Klasse reist – das Ziel ist ein und dasselbe. Aktiviert sie durch euer Tun; sie sind alle drei nur Teile desselben Strahls.

Spiritueller Fortschritt und Glückseligkeit hängen von diszipliniertem Bemühen ab. Man kann das Ziel nur durch schwere Arbeit erreichen, nicht auf angenehmen, leichten Wegen. Das Leben ist nur lebenswert, wenn man disziplinierte Gewohnheiten, geistige Konzentration, Verzicht auf sinnliche Vergnügen und Vertrauen in das Selbst *(ātman)* hat. Wer den Weg nicht kennt, kann das Ziel nicht erreichen; wer das Ziel nicht kennt, kann den Weg nicht wählen und einschlagen. Ihr müsst die richtige Vorstellung vom Weg und auch seinem Ziel haben, bevor ihr die Reise antretet.

7. Das Onam-Fest wird an dem Tag begangen, an dem Kaiser Bali von Gott in der Gestalt Vamanas gedemütigt und gleichzeitig gesegnet wurde. Bali ist der Großvater von *Prahlada*. An Onam schwelgt ihr in Bananen, von denen ihr zuerst die Schale entfernen müsst. Damit Bali von Gott angenommen werden konnte, musste zuerst seine bittere Schale aus Egoismus und

Machtbesessenheit entfernt werden. Fördert die Liebe in euch und unterdrückt Stolz und Egoismus, um die Gnade Gottes zu gewinnen.

Glossar

Weiterführende Informationen zu mehr als 3.000 Sanskrit-Begriffen stehen in: „Martin Mittwede, Spirituelles Wörterbuch Sanskrit-Deutsch“, Sathya Sai Vereinigung e. V., ISBN 978-3-932957-81-9. Das Wörterbuch gibt zugleich Zugang zur indischen Mythologie, Ethik und Kultur und bietet sich als Hilfe zur spirituellen Erkenntnis an.

advaita	Nondualismus; philosophische Schule, welche die Einheit allen Seins lehrt.
aham	Ich; das wirkliche, unvergängliche ‚Ich‘ des Menschen.
ahamkāra	Ego; Egoismus; Selbstsucht.
amrita	Nektar der Unsterblichkeit; Nektar der Götter.
ānanda	vollkommene und höchste Glückseligkeit als eine Qualität Gottes.
ānandamaya	die letzte der fünf Hüllen *(kosha)* des Menschen, die das Selbst verdeckt; höchstes inneres Glück; Glückseligkeit.
annamaya	die erste, äußerste der fünf Hüllen *(kosha)* des Menschen; der materielle Körper, der durch Nahrung erhalten wird.
Arjuna	einer der fünf *Pandava*-Prinzen, die im *Mahabharata*-Krieg den *Kauravas* gegenüberstanden.

artha Mittel zum Lebensunterhalt; eines der vier Ziele *(purushārtha),* auf die das menschliche Leben ausgerichtet werden kann.

āsana der Sitz; die Körperhaltung; Bezeichnung für Sitz- und andere Haltungspositionen im *Yoga.*

Aschram (Sanskrit: āshrama) ein Ort, an dem ein spiritueller Meister wohnt und lehrt.

ashānti Unfrieden; Friedlosigkeit; Gegensatz zu innerem Frieden *(shānti).*

āshrama die vier in den *Veden* festgelegten Lebensstadien des Menschen: die Zeit des Lernens *(brahmacarya);* die Zeit, in der er seine Pflichten gegenüber der Gesellschaft erfüllen muss (grihastha); die Zeit spirituellen Strebens in der Einsamkeit (vānaprastha); das Aufgeben aller ichbezogenen Interessen, das Streben nach Erlösung.

āsti der Besitz, der den Gottgläubigen zu einem reichen Menschen macht.

āstika 1. ein Gottgläubiger, 2. ein Reicher.

Atman (Sanskrit: ātman) das wirkliche Selbst; der Funke Gottes im Menschen; die göttliche Seele.

Avatar (Sanskrit: avatāra) Inkarnation des Formlos-Absoluten; Gott, der Gestalt annimmt, um *Dharma* wiedereinzusetzen, wenn dieser unter den Menschen vernachlässigt wird.

avidyā Nichtwissen; Nichterkenntnis; Unwissenheit; Gegensatz zu *Vidyā.*

Ayurveda (Sanskrit: *āyurveda)* das dritte der vier Bücher der *Veden;* altes naturheilkundliches System der Diagnose und Therapie; ein ganzheitliches Heilsystem.

Bhagavadgita (Sanskrit: bhagavadgītā) wörtlich: „Der Gesang des Erhabenen", philosophisches Lehrgedicht über die Geschehnisse des

13. Kapitels des *Mahabharata.*

Bhagavan (Sanskrit: bhagavān) der Erhabene; ein Name für Gott, der seine unumschränkte Größe offenbart; ehrerbietige Anrede.

Bhagavatam (Sanskrit: bhāgavatam) eine der heiligen Schriften der *Hindu*-Tradition, die sich mit dem Leben *Krishnas* befasst.

Bhajan (Sanskrit: bhajana) Lieder, in denen die vielen Namen Gottes gepriesen werden; oft von Musik- und Schlaginstrumenten begleitet. Ein Vorsänger singt jeweils eine Zeile, die dann von der Gruppe wiederholt wird.

bhakta gläubiger Mensch, der auf dem Weg hingebungsvoller Liebe (*bhaktimārga*) nach Gotterkenntnis strebt.

bhakti hingebungsvolle Liebe zu Gott; völlige, unwandelbare Bindung an Gott; höchste Form der Verehrung Gottes.

bhaktimārga das Streben nach Erlösung auf dem Weg hingebungsvoller Liebe (*bhakti).*

bhaktiyoga der spirituelle Weg der Hingabe zu Gott.

bhārat Indien; das Land, das Bindung (rati) an Gott (bha) hat.

Bhishma Ahnherr der *Pandavas* und *Kauravas,* der diese als Oberhaupt beider Familien erzogen hatte.

bhogi (sanskrit: bhogin) einer, der dem Essen und Trinken ergeben ist und in sinnlichen Vergnügen schwelgt.

Brahmā einer der drei Aspekte Gottes; Gott als Schöpfer; ein Gott der *Hindu*-Trinität.

brahmacārin 1. Ein religiös Strebender, der sich spirituellen Übungen unterzieht; 2. Junger Mann auf der ersten vedischen Lebensstufe *(āshrama).*

brahmacarya 1. Enthaltsamkeit in Gedanken, Worten und Taten; 2. Die Zeit des Lernens; die erste der vier Entwicklungsstufen des Menschen *(āshrama).*

brahmamuhūrta die für die Meditation günstigen frühen Morgenstunden zwischen drei und sechs Uhr.

Brahman das ewig-unvergängliche Absolute; die höchste, nichtduale Wirklichkeit; universelles Bewusstsein.

Brahmane (Sanskrit: brāhmana) ein Angehöriger des Priester- und Gelehrtenstandes im Kastensystem der *Hindus.*

Brahmasūtra eine Sammlung von Aphorismen und Versen über die *Vedanta*-Philosophie.

brahmatattva das Wesen *Brahmans.*

Brindavan (Sanskrit: brindāvana) die Gegend, in der *Krishna* die Kühe weidete;

buddhi höhere Intelligenz; die Kraft des Unterscheidungsvermögens.

Chakra (Sanskrit: cakra) Bezeichnung für die Zentren feinstofflicher Energie im Energiekörper des Menschen.

cit Bewusstsein; absolutes, reines Bewusstsein, das unberührt von Leidenschaften, frei von Egoismus und Verlangen nach Besitz ist.

citta inneres Bewusstsein, das Wahrnehmung und Denken entstehen lässt.

dama Selbstbeherrschung, Beherrschung der Sinne und Gefühle.

Darshan (Sanskrit: darshana) Anblick; Anschauen; die Gestalt eines Heiligen sehen und seinen Segen empfangen.

dayā Mitgefühl; Barmherzigkeit; Freundlichkeit.

devotee Englisch: Anhänger, Verehrer.

dhāranā unerschütterliche Haltung des Geistes; konzentrierte Ausrichtung auf das Ideal.

dharma Rechtschaffenheit; die göttliche Ordnung; ethisch-religiöse Verpflichtung; eines der vier Ziele *(purushārtha),* auf die das menschliche Leben ausgerichtet werden kann.

Dharmaja; Dharmaraja	Beiname *Yudhishthiras.*
Dhritarashtra	König und Vater der hundert *Kauravas* und Onkel der fünf *Pandavas.*
dhyāna	Meditation; Versenkung; das Einswerden von dem Objekt der Meditation (Gott), dem Meditierenden und dem Vorgang der Meditation.
dhyānayoga	der Weg, der durch Meditation zum Einswerden mit Gott führt; eine der vier *Yoga*-Disziplinen, die Sai Baba besonders hervorhebt.
dvaita	Dualismus; philosophische Schule, welche die Gegensätze der Welt als wirklich anerkennt.
ekāgrata	vollständige Ausrichtung des Geistes auf eine Sache, auf einen Punkt.
Ganapati	anderer Name für *Ganesha.*
Ganesha	Sohn von *Shiva* und *Parvati;* „Herr der Heerscharen"; als „Überwinder und Herr aller Hindernisse" verehrt; meist elefantenköpfig dargestellt.
Gāyatrī	der heiligste Vers des *Rigveda*; wendet sich an die höchste Intelligenz, die Quelle des Lichts, mit der Bitte, die begrenzte Intelligenz des Individuums zu beleben, zu nähren und zu inspirieren.
Gita	(Sanskrit: gītā) Lied; Abkürzung für *Bhagavadgita.*
Gopi	(Sanskrit: gopī) Hirtin; die Kuhhirtinnen von *Brindavan,* mit denen *Krishna* in seiner Jugend spielte und die ihn verehrten; Vorbilder und Symbol für intensive Gottesliebe.
grihastha	wörtlich: Haushälter; die zweite der Entwicklungsstufen des Menschen *(āshrama),* in der er seine Pflichten gegenüber der Gesellschaft erfüllen muss.

guna	Grundeigenschaft der objektiven Erscheinungswelt; es gibt drei: *Tamas, Rajas* und *Sattva.*
Guru	Lehrer; spiritueller Meister, der von Unwissenheit befreit, Illusion zerstört und seinen Schülern den Weg zur Erlösung zeigt.
Gurupūrnimā	wörtlich: „Die Lichtfülle des Lehrers“; gemeint ist die hellste Vollmondnacht des Jahres (erste Vollmondnacht im Juli). Dies ist der Tag, an dem speziell der spirituelle Meister, der die Dunkelheit vertreibt, verehrt wird.
Hanuman	(Sanskrit: hanumān) Feldherr des Affenkönigs *Sugriva* im *Ramayana,* der *Rama* liebevoll verehrte.
Harishcandra	ein König, der für seine Frömmigkeit und Gerechtigkeit berühmt war.
hathayoga	Körper- und Atemübungen; verschiedene Körperstellungen und Reinigungsübungen; Hauptziel ist körperliche Gesundheit.
Hindu	Bezeichnung für die Angehörigen der Religionsformen Indiens, die sich auf den *Sanātanadharma* berufen.
hiranyagarbha	„das goldene Ei“; der Anfang; der erste Schöpfungskeim, der Himmel und Erde in sich enthält.
Hiranyakashipu	Dämonenkönig, von dem im *Mahabharata* berichtet wird; Vater von *Prahlada.*
indriya	wörtlich: Sinnesorgan; die fünf Wahrnehmungsorgane *(jnānendriya)* und die fünf Organe des Handelns *(karmendriya).*
Ishvara	(Sanskrit: īshvara) Gott; der Schöpfer; Er, der selbst still und unbeteiligter Zeuge ist; Beiname für *Shiva.*
japa	Rezitation eines Gottesnamens oder *Mantras;* Hilfsmittel zur Beruhigung und Läuterung des Denkens.

japasahita dhyāna	Meditation, die von *japa* begleitet wird.
jīva	die individuelle Seele; Wesenheit; Mensch; das Bewusstsein der göttlichen Seele als ‚ich'.
jīvanmukti	Erlösung zu Lebzeiten; Überwindung der Unwissenheit in diesem Leben.
jīvatattva	der körperliche Aspekt des Lebens; das, was bindet, was sich auf *Jīva* bezieht.
jīvātman	die Seele; der Mensch; das Selbst.
jīvin	das Individuum.
jnāna	höheres Wissen; Weisheit; spirituelle Einsicht.
jnānayoga	der Weg, der zur Weisheit führt; eine der vier *Yoga*-Disziplinen.
jnānendriya	die fünf Wahrnehmungsorgane des Hörens (Äther), Tastens (Luft), Sehens (Feuer, Licht), Schmeckens (Wasser) und Riechens (Erde).
jnānin	der Weise; der erlöste Mensch; einer, der unberührt von den Versuchungen der Sinne ist und Gott in allen Lebewesen und Dingen sieht.
kaivalya	das Aufgehen in der Einheit; vollkommene Erlösung.
Kali	(Sanskrit: kālī) die Göttin der Zeit; ein Name für *Parvati* in ihrem zerstörerischen, schreckenerregenden Aspekt.
kaliyuga	das eiserne Zeitalter, in dem wir heute leben; das letzte im Zyklus der vier vedischen Weltzeitalter.
kāma	Begierde; Lust; Verlangen nach Dingen der materiellen Welt.
Karma	(Sanskrit: karman) Tat; Arbeit; Gesetz von Ursache und Wirkung; Pflichterfüllung; die Folgen des Handelns.
karmayoga	der Weg des Handelns; in der Welt leben und arbeiten, ohne einen Lohn zu erwarten; eine der vier *Yoga*-Disziplinen.

karmendriya die fünf Tätigkeitsorgane für Sprechen, Handeln, Gehen, Ausscheiden und Fortpflanzen.

Karna ein Halbbruder der *Pandavas;* er war der Sohn deren Mutter und des Gottes Surya.

Kaurava die hundert Söhne *Dhritarashtras*, die in dem *Mahabharata*-Krieg den *Pandavas* unterlagen; stehen für die schlechten Eigenschaften des Menschen.

kosha Hülle; Umhüllung; es gibt fünf Hüllen, die das Göttliche im Menschen umschließen: *Annamaya, Prānamaya, Manomaya, Vijnānamaya, Ānandamaya.*

Krishna *Avatar* zur Zeit des *Mahabharata*-Krieges.

kriyāyoga Bezeichnung einer *Yoga*-Tradition; *Yoga* der praktischen Bemühung.

krodha Zorn; Hass; Ärger; Rache.

kshetra Feld; ein Ort, an dem etwas lebt. Der Körper als Feld der fünf Sinne.

kundalinī siehe *Kundalinīshakti.*

kundalinīshakti wörtlich: Schlangenkraft; die im Menschen am unteren Ende der Wirbelsäule ruhende spirituelle Energie.

kundalinīyoga Übungen mit dem Ziel, die spirituelle Kraft *(kundalinīshakti)* zu wecken und entlang der Wirbelsäule aufsteigen zu lassen, bis sie sich über dem Scheitel mit dem Göttlichen vereinigt.

Kurukshetra Name einer Ebene nahe bei Delhi, auf der die große Schlacht zwischen den *Kauravas* und *Pandavas* ausgetragen wurde; Symbol für das Schlachtfeld des Lebens, auf dem das Ego und die niedere Natur des Menschen geläutert werden müssen.

Lakshmi (Sanskrit: lakshmī) Göttin des Wohlstandes.

līlā wörtlich: Spiel; das göttliche Spiel der Erscheinungswelt; göttliches Wirken, das

	Schöpfung, Erhaltung und Auflösung einschließt.
linga	eiförmiges Symbol, in dem *Shiva* verehrt wird; Symbol der Zeugungskraft und der Schöpfung.
mahā	groß.
Mahabharata	(Sanskrit: mahābhārata) das umfangreichste Epos der *Hindu*-Mythologie, in dem der Kampf zwischen den *Pandavas* und *Kauravas* beschrieben wird.
mahāshakti	die große göttliche Kraft, die das Universum nährt und erhält.
mahāshivarātri	wörtlich: große *Shiva*-Nacht, die Nacht des dunkelsten Neumondes des Jahres (meist im Februar oder März), die *Shiva* geweiht ist.
Maheshvara	der große Herr; ein Name für *Shiva*.
manana	Überdenken; Nachsinnen; Kontemplation über heilige Texte.
manomaya	die dritte der fünf Schichten oder Hüllen der menschlichen Existenz *(kosha);* der feinstoffliche Körper mit seinen Wünschen, Begierden und Entscheidungen positiver sowie negativer Art.
Mantra	spirituelle Formel; das Wiederholen des *Mantras* fördert die spirituelle Entwicklung.
manu	in den *Veden:* Stammvater der Menschheit und ihr Gesetzgeber.
mārga	Weg; spiritueller Weg; rechter Weg.
māyā	das verhüllende Prinzip, das die Manifestationen des Einen als materielle Wirklichkeit erscheinen und dadurch die Schöpfung entstehen lässt; der erste Wunsch nach„Vielheit"; die primäre Illusion.
māyāshakti	die Kraft der Täuschung, die alle Wesen bezaubert.
mithyā	ein Zwischending zwischen dem Wirklichen und dem Unwirklichen; die Welt ist *mithyā,*

weil sie weder absolut wirklich, noch vollkommen unwirklich, sondern relativ wirklich ist.

moksha — Befreiung des Geistes; Erlösung; Unterbrechung des Kreislaufs von Geburt und Tod; Erlangung ewiger Glückseligkeit; Einswerden mit Gott.

Namaskar — (Sanskrit: namaskāra) eine Grußform: zwei Personen legen die Innenflächen ihrer Hände zusammen und halten sie vor die Brust, nahe der Herzgegend und begrüßen sich; symbolisch wird Gott das Ego zu Füßen gelegt.

nāmasmarana — Rezitieren des Namens Gottes; ständiges Wiederholen seines Namens und dadurch Ausrichten des Denkens auf seine Wirklichkeit.

Nandi — Stier, insbesondere das Reittier *Shivas*.

nara — Mensch; menschlich.

Narada — (Sanskrit: nārada) einer der sieben großen Weisen der *Hindu*-Mythologie; beschrieben als Sohn *Brahmās,* als Götterbote oder Zeitgenosse *Krishnas*.

Narayana — (Sanskrit: nārāyana) das Göttliche, das sich im Menschen manifestiert; Beiname für *Vishnu,* der sich immer wieder als *Avatar* inkarniert.

Naren — Kurzform von Narendranath (Datta), dem bürgerlichen Namen *Vivekanandas.*

navarātra — ein Zeitraum von neun Nächten; Name eines Festes für die Göttin Durga.

nirvikalpasamādhi — Zustand der Erleuchtung; Befreiung von Leiden, Tod und Wiedergeburt; höchstes, transzendentes Bewusstsein.

nishkāmakarma — wörtlich: uneigennütziges Handeln; Handeln ohne Erwartung eines Lohns oder einer Gegenleistung.

niyama Regel, Versprechen, Gelübde, religiöse Pflicht; innere geistige Disziplin; Niyama ist das zweite der Glieder des *Rājayoga,* bestehend aus: Reinheit, Zufriedenheit, spirituelle Praxis, Studium der heiligen Schriften und Hingabe an Gott.

OM die erste Schwingung kosmischer Urenergie; Symbol für Gott und *Brahman;* heiligstes und wirkungsvollstes *Mantra.*

Omkāra Singen, Aussprechen, Rezitieren des *OM.*

om tat sat das Eine ohne ein Zweites; Gott; das Absolute.

padmāsana Lotossitz; Sitz mit gekreuzten Beinen, der zur Meditation eingenommen wird.

Paisa alte indische Währung; einhundert Paisa sind eine Rupie.

Pandava (Sanskrit: pāndava) die fünf Söhne des Pandu, die im *Mahabharata*-Krieg gegen die *Kauravas* kämpften und diese besiegten; stehen für die guten Eigenschaften des Menschen.

Pandit (Sanskrit: pāndita) Schriftgelehrter; einer, der die heiligen Schriften der *Hindu*-Religion studiert hat und diese auslegen kann.

parabrahman das universelle Absolute; Gott; der Ursprung allen Seins; das Höchste.

paramātman das höchste Selbst; die universelle Seele; Gott; das Absolute, von dem alles ausging, in dem alles ist und in das alles eingehen wird.

paramjyotis wörtlich: höchstes Licht; das Licht göttlicher Offenbarung.

Parvati (Sanskrit: pārvatī) Gemahlin *Shivas;* Mutter des Universums.

Patanjali Name des Autors der Yogasūtras, circa zweites Jahrhundert vor Christus; er gilt als der Begründer des Systems des *Rājayoga.*

Prahlada	(Sanskrit: prahlāda) der erleuchtete Sohn des Dämonenkönigs *Hiranyakashipu*.
prakriti	die materielle Welt; Schöpfung; Natur.
prānamaya	die zweite der fünf Hüllen *(kosha)* des Menschen: die Sphäre der Lebensfunktionen; Atmung; vegetatives Nervensystem.
pranava	Name der heiligen Silbe *OM*.
prānāyāma	Beherrschung des Atems; Atemübungen, die mit einem *Mantra* verbunden werden können.
prashānti	göttlicher Friede; höchster innerer Friede.
Prasanthi Nilayam	„Wohnsitz des höchsten Friedens"; der Name des *Aschrams* von Shrī Sathya Sai Baba.
pratyāhāra	Zurückziehen der Sinne ins innere Bewusstsein; Vorbedingung zur Konzentration.
prema	reine, selbstlose Liebe; göttliche Liebe; das Bewusstsein, dass alles eins ist.
pūjā	Gottesdienst; rituelle Anbetung Gottes.
Purāna	die alten indischen Legenden und Abhandlungen.
pūrnima	wörtlich: Tag des Vollmondes; Bezeichnung vieler Feiertage, die an einem solchen Tag gefeiert werden, zum Beispiel *Gurupūrnima*.
purusha	der Höchste; der Herr; Gott; das Urwesen, von dem alles, was ist, ausging; der Schöpfer des Universums; das Selbst im Menschen; die Seele als Manifestation des Göttlichen.
purushārtha	die vier Ziele, auf die das menschliche Leben ausgerichtet werden kann und die zur Entfaltung des Bewusstseins führen. Sie sind: *Dharma, Artha, Kāma, Moksha*.
Puttaparthi	Geburtsort Sathya Sai Babas.
Radha	(Sanskrit: rādhā) eine der *Gopis;* größte Verehrerin *Krishnas*. Sie wird als die Verkörperung der göttlichen Energie *(shakti)* und als Beispiel totaler Hingabe an das höchste Selbst *(brahman)* verehrt.

rajas, rājasa — aktiv; leidenschaftlich; auf das Ergebnis des Handelns bedacht sein.

rājayoga — der königliche *Yoga,* das System, das *Patanjali* in seinen Yogasūtras ausgearbeitet hat. Dieser besteht aus acht Gliedern, die erst zusammen den Körper des *Yoga* bilden: 1. *Yama* (Beachtung der Lebensgesetze); 2. *Niyama* (innere Kultivierung); 3. *Āsana* (Körperhaltung); 4. *Prānāyāma* (Atemregulierung); 5. *Pratyāhāra* (das Zurückziehen der Sinne); 6. *Dhāranā* (Ausrichtung der Aufmerksamkeit); 7. *Dhyāna* (Meditation); 8. *samādhi* (die Erfahrung der Transzendenz).

rajoguna — Aktivität; von Gefühlen beherrscht sein; eine der drei Grundeigenschaften *(guna).*

ram — Kurzform von *Rama.*

Rama — (Sanskrit: rāma) *Avatar,* dessen Leben im Epos *Ramayana* beschrieben wird.

Ramakrishna — ein Heiliger Bengalens (1836 bis1886).

Ramana Maharshi — einer der größten indischen Heiligen der Neuzeit (1879 bis 1950).

Ramayana — (Sanskrit: rāmāyana) Epos der *Hindu*-Mythologie über das Leben *Ramas.*

Ravana — (Sanskrit: rāvana) Dämonenkönig im *Ramayana.*

Rigveda — das erste der vier Bücher der *Veden;* Hymnen auf die Götter.

Rishi — Bezeichnung eines Weisen, der Gott in sich erkannt hat.

rogi — (Sanskrit: rogin)ein Kranker.

sādhaka — Gottsuchender auf dem spirituellen Weg; ein sich in geistiger Disziplin *(sādhana)* Übender.

sādhana — Übungen zur spirituellen Vervollkommnung, zum Beispiel Meditation, Namensrezitation, selbstloses Dienen.

sama	die Sinne beherrschend; gleichbleibend; gleichmäßig.
samādhi	vollkommene Ausgeglichenheit; Stille in Gott; Erlangung der Einheit; neben Wachen, Träumen und Tiefschlaf eine der vier Bewusstseinsstufen, die als *Cit* verstanden werden.
Sāmaveda	das zweite der vier Bücher der *Veden;* Priestergesänge zur Ehre der Götter.
samnyāsa	wörtlich: Entsagung; die letzte der vier Entwicklungsstufen des Menschen *(āshrama);* das Aufgeben aller ichbezogenen Interessen und ausschließliche Streben nach Erlösung *(moksha).*
samnyāsin	ein Mensch, welcher der Welt entsagt hat und in völliger Besitzlosigkeit lebt.
sanātanadharma	die göttliche Urordnung; ewig gültiges Gesetz; absolutes, unwandelbares Sein; das einzige wirklich Unveränderliche.
Sanskrit	(Sanskrit: samskrita) eine verfeinerte Sprachform, die in erster Linie keine materiellen Gegebenheiten beschreibt, sondern von der geistigen Wirklichkeit kündet. Sie ist dazu da, die Schau der Seher *(rishi)* auszudrücken.
samsāra	Fluss; Kreislauf des Lebens; beständiger Wechsel; der endlose Zyklus von Geburt und Tod.
Sarasvati	(Sanskrit: sarasvatī) Göttin der Weisheit.
sat	Sein, Wirklichkeit, Existenz.
sat-cit-ānanda	Sein-Bewusstsein-Glückseligkeit; das ewig-absolute Wirkliche.
satsanga	Zusammenkunft spiritueller Menschen.
sattva, sāttvika	rein; harmonisch; ausgeglichen; tugendhafte Eigenschaften.
sattvaguna	Gelassenheit; Wunschlosigkeit; Reinheit; eine der drei Grundeigenschaften *(guna).*

satya Wahrheit; Wahrheit, die für alle Zeiten und unter allen Umständen unveränderlich gültig ist.

Seva (Sanskrit: sevā) Dienst am Nächsten; Dienen als Gottesdienst; Helfen als spirituelle Disziplin.

shabda Ton; Klang; Laut; Schwingung; Energie.

shakti wörtlich: Kraft; Macht; Energie; in der indischen Mythologie: die Gemahlin *Shivas;* Personifizierung der Urenergie, der Kraft Gottes.

Shankara großer indischer Reformer und Lehrer der *Vedanta*-Philosophie, der im achten oder neunten Jahrhundert lebte; Name von *Shiva*.

shānti innerer Frieden; Gleichmut.

sharanāgati Selbsthingabe an Gott; alles Gottes Willen überlassen; das Bewusstsein des Einsseins mit Gott.

Shāstra wörtlich: Belehrung; die *Veden* und alle anderen heiligen Schriften, Kommentare und so weiter.

Shiva einer der drei Aspekte Gottes; Gott als Zerstörer, der auflöst, um Neues zu erschaffen; Gott der *Hindu*-Trinität.

shivarātri wörtlich: *Shivas* Nacht; spirituelle Nachtwache bei Neumond zu Ehren *Shivas; Mahāshivarātri* wird als Festtag mit Fasten, Gebet und Meditation bei Neumond im Februar/März begangen.

shraddhā wörtlich: Glaube; Vertrauen; der Glaube an das, was die heiligen Schriften lehren; das Vertrauen, dass sie die Wahrheit verkünden.

shrī Ehrentitel, Bezeichnung, die einer Person Heiligkeit und höhere Erkenntnis zuschreibt.

Sita wörtlich: Ackerfurche; Tochter der Erde; die Gemahlin *Ramas*.

so'ham „Er – ich“, das heißt Gott und ich sind eins;

Laut, der durch das Ein- und Ausatmen verursacht wird.

Sugriva König der Affen, der *Rama* half, *Sita* von *Ravana* zurückzugewinnen; sein Feldherr war *Hanuman*.

svarūpa wörtlich: Wesen; Gestalt als Verkörperung eines geistigen Prinzips.

Swami selbstverwirklichter Meister; Ehrentitel für spirituelle Persönlichkeiten.

tamas, tāmasa dunkel; unwissend; faul; träge; dumpf.

tamoguna Stumpfheit; Dunkelheit; Unwissenheit; eine der drei Grundeigenschaften *(guna)*.

tapas Disziplin; spirituelle Übungen; Enthaltsamkeit.

tat wörtlich: Das; als Substantiv benutzt, um das unendlich Absolute oder Gott auszudrücken.

tat tvam asi „Das bist Du"; ‚Das' ist hier das Absolute, Gott. „Du bist Gott." Dieser Satz deutet auf die Identität der individuellen mit der universellen Seele hin.

tvam wörtlich: Du; das Individuum, der Einzelne, der eins ist mit dem Absoluten; siehe: *Tat Tvam Asi*.

Upanischaden (Sanskrit: upanishad) eine Klasse heiliger Schriften. Sie bilden den Schluss des offenbarenden Teils der *Veden* und die hauptsächliche Basis des *Vedanta*.

upāsana Verehrung und Anbetung Gottes in einer seiner zahlreichen Gestalten; in den *Upanischaden* auch: Meditation.

vaikuntha der Himmel *Vishnus;* Paradies ohne Leid.

vairāgya Losgelöstheit; Entsagung; Verzicht, aber nicht das Aufgeben weltlicher Dinge, sondern das Lösen der Bindung an diese.

vānaprastha wörtlich: Waldaufenthalt; die dritte der vier Entwicklungsstufen des Menschen; die Zeit spirituellen Strebens in der Einsamkeit.

vāsanā Impuls; Neigung; Instinkt; ins Unterbewusstsein gesunkene und verborgene Wünsche.

Veda das Wissen; das heilige Wissen, das in den *Veden* zusammengefasst ist.

Vedanta Endteil der *Veden;* die *Upanischaden*.

Veden heilige Schriften, die den *Veda* enthalten; bestehen aus dem *Rig-, Sāma-, Yajur-* und *Atharvaveda*.

vibhūti Bezeichnung für heilige Asche, die ein Ausdruck göttlicher Gnade ist und zur Heilung von körperlichen und geistigen Krankheiten benutzt werden kann; ein Symbol für die letztendliche Wirklichkeit, die übrig bleibt, wenn die Begrenzung des Ich durch das Feuer der Erleuchtung weggebrannt wird; ein Symbol für Loslösung.

Vishnu Gott als Bewahrer der Schöpfung.

vicāra wörtlich: Prüfung; Selbsterforschung; das Suchen nach dem wahren Selbst *(ātman)*.

vidyā Wissen; Bildung; höhere Erkenntnis; Studium.

Vijayādashamī Name eines Festes am zehnten Tag der hellen Hälfte des Monats Āshvina.

vijnānamaya die vierte der fünf Hüllen des Menschen *(kosha);* höhere Intelligenz; Intuition.

vishishtādvaita bedingter Nondualismus; philosophische Schule, die lehrt, dass eine Pluralität auch innerhalb der Einheit Gottes besteht.

Vishnu einer der drei Aspekte Gottes; Gott als Bewahrer und Beschützer; ein Gott der *Hindu*-Trinität.

Vishvamitra (Sanskrit: vishvāmitra) berühmter Heiliger und Weiser; einer der sieben großen *Rishis*.

viveka Unterscheidungsvermögen; die Fähigkeit, zwischen dem Vergänglichen und Unvergänglichen zu unterscheiden.

Vivekananda — (Sanskrit: vivekānanda) bedeutendster Schüler *Ramakrishnas,* 1863 bis 1902.

Vyāsa — Schreiber; Lehrer; einer, der Texte zusammenstellt; Name für die Verfasser der *Veden*.

yajna — Opfer; alle schlechten Eigenschaften in Demut Gott zum Opfer bringen.

Yajurveda — das dritte der vier Bücher der *Veden;* Opfersprüche.

yama — die Bezeichnung für das erste Glied des *Rājayoga* von *Patanjali,* das die grundlegenden Gesetze für die Veredelung der menschlichen Natur lehrt. Yama manifestiert sich im rechten Handeln und ist eine spirituelle Praxis, die das Innenleben verwandelt und sich in fünf Eigenschaften zeigt: Gewaltlosigkeit (ahimsā), Wahrhaftigkeit (satya), Nichtstehlen (asteya), reine Lebensweise *(brahmacarya)* und Nichtergreifen (aparigraha).

Yoga — (Sanskrit: yoga) Selbstkontrolle; spirituelle Disziplin mit dem Ziel des Einswerdens mit Gott.

Yogi — (Sanskrit: yogin) einer, der *Yoga* praktiziert.

Yudhishthira — der älteste der fünf *Pandava*-Prinzen.

Sathya Sai Baba

Der indische spirituelle Lehrer Sathya Sai Baba (23. November 1926 bis 24. April 2011) hat die universellen Menschlichen Werte betont: Wahrheit, Rechtschaffenheit, Friede, Liebe und Gewaltlosigkeit. Seine Lehre richtet sich an die gesamte Menschheit; sie zieht spirituell Suchende aller Glaubensrichtungen aus allen Nationen an. Mit einfachen Maximen wie „Helft immer, verletzt niemals“ und „Liebt alle, dient allen“ erreicht Sai Baba Menschen aus allen sozio-ökonomischen Schichten. Im Laufe seines Wirkens sind unter seiner spirituellen Führung Einrichtungen zum Wohl von Millionen entstanden, vor allem der Ärmsten. In vielen Bundesstaaten Indiens und später auch in anderen Ländern wurden zahlreiche Bildungseinrichtungen von der Grundschule bis zur Universität errichtet, deren Kanzler er war. Das Sai-Erziehungssystem ist überkonfessionell und kostenfrei. Es basiert auf der Erziehung in Menschlichen Werten und verbindet Wissenschaft, Kunst und Spiritualität in sämtlichen Bildungsbereichen. Besonderer Wert wird auf den selbstlosen Dienst an der Gesellschaft und auf Toleranz und Wertschätzung gegenüber allen Menschen, Kulturen und Religionen gelegt.

Auswahl deutschsprachiger Literatur von Sathya Sai Baba

Besinnung auf Gott (Dhyāna Vāhinī): Über den Prozess der wirklichen Meditation. 128 Seiten, kartoniert, ISBN 978-3-932957-50-5

Strom des Friedens (Prashānti Vāhinī): Sathya Sai Baba lehrt uns das Geheimnis des Friedens. 116 Seiten, kartoniert, ISBN 3-924739-33-1

Lebe die Liebe (Prema Vāhinī): Über die höchste Form der Liebe: die gesamte Schöpfung als Einheit zu sehen und zu bejahen. 128 Seiten, kartoniert, ISBN 978-3-932957-52-9

Quellen der Weisheit (Sūtra Vāhinī): „Sūtra" bedeutet: „Das, was mit wenigen Worten tiefe Bedeutung enthüllt". Erläuterungen zu den Brahma Sūtras. 68 Seiten, kartoniert, ISBN 978-3-932957-35-2

Erziehung zur Selbsterkenntnis (Vidyā Vāhinī): Sathya Sai Baba erklärt die Grundprinzipien des Wissens und weist auf die Verbindung von Erziehung und Geisteswissenschaft hin. 104 Seiten, kartoniert, ISBN 3-924739-55-2

Mensch und göttliche Ordnung (Gītā Vāhinī): Erklärende Ausführungen Sathya Sai Babas zur Bedeutung der Bhagavadgita. 216 Seiten, kartoniert, ISBN 3-924739-60-9

Ewige Wahrheiten (Bhāratīya Paramārtha Vāhinī und Sathya Sai Vahini): Sathya Sai Baba vermittelt die Weisheit der Veden und ihre Bedeutung für den Erkenntnis- und Lebensweg. 192 Seiten, kartoniert, ISBN 3-924739-59-5

Dharma – Göttliche Ordnung (Dharma Vāhinī): Das Bild einer Gesellschaftsordnung, in der jeder an seinem Platz zum Glück des Ganzen beiträgt. 104 Seiten, kartoniert, ISBN 3-924739-97-8

Erfüllung in Gott (Bhāgavata Vāhinī): Sai Babas Version des Bhagavatam. 244 Seiten, kartoniert, ISBN 978-3-932957-46-8

Antworten (Līlā Kaivalya Vāhinī, Prashnottara Vāhinī und Sandeha Nivarinī): Anworten Sai Babas, die zeitlos, unveränderlich und universal gültig sind. 188 Seiten, kartoniert, ISBN 3-924739-87- 0

Upanishaden – Das Wissen vom Sein (Upanishad Vāhinī): Erläuterung der tiefgründigen Wahrheiten der Upanishaden, die zur Selbsterkenntnis führen. 112 Seiten, kartoniert, ISBN 3-932957-05-9

Strom der Erkenntnis (Jnāna Vāhinī): In diesem Buch zeigt Sathya Sai Baba den Weg zur höchsten Erkenntnis, dass alles, was existiert, seinem Wesen nach göttlich und eins mit Gott ist. 73 Seiten, kartoniert, ISBN 3-924739-96-X

Die Geschichte von Rama – Strom göttlicher Liebe (Rāma Kathā Rasa Vāhinī): Das Ramayana erzählt von Sathya Sai Baba. Band 1: 472 Seiten, kartoniert, 978-3-932957-62-8; Band 2: 240 Seiten, kartoniert, ISBN 3-924739-79-X

Sathya Sai Baba spricht: Bände 1–11, 20, 21, 30, 40. Ansprachen von Sathya Sai Baba zu verschiedenen Anlässen. Kartoniert; Band 1 (Ansprachen 1953–60): 160 Seiten, ISBN 3-932957-06-7; Band 2 (Ansprachen 1960–62): 176 Seiten, ISBN 3-924739-48-X; Band 3 (Ansprachen 1963–64): 184 Seiten, ISBN 3-924739-49-8; Band 4 (Ansprachen 1963–65): 272 Seiten, ISBN 3-924739-43-9; Band 5 (Ansprachen 1964–67): 248 Seiten, ISBN 3-924739-50-1; Band 6 (Ansprachen 1967–68): 424 Seiten, ISBN 978-3-932957-73-4; Band 7 (Ansprachen 1966–71): 354 Seiten, ISBN 3-924739-51-X; Band 8 (Ansprachen 1970–73): 336 Seiten, ISBN 978-3-932957-65-9; Band 9 (Ansprachen 1974–75): 208 Seiten, ISBN 3-924739-07-2; Band 10 (Ansprachen 1975–80): 248 Seiten, ISBN 3-924739–0-7; Band 11 (Ansprachen 1979–82): 393 Seiten, ISBN 978-3-932957-67-3; Band 20 (Ansprachen 1987): 212 Seiten, ISBN 3- 932957-11-3; Band 21 (Ansprachen 1988): 292 Seiten, ISBN 978-3-932957-69-7; Band 30 (Ansprachen 1997): 240 Seiten, ISBN 3-932957-22-9; Band 40 (Ansprachen 2007): 236 Seiten, ISBN 978-3-932957-75-8

Sommersegen in Brindavan (Summershowers): Vorträge vor Schülern und Studenten in Brindāvan, die in die Wahrheit und Weisheit der indischen Kultur einführen und in denen Sathya Sai Baba seine Botschaft der Liebe erläutert. Broschiert; 1972: 272 Seiten, ISBN 978-3-932957-66-6; Band 2 (1973): 228 Seiten, ISBN 3-932957-47-4; Band 3 (1974): 180 Seiten, ISBN 3-924739-41 2; Band 4 (1977): 176 Seiten, ISBN 3-924739-62-5; Band 7 (1990): 128 Seiten, ISBN 3-924739-80-3; 1993: 144 Seiten, ISBN 3-932957-10-5; 1995: 176 Seiten, ISBN 3-932957-31-8; 1996: 136 Seiten, ISBN 3-932957-28-8; 1998: 110 Seiten, ISBN 3-932957-10-4

Sommersegen in den Blauen Bergen 1976: Sathya Sai Baba erläutert anhand des Mahabharata und Bhagavatam, was es bedeutet, ein wahrer Mensch zu sein. 144 Seiten, broschiert, ISBN 3-932957-17-2

Kostbarkeiten aus Kodaikanal 1998: Sathya Sai Baba gibt Anleitung für ein spirituelles Leben. 112 Seiten, broschiert, ISBN 3-932957-16-4

Gott, Natur und Mensch: Eine Auswahl aus Ansprachen Sathya Sai Babas, zusammengestellt von Ross Woodward, 132 Seiten, Softcover, ISBN 978-3-932957-97-0

Botschaft für den Westen: Ansprachen und Unterweisungen für die Gottsuchenden aus „Übersee". 120 Seiten, broschiert, 978-3-932957-67-3
Die Weisheit der Bhagavadgita: In diesen Ansprachen 34 konzentrierte sich Sathya Sai Baba auf zwei Kapitel der Gita: das zwölfte Kapitel, das den Weg der Hingabe betont, und das zweite Kapitel, das den Weg der Weisheit und des Handelns aufzeigt. 576 Seiten, kartoniert, ISBN 978-3-932957-77-2

Auswahl deutschsprachiger Literatur über Sathya Sai Baba und seine Lehre

Kasturi, N.: Die Girlande aus 108 Edelsteinen (Garland of 108 Precious Gems). Die Bedeutungen von 108 Namen Sathya Sai Babas werden erläutert. 125 Seiten, kartoniert, ISBN 978-3-932957-45-1
Kasturi, N.: Sathya Sai Baba. Sein Leben. Band 1–4 (Satyam, Shivam, Sundaram). Biographie Sathya Sai Babas. Band 1: 240 Seiten, kartoniert, ISBN 3- 924739-74-9; Band 2: 246 Seiten, kartoniert, ISBN 3-924739-22-6; Band 3: 280 Seiten, kartoniert, ISBN 3-932957-00 8; Band 4: 212 S., kartoniert, ISBN 3-932957-14-8.
Kasturi, N.: Der lebendige Gott. In seinen Ansprachen an westliche Devotees erzählt N. Kasturi von seinem Leben mit Sai Baba und gibt allgemeine spirituelle Unterweisungen. 240 Seiten, broschiert, ISBN 3-932957-32-6
Kasturi, N.: Easwaramma. Über den Weg der „Mutter" Sai Babas von der religiösen Dorfbewohnerin zur befreiten Seele. 192 Seiten, broschiert, ISBN 3-924739-74-9
Kasturi, N.: In Gottes Liebe (Loving God). Der Autor beschreibt seinen Weg vom vaterlos aufgewachsenenen Jungen zum engagierten Lehrer, der schließlich in Sathya Sai Baba seinen göttlichen Lehrer und Vater findet. 448 Seiten, broschiert, ISBN 3-932957-18-0
Murthy, B. N. Narasimha: Sathya Sai Baba. Sein Leben. Band 5, 6 und 7 (Satyam, Shivam, Sundaram). Biographie Sathya Sai Babas. Band 5: 272 Seiten, kartoniert, ISBN 978-3-932957-56-7; Band 6: 336 Seiten, kartoniert, ISBN 978-3-932957-59-8; Band 7: 360 Seiten, kartoniert, ISBN 978-3-932957-68-0

Diese Literatur und weitere Bücher von und über Sathya Sai Baba sind im Buchhandel und im Buchzentrum der Sathya Sai Vereinigung e. V. erhältlich: **www.sathyasai-buchzentrum.de**